코드 한 줄 없이 시작하는
MS 파워 오토메이트 with 챗GPT

코드 한 줄 없이 시작하는
MS 파워 오토메이트 with 챗GPT

초판 1쇄 2024년 02월 20일

지은이 김성준
발행인 최홍석

발행처 (주)프리렉
출판신고 2000년 3월 7일 제 13-634호
주소 경기도 부천시 길주로 77번길 19 세진프라자 201호
전화 032-326-7282(代) **팩스** 032-326-5866
URL www.freelec.co.kr

편 집 서선영
디자인 황인옥

ISBN 978-89-6540-382-1

이 책에 대한 의견이나 오탈자, 잘못된 내용의 수정 정보 등은 프리렉 홈페이지(freelec.co.kr)
또는 이메일(help@freelec.co.kr)로 연락 바랍니다.

코드 한 줄 없이 시작하는
MS 파워 오토메이트
with 챗GPT

김성준
지음

시작하세요!
이 시대 일잘러의
업무 역량,
업무 자동화

프리렉

차례

1장   파워 오토메이트와의 첫 만남   25

2장   기초 다지기: 변수와 문법   61

6장   PAD의 유용한 기능 알아보기   307

RPA는?

1 RPA는 놀이처럼 재미있게 개발하는 도구이다.

RPA 자동화 프로젝트를 실현하면서 "우와! 대박!"이라는 감탄사를 자주 들었다. 그도 그럴 것이 내 PC에서 나만 할 수 있을 것이라고 생각했던 일을 로봇이 더 빠르고 정확하게 수행하기 때문이다. 이 때의 감탄은 디지털 로봇 기술력에 대한 놀라움과 그간 반복 작업에 투입했던 시간에 대한 허탈함 이 교차한 감정에서 촉발된 것일지도 모른다. 사용자들은 로봇이 자동으로 마우스를 움직이고 키보 드를 입력하는 것에 대해서 신기해하고 흥미로워한다. 마치 블록을 쌓듯, 본인의 업무 조각을 서로 연결해서 자동화를 적용해 보려고 시도한다. 옛말에 "노력하는 자는 즐기는 자를 이길 수 없다."라고 했다. 아무리 열심히 일해도, 즐겁게 일하는 사람을 당해내지는 못할 것이다.

2 RPA는 코딩 교육에 적합한 도구이다.

초등학생 사이에서 코딩 조기교육이 유행처럼 번지고 있다. 코딩은 정해진 문법과 패턴이 있기 때문 에 학습과 실습을 반복하면 누구나 기본적으로 프로그램을 개발할 수 있다. 프로그래밍 학습의 목 적은 코딩 방법을 익히는 것이 전부는 아니다. 논리적인 컴퓨팅 사고를 함양해서 문제를 해결하는 역량을 키우는 것이 중요하다.

RPA는 코드 한 줄 없이 모듈을 조립해서 자동화 프로그램을 만들어 낸다. 웹에서 검색하고 메일 을 보내는 등의 일상적인 일도 완벽하게 자동화할 수 있다. 이러한 이유로 MS의 Power Automate Desktop(파워 오토메이트 데스크톱, 이하 PAD)은 프로그래밍 세계에 첫발을 내딛는 교육 도구로 안성 맞춤이다. 실제로 RPA를 스스로 학습할 수 있는지 검증하고자, 필자의 중학생 두 자녀에게 PAD를 학습할 것을 권유했다. 코딩을 하지 않아도 되므로 아이들은 흥미를 느끼며 스스로 자동화 흐름을 만들어 나갔다. 기본적인 프로그래밍 지식이 없음에도 조건문과 반복문의 논리적인 구조를 이해하고 구현하는 것을 지켜보았다.

3 RPA는 유연한 근무 환경에 적합한 도구이다.

도시 집중화로 사무실 임대료는 치솟고 먼 거리에 거주하는 직원은 출근 전부터 피로에 시달린다. 고정된 업무 시간보다는 원격근무, 재택근무, 유연근무가 장려되어 업무 시간의 경계가 점점 무너지고 있다. 시대적 상황과 근무 환경의 변화로 인해 반복 수작업을 최소화하고 효율적인 업무 수행 방식을 도입해야 한다는 동기가 부여되었다. 즉, 업무 자동화에 대한 필요성이 더욱 부각되고 있다.

그 내부를 좀 더 자세히 들여다보면 원격근무를 실현하기 위한 기술 인프라가 준비되었기 때문에 가능한 일이었다. 5G와 같은 빠른 통신 속도는 사물 인터넷(IoT)을 포함한 디지털 기술의 발전을 가속하고 있다. 이제는 전 세계 사람들이 실시간으로 화상 미팅에 참여해서 일할 수 있다. 선명한 화질뿐만 아니라, 목소리가 끊기지 않고 전달되기 때문에 마치 사무실에서 일하는 것과 같은 현실감도 느껴진다. 이제 정시에 출근해서 반복적으로 처리해야 업무는 누군가 대신 처리해 줬으면 하고 기대하게 된다. 워라밸(Work & Life Balancing)과 함께 워라블(Work & Life Blending)의 시대가 다가오고 있다. 즉, 삶 속에서 일하고 일 속에서 삶의 행복을 찾는 것이 필요해졌다. 워라블은 일상에서 일과 관련된 전문성을 학습하는 자율성 의미가 더 강하다. 하지만, 업무 환경의 변화로 이제는 자의 건 타의 건 삶과 일을 혼합해야 하는 워라블에 어떻게 대처할지 생각해 봐야 할 시점이다.

그리고 철저하게 준수해야 했던 근무시간에 대한 기업의 시각도 변화하고 있다. OTT 서비스 글로벌 선두 주자 넷플릭스(NETFLIX)는 독특한 제도를 두고 있다. 바로 무한 자율성을 직원에게 보장하는 것이다. 정해진 출근 시간이 없으며, 쉴 수 있는 휴가 일수도 정해져 있지 않다. 합리적인 이유가 있다면 무제한으로 휴가를 사용할 수 있다. 단, DRI(Directly Responsible Individual, 직접 책임자) 원칙 아래, 최대한의 자율을 누리는 만큼 성과에 대한 책임은 감당해야 한다. 회사와 직원 간의 신뢰를 기반으로 일하는 시간보다는 성과에 집중하겠다는 전략이다.

이처럼 절대적인 업무 시간에 대한 규정이 점점 더 희미해질 것이다. 출근하자마자 재고를 확인하고 구매를 요청해야 하는 수작업이 유연근무제 시행으로 제시간에 수행하기 어려워질 수 있다. 오늘은 정시 출근이라 괜찮지만 내일은 출근 시간이 다르므로 다른 직원이 업무를 지원해 줘야 한다. 이러한 업무를 로봇 비서가 대신 처리할 수 있다면 얼마나 좋을까? 이렇듯 근무 형태가 유연하게 바뀌고 디지털 기술이 발전할수록 RPA 시장은 더욱 급속도로 확산할 것이다.

4 RPA는 사용자 스스로 자동화를 개발하는 도구이다.

신입사원 시절, SAP ERP를 처음 접했을 때 "이것을 직업으로 선택하면 전문가로 일할 수 있겠구나!" 라고 생각한 적이 있다. 그리고 마이크로소프트(이하 MS)의 파워 플랫폼(Power Platform)을 경험하면 서 신입사원 시절 느낀 것만큼 강렬한 느낌을 받았다. IT 업계에서 근무한 지 20여 년 동안, 이렇게 열광적인 현업의 러브콜은 처음이라 어리둥절하다. 임원진이 지시하지 않았는데도, 여러 부서에서 RPA를 교육해 달라는 요청이 접수되고 있다. 사뭇 달라진 현업의 존중하는 태도를 몸소 느끼며 'IT 인'으로서 보람과 즐거움을 만끽하고 있다.

그러나 개개인의 업무 자동화에 대한 자발적인 열정이 이러한 외부적인 환경의 변화 때문에 생겨났 다고 설명하기에는 인과관계의 고리가 느슨하다. 이보다는 출근하자마자 시작되는 노동 집약적 반 복 업무의 피로도에서 벗어나고자 하는 사무직원의 숙원에서 비롯된 것이라고 보는 것이 훨씬 설득 력이 높다. 여기에 MS의 자동화 도구인 PAD의 혁신적인 기능과 스스로 학습할 수 있다는 점에 매 료되었을 것이다. PAD로 자동화 업무를 하나씩 개선해 나갈수록 MS가 IT 경험이 없는 사용자의 눈높이에 맞추려고 얼마나 큰 노력과 많은 고민을 했는지 느낄 수 있었다.

5 RPA는 내 업무를 보조하는 디지털 도구이다.

IT 프로젝트를 종료하면 의례적으로 하는 현업과의 회식 자리에서 고개를 갸우뚱하게 하는 이야기 를 들었다. 대학을 졸업하고 회사에서 인정을 받는 과장 직급의 사무직원이 업무를 시작하면 매일 반복적으로 해야 할 일이 정해져 있다는 것이다. 경험적 지식과 이론적(과학적) 지식을 바탕으로 추 론하고 의사결정을 하거나 사람의 마음과 감정까지 교감하며 소통해야 하는 소프트 스킬을 요구하 는 업무가 아니었다. ERP를 실행해서 결과를 확인하고 엑셀로 내려받아 업체에 메일을 보내야 하는 등의 단순 반복적인 일을 처리하느라 온종일 정신없이 바쁘다는 것이다. 아무튼, 이 회식 자리를 계 기로 해당 부서부터 자동화 프로젝트가 시작되었다.

비효율적인 업무 방식은 해당 직원만의 문제가 아니었다. 업무 자동화 프로젝트를 진행하면서 다수 의 사무직원들이 반복되는 수작업에 많은 시간을 할애하고 있다는 것을 접하며 새삼 놀랐다. RPA

적용 이외에도 ERP 시스템의 기초 사용법부터 재교육이 필요한 경우, ERP 프로그램을 조금만 수정해도 획기적으로 업무 효율을 개선할 수 있는 사례 등을 자주 경험했다. 사무직원의 업무에 좀 더 밀착 접근해서 불필요한 낭비 요소가 없는지 세밀하게 검토하는 것의 필요성을 절실하게 느꼈다. 반복 작업은 로봇에게 맡기고 사람은 더 나은 일터(세상)를 만드는 일에 시간을 쓰는 것이 가치 있지 않을까? 그렇다고 해서 RPA를 맹신하는 것은 금물이다. 도깨비 방망이처럼 뚝딱 하면 자동화가 만들어지는 것이 아니다. 사용자의 작업 순서를 재현하면서 녹화하는 과정도 녹록지 않다. RPA는 업무를 돕는 디지털 도구에 지나지 않는다. RPA가 아무리 많은 일을 하더라도 그 결과를 확인하고 판단하며 책임을 지는 것은 사람의 역할이다.

단순 업무의 문제점과 자동화의 효과에 대해서 다른 부서와 공유하지는 않았지만 이미 개선이 필요함을 인지하는 부서장은 정기 회의를 요청해서 지속적으로 업무를 개선하는 프로젝트를 함께 진행하고 있다. 하지만, 세상의 많은 일에는 양면성이 있듯이 RPA 도입에 소극적인 태도를 보이는 실무자도 더러 있다.

6 RPA는 노동 집약적 반복 업무를 자동화하는 도구이다.

앞서도 얘기했듯이 다수의 사무직원이 엑셀 프로그램에서 데이터를 복사해서 ERP와 같은 시스템에 입력하는 수작업을 반복하고 있다. 끊임없이 마우스를 클릭하고 복사하고 붙여 넣느라 손가락 관절이 다 아플 지경이라고 한다. 몸만 고생하는 것이 아니다. 혹여 실수할까 모니터를 뚫어져라 쳐다보느라 눈도 침침해지고 신경도 예민해진다. 사무직의 직업병이라도 할 수 있는 검지 손가락 만성 통증으로 마우스 클릭 위치를 변경해서 사용하는 장면까지 심심찮게 목격할 수 있다. 정년퇴직을 2년 앞둔 한 선배도 잔업을 해가며 단순 반복적인 업무를 처리해야 한다고 불편함을 호소한다. 제품 출하를 위해서 엑셀에 정리된 정보들을 ERP 시스템에 하나씩 붙여 넣기를 반복한다. 엑셀 데이터를 읽어서 2개의 ERP 시스템에 자동으로 입력하도록 RPA를 구현했다. 30년 직장 생활 동안 가장 도움이 되는 IT 개선이라고 한다. 퇴직까지 남은 2년을 정말 편하게 일하게 되었다고 과한 애정과 감사함을 표한다. 얼마 후 만나니 업무 자동화로 줄어든 야근 때문에 용돈이 줄었다며, 본인은 자동화를 더 이상 적용하지 않을 거라는 뼈 있는 농담을 건넨다. 그리고 2년이 지난 지금(2023년 12월 말), 선배님은 퇴직을 앞두고 자동화 흐름을 후임에게 공유하여 업무를 인수인계했다. RPA 덕분에 정말 편하게 일하게 되었다며, 후임에게 RPA를 꼭 공부해 보라며 연신 당부한다.

RPA는 많은 업무 영역에 적용될 수 있다. 주로 활용하는 자동화 영역은 3가지로 분류될 수 있다. 첫 번째는 ERP 실행의 자동화이며, 두 번째는 웹 사이트 정보를 자동으로 추출(스크래핑)하는 일이다. 세 번째는 엑셀 데이터를 편집하는 수작업의 자동화이다. 메일 발송과 같은 사무업무는 기본이다. 즉, 사무직원이 ERP를 실행하고 웹 사이트에서 데이터를 내려받거나 엑셀로 데이터를 편집하는 작업에 업무 시간의 많은 부분을 할애하고 있다는 것을 유추할 수 있다. 자동화 프로젝트의 목표는 ERP 실행의 자동화였지만, 이보다 더 많은 요청은 엑셀 업무와 관련된 것이었다. 이 부분은 본문 5장에서 더 얘기해 보려고 한다.

7 RPA는 민첩한 방식으로 접근해야 하는 도구이다.

IT 프로젝트는 준비 단계에서부터 대상·비용·일정 등을 면밀하게 검토한다. 해당 프로젝트가 투입 대비 얼마나 큰 효과가 있는지 ROI에 대해서도 여러 방면에서 평가한다. 전통적인 프로젝트 관리 방법론은 단계별로 엄격한 프로세스가 정립되어 있다. 어떨 땐 배보다 배꼽이 더 크다고 느껴질 정도이다. 자동화 개선 업무는 구체적인 계획 없이 현업과 브레인스토밍하면서 시작했다. RPA를 설계하고 개발하는 데 얼마나 큰 노력과 많은 시간이 투입될지 검토(Estimation)조차 하지 않았다. 함께 부딪히면서 그때그때 문제를 해결하는 방식으로 접근했다. 의도치는 않았지만, 하나의 기능(User Story)을 완료하고 다음 기능을 작업하는 애자일(Agile) 방식을 활용하게 되었다.

특히, 엑셀과 관련된 수작업 업무 개선은 RPA를 적용하는 것이 수월하지 않았다. 많은 시행착오를 겪으면서, 업무 자동화 대상을 검토하는 과정은 꼭 필요하다는 걸 느꼈다. 먼저, 업무 절차를 순서도로 그릴 수 있고 관련 데이터도 정형화된 대상부터 접근하는 것이 좋다. 너무 복잡해서 IT 담당자가 처음부터 끝까지 지원해야 하는 사례들은 RPA 효과를 경험한 후에 진행해도 늦지 않다. 가능한 한 빨리 RPA를 적용해 보고 기대하지 않았던 의외의 성과를 현업과 함께 공감하는 것이 무엇보다 중요하다. 그런 후에 RPA 프로젝트에 대한 체계적이고 조직적인 지원을 고민해도 늦지 않을 것이다. 현재 필자가 일하는 회사에서 벌어지는 상황이다.

8 RPA는 4차 산업혁명의 대표적인 디지털 도구이다.

RPA 프로젝트를 진행하면서 업무를 디지털 방식으로 탈바꿈하는 디지털화(Digitalization)라는 비전이 마음속에 비집고 들어왔다. 소속 IT 팀의 핵심 과제 중 하나이자 4차 산업혁명의 화두인 디지털 전환(Digital Transformation)과도 일맥상통한다. 디지털 전환은 물리적인 것을 전산화(디지털화)하는 개념으로 AI, IOT, 챗봇, 디지털 트윈 등 여러 가지 기술의 조화로운 집합체이다. 여러 기술 중에서 RPA는 사용자와 가장 가까운 곳에서 업무를 도와주는 역할을 한다. 디지털 전환 개념을 완벽히 이해하고 수많은 디지털 툴들을 검토하고 나서 이를 업무에 적용하려면 시대의 흐름에 뒤처질 수 있다. 그 범위가 넓을 뿐만 아니라 새로운 기술들이 빠르게 개발되기 때문이다. 사실, RPA는 4차 산업 혁명 이전부터 여러 가지 형태로 업무에 활용되었다.

RPA는 이제 IT 기술 트렌드에서 주요한 위치를 차지한다. 디지털화의 기류에 몸을 싣는 첫 단계로 RPA 업무 자동화를 시도해 볼 것을 추천한다. 성공하는 사람들은 계획하는 시간보다 행동하는 데 더 많은 시간을 할애한다고 한다. 많은 준비는 필요하지 않다. 어느 부서, 어느 역할에 관계없이 누구라도 먼저 시작하고 경험하는 것이 중요하다. RPA를 얼마나 잘 활용하는가를 결정하는 것은 기술이나 지식이 아니라 상상력을 기반으로 한 실천력이다. 작은 디지털 호기심이 업무 혁신으로 연결될 것이라고 자신한다.

9 RPA는 현업과 IT 부서가 협력해서 개발하는 도구이다.

시대적 흐름에 뒤처지지 않고자 일찍이 업무 자동화에 대한 책도 읽고 다른 RPA 도구도 알아보았다. 파이썬과 같은 스크립트 기반의 자동화는 개발자 출신인 나에게도 어려웠다. 그리고 일부 RPA 솔루션은 현업이 직접 구현하기에는 조금 복잡해 보였다. '프로그래밍 경험이 없는 사용자가 IT 부서 지원 없이 스스로 개발할 수 있을까?'라는 의문도 들었다. 물론, 다른 자동화 도구가 가진 장점도 많다.

여러 부서와 자동화 프로젝트를 진행하면서 다양한 유형의 직원을 만나게 되었다. 필자는 업무 개선에 열정이 있는 직원들의 교육과 지원에 가장 높은 우선순위를 두었다. 달걀 껍데기를 스스로 깨고 부화해야 살아 숨 쉬는 병아리가 될 수 있듯이, 자동화 구현에 의지가 강한 직원은 스스로 RPA 벽을 부수려고 노력하는 모습을 보였다. 그리고 RPA를 부서 내에 전파하는 역할도 마다하지 않는다. 하지만, IT의 지원이 있더라도 모든 사용자가 직접 자동화를 구현할 수 있는 것은 아니다. 심지어 PAD를 설치하기 위해서 Office365 웹 사이트에 접속하는 것조차 꺼리는 직원도 있다. 사용자 스스로 자동화 프로세스를 구현하면서 어려움에 맞닥뜨릴 때 비로소 IT 부서에 도움을 요청하는 것이 가장 이상적이다. 실제로 많은 경우 이러한 업무 수행 방식으로 자동화 업무를 진행하고 있다.

10 RPA는 업무에 내재화되어야 하는 도구이다.

자동화는 일상에서 사용하는 엑셀처럼 개개인의 업무로 들어가 내재화되어야 한다. PAD는 아주 쉽게 자동화를 구현하는 환경을 제공한다. RPA 제품들의 자동화 구현 기능과 화면 디자인은 서로 비슷하다. 도구를 서로 비교 평가하는 것이 의미가 없을 정도로 정교하고 뛰어난 기능을 제공한다. 우리 회사는 PAD와 시장을 리드하고 있는 타 RPA 솔루션을 동시에 사용하고 있다. 자동화 도구로 무엇을 사용할지 선택할 때 중요한 요소 중 하나는 사용자가 쉽게 구현할 수 있도록 직관적인 개발 환경을 제공해야 한다는 점이다. 이 부분에서 PAD는 아주 매력적이다.

개개인의 배경, IT에 대한 관심, 학습 능력과 습득 능력 등의 편차가 크기 때문에 비즈니스 사례에 따라서 처음부터 완성 단계까지 IT의 지원이 필요할 때도 있다. 자동화 도구는 태생적으로 변수 선언, 조건문, 반복문과 같은 프로그래밍 사고(컴퓨팅 사고)가 요구되기 때문이다. 그렇다고 하더라도 사용자 스스로 PAD를 학습하여 업무에 적용할 수 있다는 점에서, 대중의 IT 수용성 지수에 100점 만점을 주고 싶다.

일반적으로 새로운 업무 수행 방식에 대한 직원들의 반응은 다음과 같은 비율을 보인다고 한다. 약 20%는 변화를 적극적으로 수용하고, 60%는 중간 입장을 유지하고 그리고 나머지 20%는 변화에 부정적인 시각으로 불만을 토로한다. 업무를 개선하기 위해서는 긍정적인 태도를 보이는 20%가 전체 분위기를 이끌어갈 수 있도록 환경을 만드는 것이 중요하다. 의사를 분명히 표현하지 않는 과반수의 사람은 분위기에 쉽게 휩쓸리기 때문이다. 필자는 RPA 자동화에 열의를 보이는 사용자들을 집중 지원하면서 핵심 사용자(Key User)로 자리 잡도록 노력했다. 그리고, 핵심 사용자는 같은 부서에서 일하는 직원들을 도우며 RPA를 스스로 구현하고 있다.

PAD는 누구나 무료로 사용할 수 있고 자동화 결과물은 본인 계정의 클라우드에 저장된다. IT 지원 없이 현업이 직접 개발한 자동화는 RPA 개선 리스트에 포함되지 않는다. 얼마나 많은 자동화가 현업에서 활용되고 있는지 파악하기가 힘들어졌다. 이 부분이 시사하는 점을 짚고 넘어갈 필요가 있다. 일부 실무자의 RPA 업무 자동화에 대한 부정적인 편견은 본인의 업무가 재배치되거나 구조조정 당할지도 모른다는 불안감에서 비롯된다. 우리나라에 비해서 유럽에 근무하는 직원들은 업무 자동화에 훨씬 호의적이다. 일보다 사람을 먼저 배려하는 스웨덴의 기업 문화와 비교하면, 아직은 사람의 행복보다는 성과와 성장이 우선이었던 기업 문화가 잔존해 있는 것 같다. 외형적으로는 선진국 반열에 올랐지만, 소프트웨어가 정착되기까지는 시간이 더 필요한 모양이다.

PAD는 자동화로 어떤 직원이 얼마만큼의 시간을 절감하고 있는지 본인이 얘기하지 않으면 알 수가 없다. 즉, 기업에서 공식적으로 추진하는 RPA 프로젝트와 관계없이 본인 스스로 학습해서 업무 자동화를 구현하면 된다. 마치 엑셀 매크로를 이용해서 개인 업무 효율을 높이는 것과 별반 차이가 없다. PAD는 업무 속으로 조용히 스며들어서 문화로 정착되고 있다. 처음으로 경험해 보는 흥미로운 광경이다. PAD의 일부 기능을 소개했을 뿐인데, 그 영향력과 전파력은 생생하게 살아 숨 쉬고 있다. 부서 또는 개인의 다양한 업무 형태를 IT 부서에 개선 요청하는 것은 쉬운 일이 아니다. 본인 스스로 자동화하거나 팀 내 가까운 동료에게 도움을 받을 수 있도록 하는 문화조성은 RPA 업무 내재화에 핵심적인 역할을 한다.

11 PAD는 MS 제품과 통합이 쉬운 도구이다.

PAD는 MS 제품이기에 MS 오피스 제품과의 연결에서 큰 장점이 있다. 넓게 보면 파워 플랫폼 내의 모든 앱과 통합할 수 있다. 타 시스템과 연결하기 위한 커넥터들이 지속적으로 개발되고 있기 때문에 파워 오토메이트의 자동화 대상 범위도 확장되고 있다.

원드라이브(OneDrive)와 셰어포인트(SharePoint)의 클라우드 환경에 저장된 엑셀은 두말할 필요도 없으며 액세스나 MS SQL과 같은 데이터베이스 시스템과도 쉽게 연결된다. 몇몇 현업 사용자는 액세스 데이터베이스를 활용해서 해당 부서만의 고유하고 복잡한 업무를 처리한다. PAD는 데이터베이스에서 데이터를 읽고, 쓰고, 삭제하는 기능을 지원한다. 즉, 한 단계 진화된 자동화를 구현할 수 있다.

필자의 주 업무는 SAP ERP 영역이다. ERP 개발에 나름의 전문성도 갖추고 있다. 현재는 프로세스 개선 업무팀에 소속되어, 더는 프로그램을 개발하지 않는다(할 수가 없다). 이전에는 현업의 요구 사항을 프로그램으로 뚝딱 만들 수 있었는데, 이제는 아주 간단한 프로그램 수정도 개발자에게 요청하고 제법 긴 시간을 기다려야 한다. 기다림의 시간은 고단한 인내가 요구되었다. 예전처럼 현업의 요구 사항을 빠르게 처리하는 방법을 물색했다. 그 고민 중에 만난 PAD는 짙은 어둠의 터널에서 만난 찬란한 빛이자 표시등이었다. 프로그램 개발의 일부를 RPA로 대체할 수 있겠다고 생각하니 마음의 여유가 생겼다. 이제 나는 최고의 업무 파트너 디지털 로봇과 일을 하고 있다.

12 RPA는 기업의 디지털 전환을 시작하는 도구이다.

2020년부터 산책 삼아 천천히 기업 내에 RPA를 확산하려던 것이 지금은 100미터 달리기를 하듯 빠른 속도로 진행되고 있다. 처음에는 스터디를 하면서 한 걸음씩 서비스 차원으로 접근하려고 계획했다. 그러나 이러한 얄팍한 잔꾀를 알고 있었다는 듯이 현업은 실험적이고 도전적으로 업무 자동화를 요청하고 있다. 특히나, 엑셀 매크로를 이용해 이미 업무 자동화를 구현한 직원의 질문은 내가 아는 지식의 범위를 넘어설 정도였다. 긴장하지 않을 수 없었다. 2시간의 짧은 PAD 소개를 통해 스스로 학습하며 엑셀 매크로 소스 코드를 RPA로 변환하는 것을 보고 정신이 바짝 들었다. 물론, 결정적인 고비 때마다 다양한 IT 기술의 지원이 있었기에 가능했다.

현업과 스터디로 시작한 자동화 업무에 임원급이 관심을 두기 시작했다. 그렇다고 해서, 자동화에 대한 전략적인 방향이나 조직 구성에 대한 구체적인 전략을 제시한 것은 아니다. 여러 부서에서 RPA에 흥미를 느끼는 직원들이 자동화를 스스로 구축하면서, 자연스럽게 RPA가 업무 환경에 퍼져 나갔다. 설계 변경으로 인한 대량 오더 변경에, 여러 명이 반나절 동안 작업해도 어려운 반복 수작업을 RPA는 채 1시간이 걸리지 않고 실수 없이 처리해 낸다. 기업 게시판이나 사내 TV에 홍보하지 않아도 입소문만으로 RPA의 효과는 빠르게 전파되었다. 이제는 업무 프로세스를 개선하는 미팅이나 메일에서 RPA라는 용어를 쉽게 만날 수 있다. 업무 자동화라는 물결이 넘쳐흘러서, 조직의 자산화로 관리하는 방안을 마련해야 될 때가 된 것을 말하지 않아도 서로가 인지하게 되었다. PAD를 소개하고 3년이 지난 시점, 디지털 전환에 관심이 있는 직원들과 DEX(Digital Employee eXperience, 디지털 사용자 경험) 커뮤니티를 조직하여 함께 공부하고 있다. 파워 오토메이트 데스크톱(PAD), 클라우드 흐름, 파워 비아이, 그리고 파워 앱스 교육을 내부 강사와 외부 강사를 초빙하여 진행했다. IT 경험이 없는 현업 직원들이 디지털 전환에 대해서 마음을 열고 하나씩 자동화를 만들어가는 모습에 깊은 감명을 받고 있다. 처음에는 현업이 직접 PAD를 이용해서 업무 자동화를 구현하고, 특히 파워 앱스로 업무용 앱을 직접 개발한다는 것이 과연 가능할까? 우려하며 큰 부담을 느꼈다. PAD를 처음 만났을 때 주저하던 필자의 모습을 기억하기에, 새로운 것을 공부한다는 것에는 큰 결단이 필요함을 알고 있다.

나의 기우를 산산이 날려버리는 성과들이 대거 만들어지고 있다. 업무 자동화뿐만 아니라 파워 앱스로 앱을 개발하다가 막히는 부분을 서로 질문하면서 공부하고, 적극적으로 답을 찾는다. 함께하는 커뮤니티 멤버들이 있어서 든든한 친구를 얻은 느낌이다. 철과 철이 부딪혀야 더 날카로운 검을 만들 수 있듯이, 필자도 DEX 멤버들의 적극적인 모습을 보면서 성장하고 있음을 느낀다. 하나를 주고 하나를 얻는 기브 앤 테이크가 아니라, 서로의 열정적인 모습에 감동하고 마음에서 우러나는 호의를 베푸는 상호 호혜 법칙이 커뮤니티를 더욱 견고하게 한다.

최근 챗GPT와 같은 인공지능이 큰 주목을 받고 있지만, 기업 현장의 디지털 전환에 실질적인 성과를 창출하는 도구는 파워 오토메이트와 파워 앱스라고 생각한다(경험하고 있다). 사무용 비품 신청, IT 장비 구매 요청 등과 같은 간단한 업무뿐만 아니라 제품 검사, 조립 작업 확인 등의 스마트 팩토리 시스템까지 파워 앱스로 개발하고 있다. 더군다나 업무에서 경험한 도메인 지식을 바탕으로 현업이 직접 앱을 만들어 낸다. 물론, 파워 오토메이트로 구현한 다양한 업무 자동화는 DEX 멤버들에게 엑셀처럼 기본 사무 업무용 도구로 자리 잡고 있다. 처음 DEX 커뮤니티를 제안했을 때 당황하던 눈빛은 사라지고, 이제는 자신만만하게 미소를 띨 수 있는 이유이다.

앞으로도 해야 할 디지털 전환은 지평선 끝에 보이는 큰 산들로 둘러싸여 있음을 알고 있다. 현업은 속마음을 쉽게 드러내지 않기 때문에, IT 담당자들은 얼마나 많은 비효율적인 업무들이 부서 내에 존재하는지 알 길이 없다. 그리고, 현업은 바쁜 업무 때문에 무엇을 개선하고 자동화해야 하는지 고민할 여력도 없다. 현업이 먼저 디지털에 눈을 떠야 한다. 가랑비에 옷 젖는 줄 모른다는 옛말처럼, DEX 커뮤니티 활동을 통해 자주 디지털 환경에 노출되면, 본인의 업무를 개선 가능할 수 있는 가능성에 대한 시각이 조금씩 넓어진다. 그리고, 묵혀진 업무를 디지털 전환의 개선 대상으로 꺼내 놓아야, 높은 산들도 하나씩 넘을 수 있을 것이다.

MS 파워 플랫폼이 선도 기술로 앞길을 이끌어 주기 때문에, 디지털 여정 중에 어떤 어려움을 만나더라도 헤쳐 나갈 수 있으리라 믿는다. PAD와 관련된 질문은 네이버 카페 그리고 SAP 자동화는 SAP 한국 커뮤니티에 공유해서 함께 해결책을 찾아보기를 기대한다.

마지막으로, DEX 커뮤니티 회원들 덕분에 더욱 의미 있고 신나는 직장 생활을 하게 됨에 감사함을 전한다.

저자 소개 | **김성준** _ MicroSoft MVP – Power Platform

저서
◆《챗GPT로 완성하는 엑셀 업무 자동화 with MS 파워 오토메이트》(2023, 프리렉)
◆《노코드, 자동화에 날개를 다는 MS 파워 오토메이트 클라우드》(2023, 프리렉)
◆《코드 한 줄 없이 시작하는 Microsoft 파워 앱스》(2022, 프리렉)
◆《코드 한 줄 없이 시작하는 MicroSoft RPA 파워 오토메이트》(2022, 프리렉)
◆《Easy ABAP 2.0》(2012, 프리렉)
◆《Plus ABAP Development》(2010, 프리렉)

경력
◆ 2001~2011 LG CNS(SAP 팀)
◆ 2011~2021 볼보 IT(SAP 팀)
◆ 2021~2022 건양대학교 기업소프트웨어학부 교수
◆ 2022~ 볼보건설기계(Power Platform Digital Leader)

운영 카페 및 커뮤니티
◆ MS RPA - Power Automate: https://cafe.naver.com/MSRPA
◆ SAP ERP 한국 커뮤니티: http://sapjoy.co.kr
이메일: MSRPA@naver.com

기술 감수 | **TGSOFT 노코드 연구회**

이 책의 사용 설명서

1. 저자가 운영하는 MS RPA 커뮤니티를 적극 활용하세요.

파워 오토메이트와 관련된 질문이 있다면 커뮤니티 회원들과 의견을 나눠 보세요.
특히, 도서 내용과 관련된 질문은 저자가 직접 답변합니다.

MS RPA 커뮤니티 주소(네이버 카페): https://cafe.naver.com/msrpa

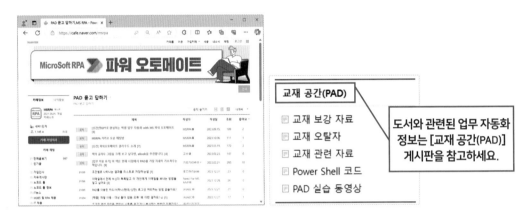

2. 실행 동영상을 참고해 보세요.

커뮤니티의 [PAD 실습 동영상] 게시판에서 각 장의 도입부에 있는 '실행 영상 파일'을 확인할 수 있습니다. 또한, 스마트폰이나 태블릿으로 QR코드를 스캔하면 해당 영상으로 바로 이동할 수 있습니다. 표기된 URL 주소를 웹 페이지에 입력하여 접속할 수도 있습니다.

3. 실습 엑셀 파일 및 관련 파일을 내려받으세요.

실습에 사용된 모든 파일은 커뮤니티의 [교재 관련 자료] 게시판에서 내려받을 수 있습니다.

4. 챗GPT가 생성한 코드를 참고하세요.

업무 자동화를 위해 챗GPT가 생성한 도서 내 모든 코드는 오른쪽 상단의 코드 번호와 제목으로 커뮤니티의 [Power Shell 코드] 게시판에서 검색해서 내려받을 수 있습니다.

RPA는 Robotic Process Automation의 약자로, 로봇이 사람을 대신해서 반복 작업을 자동으로 수행하는 것을 의미한다. 파워 오토메이트(Power Automate)는 RPA 도구 중 하나인데, 이를 이용하면 소스 코드를 작성하지 않아도 업무 자동화를 쉽게 구현할 수 있다. 파워 오토메이트 중에서도 개인 데스크톱에 설치하는 PAD(Power Automate for Desktop)는 무료 소프트웨어이기 때문에 모든 사람이 아무런 제약없이 사용할 수 있다는 큰 장점을 가지고 있다.

# 1 장

파워 오토메이트와의 첫 만남

실행 영상 파일
https://cafe.naver.com/msrpa/31007

💬 일러두기

- 도서 내 캡처 이미지는 모두 **2024년 2월**을 기준으로 갈무리된 것입니다. 워낙 변화가 많고 업데이트가 잦은 MS 프로그램이므로, 독자 여러분이 도서에서 보는 캡처 이미지 속 화면과 모니터 속 실제 화면 구성이 다를 수 있습니다. 작동 방식이나 메뉴 선택 등은 큰 틀에서 동일하므로, 이 점 참고하여 학습하길 바랍니다.

- 챗GPT는 문장 구조, 단어와 이전 질문 히스토리에 따라 답변이 달라집니다. 따라서 챗GPT의 답변은 도서에 나온 답변과 동일하지 않을 수도 있습니다. 그러나 도서 내용과 동일하게 질문한다면 큰 맥락상, 같은 답변이 도출되므로 이 점 참고하여 학습하길 바랍니다.

RPA와
파워 오토메이트

1.1 RPA의 정의와 중요성

많은 대기업과 중견기업, 공기업 등은 기업의 비즈니스 프로세스를 ERP(Enterprise Resource Planning) 시스템으로 관리한다. ERP는 기업 내 생산과 구매, 물류, 판매 그리고 재무와 회계 등 경영 활동에 필요한 전체 프로세스를 통합하고 연계해서 관리하는 기업형 시스템이다. 우리말로는 전사적 자원 관리 통합 시스템이라고 한다. ERP는 기업의 핵심 프로세스를 시스템으로 구현했기 때문에 ERP 시스템 자체가 기업의 업무 절차라고 해도 과언이 아니다.

이미 많은 기업이 ERP 시스템으로 전사 프로세스를 표준화했다. 그 다음으로, 기업들은 ERP의 프로세스와 빅데이터를 활용해서 시너지 효과를 낼 수 있는 확장 솔루션 도입을 검토 중이다. 이러한 기업의 요구와 4차 산업 혁명의 바람으로 새로운 기술이 빠르게 개발되고 있다. 1990년대 이전의 ERP 프로젝트를 시작으로 2000년대에는 BPM(Business Process Management) 솔루션으로 프로세스 모듈화를 통한 워크플로를 구현하였고, 2010년대 중반 이후에는 RPA와 같은 확장 IT 솔루션을 현장에 구축 중이다. 이처럼 새로운 기술이 쏟아지는 4차 산업혁명 기류와 더불어 빠르고 유연하게 애플리케이션을 개발해서 신속하게 비즈니스에 적용해야 한다는 현업의 목소리가 점점 커지고 있다.

RPA는 Robotic Process Automation의 약자로, 로봇이 사람을 대신해서 반복 작업을 자동으로 수행하는 것을 뜻한다. 즉, 사람이 실행하는 규칙적인 작업을 컴퓨터에서 소프트웨어 로봇이 모방해서 그대로 재현한다는 것이다. RPA 도구 중 하나인 마이크로소프트(Microsoft, MS)사의 파워 오토메이트(Power Automate)를 사용하면 소스 코드를 작성하지 않고도 업무 자동화를 쉽게 구현할 수 있다. RPA는 24시간 작업을 수행하므로 생산성을 획기적으로 향상시킬 수 있고, 정해진 절차대로 업무를 실행하고 흐름을 공유하므로 표준화를 구현할 수 있다. 그리고 잘못된 데이터를 입력하는 등의 사용자 실수(휴먼 에러, Human Error)를 완벽하게 제거할 수 있다. 더불어 전통적인 소스 코드 기반의 프로그래밍 개발 방식에 비하면 10배 이상 빠르게 자동화를 구현할 수 있다.

앞서 말했듯이 대부분의 기업에는 ERP 시스템이 구축되어 있다. ERP 시스템은 기업의 핵심 프로세스이기 때문에 ERP 프로그램을 개발하고 수정하며, 테스트하는 데 많은 자원과 시간이 필요하다. 또한, 새로 개발된 프로그램이 기존 프로세스에 영향을 미치지 않도록 완벽하게 검증해야 한다. 반면에 RPA는 긴급하게 발생한 대량의 데이터 수정 등의 업무를 신속하게 자동화할 수 있다. ERP 프로그램을 개발하는 것과 비교하면 RPA 자동화는 아주 빠르고 쉽다.

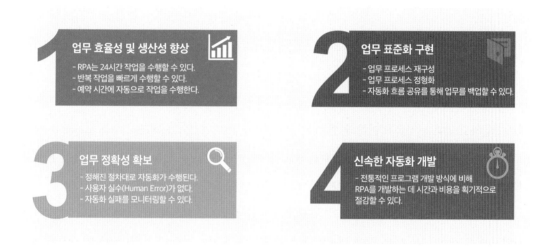

RPA는 금융업계와 보험업계에 먼저 도입되었으며, 지금은 제조업까지 그 영역을 확장하고 있다. MS 웹 사이트에 접속하면 파워 오토메이트를 통해서 업무 자동화를 개선한 사례들을 확인할 수 있다. 예를 들어, 글로벌 기업 코카콜라는 11단계의 복잡한 고객 주문 접수 단계를 파워 오토메이트로 완전히 자동화했다.

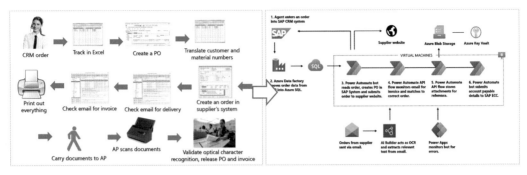

도입 전 업무 프로세스	도입 후 업무 프로세스

출처: https://customers.microsoft.com/en-us/story/845187-coca-cola-bottling-company-united-consumer-goods-power-automate

외국의 RPA 시장이 2000년 초반을 시작으로 2010년대에 급성장한 것과는 달리, 우리나라는 비교적 늦은 2010년대 중반 이후에서야 RPA가 도입되었다. RPA를 도입한 국내 항공기 제조업체 KAI(한국항공우주산업)는 RPA 도입기와 확장기를 지나서 성숙기에 이르렀다고 한다. 여기서 성숙기란, RPA 자동화에 인공 지능(AI)이 연결되어 한층 더 고도화된 업무 자동화(초자동화, Hyper Automation)의 단계로 진입하고 있다는 것을 의미한다. 인공 지능과 연결된 RPA는 IPA(Intelligence Automation Process)라고 정의한다. IPA는 스스로 데이터를 학습하고 분석하며, 판단할 수 있는 단계의 자동화이다. 세간의 화제인 챗GPT를 업무 자동화와 연계하는 것이 IPA의 대표적인 사례라고 할 수 있다.

유연 근무제와 원격근무가 일상이 되었다. 또한, 글로벌 기업의 국내 진출과 국내 기업의 해외 진출로 인해 이른 새벽 또는 늦은 밤에 외국인과 회의해야 하는 일이 늘어나고 있다. 9시에 출근해서 6시에 퇴근하는 고정 근무제가 아니라 글로벌 기업에 적합한 유연 근무제가 필요해진 것이다. 더불어 인건비 상승과 52시간 근무제 등의 사회적 변화로, 업무 자동화에 대한 관심이 증대되었다. 국내에서도 많은 RPA 프로젝트가 진행 중이다. 업무 자동화 RPA 솔루션은 아주 다양하다. 글로벌 기업에서 출시한 제품뿐 아니라 국내 SI(시스템 통합) 업체에서도 자체 개발한 RPA 솔루션이 있다. 기능을 비교하는 것이 무색할 정도로 대부분의 RPA 제품은 비슷한 개발 환경을 제공한다.

글로벌 리서치 기업 가트너가 공개한 보고서에서는 다음 4개의 솔루션을 RPA 리더 그룹으로 정의한다.

Power Automate	Ui Path™	AUTOMATION ANYWHERE Go be great	blueprism
MS 파워 오토메이트 **(Power Automate)**	**유아이패스(Ui Path)**	**오토메이션 애니웨어** **(Automation Anywhere)**	**블루프리즘** **(Blueprism)**

 가트너의 2023년 7월 보고서에 의하면 파워 오토메이트가 리더 그룹에 포함되어 있다. 2020년까지 틈새 시장을 노리던 파워 오토메이트가 이제는 당당하게 RPA 리더 그룹에 속한 것이다. 더군다나 앞으로의 전망(Visionairs) 부분에서는 선두의 위치에 있다.

PAD는 MS 오피스를 사용하는 12억 명의 사용자에게 무료로 개방되기 때문에 그 성장 가능성은 무한하다. 앞으로 파워 오토메이트는 RPA 4강 리더 그룹 사이에서 독보적인 역할을 할 것이라고 조심스레 예상해 본다.

Figure 1: Magic Quadrant for Robotic Process Automation

Source: Gartner (August 2023)

출처: Gartner (2023)

국내에서는 유아이패스(Ui Path)와 오토메이션 애니웨어(Automation Anywhere), 그리고 국산 RPA가 시장을 주도하고 있다. 한편, MS가 파워 오토메이트(Power Automate for Desktop, PAD)를 무료로 배포하면서 MS 제품에 대한 시장의 관심이 높아지고 있으며, 디지털 전환에 파워 플랫폼을 활용하는 사례들이 증가하고 있다. 필자가 근무하는 회사에서도 리더 그룹에 속한 RPA 솔루션 중 하나로 업무 자동화 프로젝트를 시작했다. 현재는 PAD도 함께 사용하고 있다.

사무 환경에서 메일을 확인하고 문서를 업로드하는 등의 일상적인 업무를 위해 Microsoft 365 웹 사이트에 수시로 접속한다. 이에 따라, 파워 오토메이트에 노출되는 빈도가 높아졌다. '이 앱은 무슨 기능을 할까?'라는 호기심으로 여러 버튼을 클릭하던 것이 PAD를 시작하게 된 배경이다.

4차 산업 혁명의 가속하는 디지털 전환에 발맞추어 IT 부서의 업무 방식도 변화하고 있다. 완벽하게 제품을 만들어서 배포하는 전통적인 IT 개발 방법론보다는 프로토타입처럼 단위 모듈을 개발해서 단계적으로 제품을 완성해 가는 애자일(Agile) 방법론이 활용되고 있다. 또한, 애플리케이션 개발이 IT 전문가(개발자 등)만의 영역이 아니라는 인식이 생겨나면서 실제 현실에서 이루어지고 있다. 누구나 개발자가 될 수 있다는 이른바 '시민 개발(Citizen Development)'이라는 개념이 새롭게 등장했고 관련 솔루션도 출시되었다. 시민 개발이란 누구나 단위 모듈을 연결해서 애플리케이션을 개발할 수 있도록 지원하는 방법론 또는 개발 도구를 의미한다. 즉, 프로그램 소스 코드를 직접 만드는 것이 아니라 이미 만들어진 모듈(기능)을 재사용하는 개념이기 때문에 누구나 애플리케이션을 개발할 수 있다. 네이버나 다음과 같은 포털 사이트에서 소스 코드 한 줄 없이 개인 블로그를 개설할 수 있는 것도 시민 개발의 한 예라 할 수 있다. 재사용 모듈은 로코드(Low Code) 또는 노코드(No Code)라고 정의하기도 한다. 로코드는 복잡한 소스 코드를 아주 간단한 명령어로 모듈화 한 것을 의미한다.

로코드로 프로그램을 개발하는 개발자를 시민 개발자(Citizen Developer)라고 하며 이들은 IT 계열이 아닌, 다른 분야의 지식과 배경을 지니고 있다. 이러한 다채로운 배경이 애플리케이션 설계에 녹아 들어가기 때문에 더 창의적이고 실용적인 프로그램을 만들 수 있는 기반이 된다. IT 개발자는 현업의 요구 사항에 기반을 두고 일정을 준수하면서 프로그램을 개발하는 것에 중점을 두는 반면, 시민 개발자는 현업의 시선에서 주변 상황을 360°로 고려할 수 있는 넓은 안목을 가진다는 장점이 있다.

디지털 환경에서의 업무는 다양한 IT 시스템으로 연결되어 있다. 직원들의 시스템 활용 능력은 곧 업무 능력과 직접적으로 이어진다. ERP와 같은 시스템에 데이터를 반복 입력해야 하는 피로와 업무를 둘러싼 여러 가지 IT 시스템에 대한 지식 습득 요구는 체계적인 IT 교육에 대한 필요성을 더욱 부각시킨다.

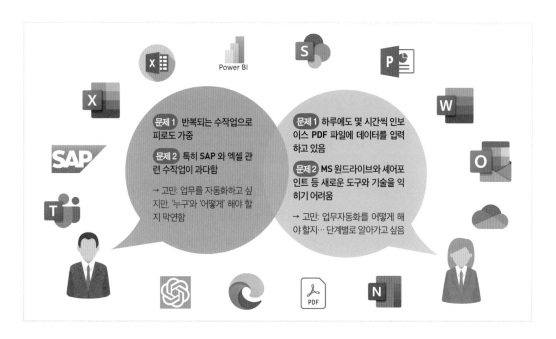

필자가 재직 중인 회사에서는 RPA를 교육받고 자동화를 자체적으로 수행하고 있다. 물론, 복잡한 프로세스는 IT 부서의 지원을 받는다. RPA를 교육받은 핵심 사용자가 업무 자동화를 만들어 부서 내에 전파하는 역할을 한다. 'RPA는 게임 체인저가 될 수 있다'라고 표현할 정도로 고위 임원진들은 업무 자동화에 높은 기대감을 보인다. 스스로 학습하고 자생적으로 RPA를 업무에 정착시키려는 모습을 보면서, PAD를 처음 소개한 담당자로서 뿌듯함과 보람을 느낀다. 조직 내에서도 업무 자동화 경험을 기반으로 부서별 디지털 리더들을 선출하여 교육하고 육성하는 **DEX(Digital Employee Experience) 커뮤니티**가 조직되었다. 파워 오토메이트를 이용한 업무 자동화는 기본이며, 비즈니스 데이터의 시각화를 위한 파워 비아이(Power BI)와 업무용 모바일 앱을 현업 담당자가 직접 개발하는 파워 앱스(Power Apps) 교육도 지속적으로 진행하고 있다.

로코드 프로그램의 등장으로 IT 담당자와 일반 사용자의 업무 경계가 허물어지면서, 먼저 시작하는 사람이 해당 분야의 전문가가 되는 현상들이 발생하고 있다. 일반 사무직원이 파워 앱스를 스스로 학습하여 부서 업무와 관련된 앱 프로그램들을 직접 개발한다. 모바일 기기(스마트폰, 태블릿PC 등)에서 카메라를 이용해 바코드를 읽으면 제품 정보를 메일로 전송하거나 승인 요청을 자동으로 보내는 등의 업무를, 앱을 활용하여 수행하고 있다. IT 부서에도 파워 앱스를 담당하는 전문가가 있지만, 일반 사무직원들은 스스로 학습하는 방법으로 앱을 만들어 업무에 활용하고 있다.

IT 부서에서 개발해야 할 앱들을 일반 사용자가 직접 개발하고 부서 내에서 공유해서 사용하는 것을 보며 놀라움을 느끼는 동시에, IT 전문가로서 위기감을 느낄 수밖에 없었다. 이처럼, 로코드는 프로그램을 개발하는 데 필요한 시간을 줄일 수 있고 IT 전문 개발자의 지원이 필수가 아니므로 개발비 역시 줄일 수 있다. 그리고 모듈 조립식 개발은 소스 코드를 기술하는 프로그래밍 방식에 비해서 사람의 개입이 적기 때문에 오류를 줄이는 효과도 있다. 또한 업무는 업무 담당자가 가장 잘 알고 있기 때문에 스스로 업무 자동화를 구현하는 것이 능률 면에서 효과적일 수밖에 없다.

IT 부서의 RPA 담당자는 기술적으로 어려운 업무 자동화에 집중하고, 시민 개발자를 교육하고 육성하는 데 힘을 쏟아야 한다. 그리고 새로운 디지털 기술에 대한 열린 마음과 다양한 가능성에 적극적인 태도를 보이는 것이 중요하다. 나아가, IT 부서와 타 부서가 퓨전 팀(협업)을 구성해서 서로 부족한 부분은 보완하고 강점은 부각하면서 조화롭게 일하는 업무 환경을 조성하는 것이 필요하다. 파워 플랫폼은 시민 개발자와 전문개발자가 퓨전 팀을 구성하여 서로의 코드를 공유하고 협업할 수 있도록 지원한다. 전통적인 개발 환경에서는 프로젝트 관리자와 IT 개발자가 프로그램 기능과 일정 등 전반적인 사항을 결정하고 주도한다. 모든 팀원은 정해진 단계와 절차를 준수하면서 프로젝트를 진행한다. 반면에, 노코드 기반의 퓨전 개발 환경에서는 현업 담당자가 직접 자동화 및 업무용 모바일 앱을 개발하는 주도권을 가질 수 있다. 디지털 전환에 필요한 신기술과 난이도가 높은 업무는 IT 부서의 지원을 받아 협업하고, 시민 개발자는 업무 자동화에 필요한 코드를 챗GPT와 같은 인공지능에 요청하여 적용할 수 있다. 즉, 퓨전 개발 환경에서 더 나아가 시민 개발자 스스로 도메인 지식을 바탕으로 노코드 개발 전문가로 성장할 수 있는 기회가 열린 것이다. 디지털 전환이라는 공통의 관심사를 가진 직원들은 커뮤니티에 소속되어 새로운 기술을 학습하고 각자 개선한 사례를 공유하며 함께 성장한다.

전통적인 개발 환경	시민 개발자 환경	퓨전 개발 환경	커뮤니티

1.2 파워 오토메이트란?

소스 코드를 기술할 필요가 없는 파워 오토메이트(Power Automate for Desktop, PAD)는 노코드(No Code)에 가깝다. 마치 레고 블록을 이용해서 집을 짓고 자동차를 조립하듯이 파워 오토메이트 모듈 (작업)을 서로 연결해서 자동화 프로그램을 만들도록 직관적으로 설계되어 있다. 파워 오토메이트는 **시민 개발이 지향하는 이상적인 개발 도구** 중 하나이다. 일반 사용자가 소스 코드 한 줄 없이 업무 자동화 애플리케이션을 스스로 만들 수 있는 개발 환경을 제공한다.

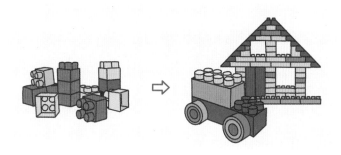

이 책에서는 윈도우 10 이상의 버전이 설치된 개인 PC에서는 누구나 무료로 사용할 수 있고, 윈도우 환경과 유연하게 통합할 수 있는 파워 오토메이트(이하 PAD)를 이용한 업무 자동화를 소개한다. 먼저, 기억하기 쉽도록 PAD의 강점 3가지를 키워드로 정리해 보겠다.

PAD는 쉽다.　　　　PAD는 무료다.　　　　PAD는 MS 제품이다.

PAD에는 다음과 같은 많은 장점이 있다.

- **사용자가 직접 자동화하기 쉽도록 직관적인 개발 환경 제공**
  - 소스 코드 없이 자동화 흐름을 쉽게 만들 수 있다. 엑셀 수식을 사용하기 쉽다.

- **확장 영역이 무한한 Microsoft 365와 연계**
  - Microsoft 365의 다양한 제품군과 연계할 수 있다. 때로는 프리미엄 라이선스가 필요할 수 있다. 특히, 대부분의 사무직원이 사용하는 엑셀 프로그램과의 연계가 탁월하다.

- **PAD는 누구나 무료로 사용 가능**
  - 개인 PC에 설치하는 PAD 프로그램은 별도의 라이선스가 필요하지 않다.

- **클라우드 저장으로 뛰어난 접근성과 공유 기능 제공**
  - PAD를 다시 설치해도 같은 계정으로 로그인하면 기존의 자동화를 사용할 수 있다.

- **모바일 기기에서도 쉽게 접근**
  - 모바일에서 Power Automate 또는 Power Apps를 통해서 PAD를 호출할 수 있다.

- **PAD는 약 400개 이상의 내장(Built In) 작업(Task)을 갖고 있으며, 지속적인 업데이트 지원**
  - 파이썬, VB스크립트, 파워 셸, 자바스크립트, .Net 스크립트를 추가할 수 있으므로 기능 확장이 유연하다.

- **자동화 흐름의 반복적인 수행과 예약 작업 일정 등록 가능**
  - 클라우드(웹)에서 개인 PC에 접근하려면 머신 직접 연결이 필요하다.

- **PAD에 기본 내장된 오류 처리 기능으로 예외 사항 효율적 처리**
  - 오류 발생 시 여러 번 재시도가 가능하며, 재시도 실패 시 하위 작업을 호출하는 등 다양한 오류 처리가 가능하다.

- **MS SQL Sever와 같은 데이터베이스와 연결 가능**
  - MS Access DB, MS SQL express와 연결해서 빅데이터와 관련된 자동화를 구현할 수 있다.

- **OCR 엔진이 기본 내장**
  - OCR을 이용하여 이미지 또는 PDF 파일에서 텍스트를 추출할 수 있다.

- **인공지능 기술과 연계 가능**
  - Microsoft Cognitive와 Google Cloud Cognitive 서비스 등과 연결할 수 있으며, 코파일럿 인공지능이 정식으로 PAD에 포함될 예정이다.

이외에도 PAD는 상당히 다양한 기능을 제공한다. 가장 간단한 기능부터 하나씩 알아보도록 하자.

TIP

우리가 자주 사용하는 표현 중에 "싼 게 비지떡이다"라는 말이 있다. 저렴한 물건은 품질도 그만큼 나쁘다는 의미이다. 그러나 PAD는 무료라고 해서 품질이나 기능이 뒤처지지 않는다. PAD의 모체는 유료 라이선스가 필요한 RPA 도구인, 윈오토메이션(WinAutomation)이라는 제품이었다. MS가 소프트모티브 사를 인수하면서 윈오토메이션을 Power Automate for Desktop이라는 이름으로 변경하고 무료로 배포한 것이다. PAD는 개인 업무 자동화를 위한 사용자 경험을 확대하는 데 가치를 두고, 기업 업무 자동화를 위한 Power Automate Cloud(유료 라이선스)로 자연스럽게 유입되도록 하는 사업 전략으로 보인다.

파워 플랫폼이란?

마이크로소프트는 모든 사람이 스스로 프로그램을 개발할 수 있는 세상을 꿈꾼다. 이러한 큰 비전을 이루고자 설계한 것이 Microsoft 365의 기본 틀인 **파워 플랫폼**(Power Platform)이다. Microsoft 365 환경에서는 전통적인 개발 방식의 스크립트를 더는 사용하지 않아도 된다. 로코드(Low Code)에 기반을 둔 파워 플랫폼에서는 누구나 쉽게 업무 자동화를 구현할 수 있다. 커넥터(Connector)를 통해서 다양한 다른 앱과도 통합할 수 있도록 이를 설계하였다. 그 확장성이 무한하기에 하나하나 설명하기가 어려울 정도이다.

파워 플랫폼의 장점은 모든 기능이 통합된 스마트폰에 비유해 설명할 수 있다. 스마트폰이 등장하기 이전에는 mp3 플레이어, 동영상 플레이어, 디지털카메라, 휴대폰을 모두 개별로 구매해서 소지하는 불편함을 감수해야 했다. 그러나 이제는 이 모든 기능이 스마트폰에 통합되어 있어 더 이상 별도의 기기를 구매할 필요가 없다. 스마트폰은 다양한 기술과 기능을 하나로 결합된 현대 디지털 사회의 만능 플랫폼이다.

과거에는 개별 기기가 서로 연결되지 않아서, 컴퓨터에 파일을 다운로드받아서 다른 기기에 업로드 하거나 파일을 변환하는 번거로운 작업들이 수반되었다. 이 상황은 마치 RPA, 모바일 앱, 웹 시스템, 챗봇, 시각화 도구 등 각각 다른 회사의 제품이라서 호환이 되지 않는 것과 같다. 그러나 파워 플랫폼에는 패키지로 포함되어 있는 개별 솔루션이 서로 유기적으로 연결되어 있기 때문에 시스템의 통합 관리 측면에서 큰 장점이 있다. MS 오피스 환경에서 일하는 직원들은 팀즈, 엑셀, 원드라이브 등 다양한 디지털 도구와 파워 플랫폼이 통합되어 업무를 보다 효과적으로 수행할 수 있도록 도와준다.

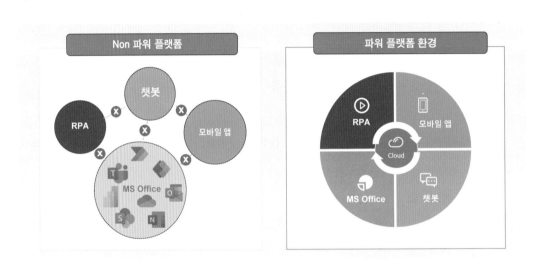

파워 오토메이트는 파워 플랫폼을 구성하는 하나의 요소이자 기술이다. 파워 플랫폼은 비즈니스 사용자가 소프트웨어 개발이나 프로그래밍 경험이 없어도 애플리케이션을 구축하고 업무 자동화를 수행하도록 돕는 도구이다. 디지털 기술의 혁신적인 진화를 보여주는 마이크로소프트 파워 플랫폼은 다음 5개 솔루션으로 구성되어 있다.

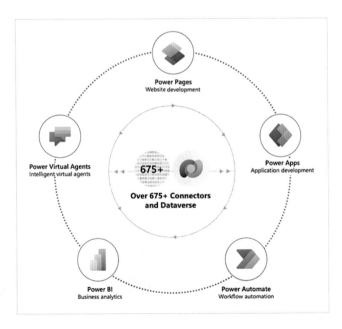

- 파워 오토메이트(Power Automate): 노코드로 업무 자동화 구현

- 파워 앱스(Power Apps): 노코드로 업무용 앱 개발

- 파워 비아이(Power BI): 기업용 분석 리포트 자동 개발

- 파워 페이지(Power Pages): 노코드로 개방형 웹 사이트 개발

- 파워 버추얼 에이전트(Power Virtual Agents(Chatbot)): AI에 기반을 둔 챗봇 개발

2020년에 MS가 소프트모티브사를 인수하기 전에는 파워 오토메이트 클라우드(Power Automate Cloud)만 있었고 데스크톱 자동화 연계는 UI Flow를 사용했다. UI Flow는 단순히 녹화만 하는 수준이었기에 RPA 도구라고 보기에는 한계가 있었다. 지금은 UI Flow 대신에 PAD(기존의 WinAutomation 제품)가 파워 오토메이트에 통합되었다. 즉, 이제 파워 오토메이트는 어떤 RPA 도구에도 뒤지지 않는 완벽한 기능을 갖추게 된 것이다. 오히려, 파워 플랫폼에 포함된 파워 오토메이트의 확장성은 다른 RPA 솔루션이 따라가기 어려운 수준에 도달했다.

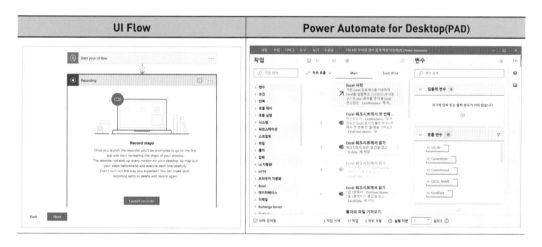

파워 오토메이트는 다음 2가지 솔루션으로 구성되어 있다.

- 파워 오토메이트 클라우드(Power Automate Cloud): Microsoft 365 웹 사이트에서 실행하는 자동화 프로그램으로 별도의 소프트웨어 설치가 필요하지 않다.

- 파워 오토메이트 데스크톱(Power Automate for Desktop, PAD): 개인 데스크톱에 설치하는 무료 소프트웨어 프로그램이다.

파워 오토메이트와 같은 RPA는 마우스 동작을 반복해서 실행하는 매크로에서 출발해서 소스 코드 기반의 RPA, 노코드 기반의 RPA 그리고 클라우드 기반의 DPA로 진화했다.

매크로	진화 ➔	소스 기반 RPA	진화 ➔	노코드 파워 오토메이트 데스크톱(RPA)	진화 ➔	노코드 파워 오토메이트 클라우드(DPA)
단순하게 마우스 위치를 기억하여 키보드 입력을 반복 수행		자동화하기 위해서 소스 코드 작성 (UISPY, 파이썬, 파워셸, VBScript 등)		UI 기반(녹화) 자동화 중점, API 지원		커넥터(API)를 통한 시스템 간 자동화
				개인의 반복 업무 및 수작업 자동화 중점		기업의 비효율적 프로세스 자동화 중점
				태스크 자동화(Task Automation)		프로세스 자동화 (Digital Process Automation)
				엑셀 및 웹 자동화 적용 쉬움, 무료 OCR 사용		AI 지원, 파워 플랫폼 통합
				2가지 모두 프로세스 자동화, 태스크 자동화에 활용할 수 있음		

파워 오토메이트 데스크톱(이하 PAD)은 개인 PC에 소프트웨어를 설치해야 한다. 개인 PC라는 것에서 알 수 있듯이, PAD는 개인 컴퓨터에서 사용자가 조작해야 하는 엑셀과 같은 프로그램이나 웹 사이트의 자동화에 최적화되어 있다. 특히 PAD는 파이썬(Python), 자바스크립트(JavaScript), VBScript와 같은 소스 코드 기반의 프로그래밍을 모듈로 추가할 수 있다. 또한 API 기능도 지원되기 때문에 타 시스템과의 연결도 가능하다.

반면에 파워 오토메이트 클라우드는 웹 사이트(https://make.powerautomate.com/)에서 자동화 흐름을 구현한다. 클라우드 환경이기 때문에 **ID와 패스워드만 입력하면 언제 어디서나 접속**이 가능하다(물론, PAD도 소프트웨어만 설치되어 있으면 어디서든 접속할 수 있음). 파워 오토메이트 클라우드는 사용자가 흐름을 직접 실행할 필요가 없는 업무 프로세스 자동화에 더 효율적이다. 기업의 프로세스 자동화를 디지털로 구현한다고 해서 DPA(Digital Process Automation) 또는 BPA(Business Process Automation)라고도 한다.

기본적으로 PAD와 DPA는 자동화하는 대상 영역에 차이가 있다. 하지만, **서로 연결할 수 있기 때문에 하나의** 파워 오토메이트 **솔루션**이라고 한다. 즉, 다음 그림에서 보듯이 PAD는 자동화 흐름을 구성하는 하나의 요소이다. PAD 작업을 호출한 후에는 기타 여러 가지 앱을 다시 호출해서 후속 작업을 진행할 수 있다. 그리고 예약된 시간에 자동으로 RPA를 실행하려면 DPA에서 예약된 클라우드 흐름을 생성하고 PAD를 호출하는 방식을 사용해야 한다.

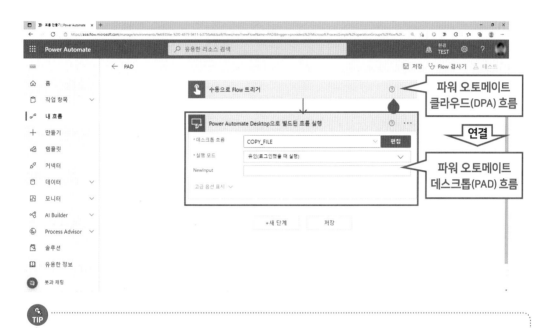

TIP

DPA에서 PAD에 연결할 때 사용자가 컴퓨터에 로그인된 상태에서 동작하는 'Attended 모드'와 로그아웃되어 있어도 동작하는 'Unattended 모드' 2가지가 있다. DPA에서 PAD로 연결하려면, Windows 운영체제가 pro 버전으로 설치되어야 한다.

파워 오토메이트 클라우드를 이용한 흐름 생성은 템플릿을 선택해서 그대로 사용하거나 필요한 자동화 업무 유형에 맞게 변경하면 된다. PAD 사용법과는 다르지만 PAD처럼 노코드 기반의 직관적인 개발 환경을 제공하기 때문에 쉽게 적용할 수 있다. 기본 템플릿에서 [작업 추가] 버튼을 누르거나 새로운 흐름을 생성한 후에 PAD에서 생성한 흐름을 호출하는 작업을 추가할 수 있다. 즉, 다음 그림에서 보듯이 PAD는 파워 오토메이트 클라우드의 자동화 흐름을 구성하는 하나의 요소이다. 두 영역을 연결하는 방법은 6장에서 소개한다.

파워 오토메이트 클라우드는 셰어포인트(Shared Point), 원드라이브(OneDrive) 등과 연계해서 업무 자동화를 구현한다. 클라우드는 웹 사이트에서 자동화 흐름을 만드는 것을 의미한다. 파워 오토메이트 클라우드는 사용자가 실행 버튼을 클릭하는 것과 같은 작업이 불필요하다. 즉, 사람의 개입 없이 클라우드 환경에서 완전한 자동화가 가능하다는 것이다.

Microsoft 365 오피스는 많은 기업에서 이미 사용 중이다. 이 부분에서 파워 오토메이트는 타 RPA 솔루션에 비해서 큰 강점을 가진다. 그리고 파워 오토메이트 클라우드는 개인 데스크톱에 설치된 PAD와 연계된다. 즉, 파워 오토메이트 클라우드의 자동화 흐름이 PAD의 자동화 흐름을 호출할 수 있기 때문에 클라우드 환경에서 개인 데스크톱의 자동화로 연결이 가능하다는 것이다. 예를 들어, 클라우드(OneDrive 등)에 저장된 엑셀 파일을 수정하면 내 PC에 있는 데스크톱 흐름을 자동으로 호출(트리거)할 수 있다는 것을 의미한다.

파워 오토메이트 클라우드와 PC에서 실행되는 PAD의 통합은 자동화의 범위를 다음과 같이 확장할 수 있게 한다. 단, 프리미엄 라이선스가 필요할 수 있다.

- **Outlook(아웃룩) 메일이 수신되면 PAD 자동화 흐름 호출**
- **Share Point 또는 OneDrive에 파일이 생성되면 PAD 자동화 흐름 호출**
- **Dataverse(클라우드 환경의 데이터베이스)에 데이터가 생성되면 PAD 자동화 흐름 호출**
- **Power Apps로 개발한 모바일 앱에서 PAD 자동화 흐름 호출**
- **자동 챗봇에서 PAD 자동화 흐름 호출**
- **AI Builder의 결과에 따라서 PAD 자동화 흐름 호출**
- **예약된 시간과 주기로 PAD 자동화 로봇 호출**

즉, Microsoft 365에서 제공하는 모든 앱과 PAD를 연계할 수 있다.

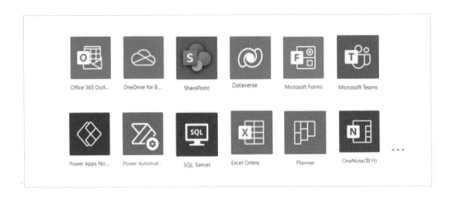

Microsoft 365는 네트워크로 모든 기술을 유기적으로 연결하고 통합하도록 하는 기술을 탑재했다.

MS PAD는 다음과 같이 좁은 의미의 RPA와 넓은 의미의 RPA로 분류할 수 있다.

이 책에서는 좁은 의미의 RPA인 PAD를 설명한다. PAD가 좁은 의미의 RPA에 속하긴 하지만, PC
에서 수행되는 모든 프로그램을 자동화할 수 있기 때문에 넓은 의미의 RPA 역할까지 수행한다고
할 수 있다.

파워 오토메이트
데스크톱 설치하기

마이크로소프트는 RPA 기능을 강화하고자 2020년 5월에 소프트모티브사의 윈오토메이션을 인수했다. 이후, 윈오토메이션은 Power Automate for Desktop이라는 새로운 이름으로 배포되었고 MS 제품군에 포함되면서 자동화 기능 역시, 지속적으로 업데이트되고 있다. 흥미로운 점은 **PAD를 무료로 배포한다는 전략을 발표**한 것이다. 즉, 누구에게나 자동화라는 새로운 디지털 세상을 만날 기회가 활짝 열린 것이다. PAD의 특징은 크게 다음 세 가지다.

1. 노코드(No Code) 도구: 프로그래밍 기술이 없는 사람이라도 쉽게 사용할 수 있는 노코드(No Code), 로코드(Low Code) 도구로, IT에 대한 고급 지식이 없는 사람도 사용할 수 있다.

2. 간편한 사용 방법: Windows 11이 탑재된 PC에서는, 'Power Automate'라는 이름으로 기본 내장되어 있어 로그인하여 바로 이용할 수 있다.

3. 마이크로소프트 앱: 마이크로소프트가 서비스하는 앱인 만큼 다른 마이크로소프트 프로그램과도 원활하게 연동된다. 업무상 일상적으로 사용하는 엑셀(Excel)뿐 아니라 워드 등 마이크로소프트365 관련 프로그램과 문제없이 연결된다.

PAD를 사용하려면 다음 운영체제가 설치되어 있어야 한다.

Windows 11, Windows 10, Windows Server 2016 또는 2019

PAD를 내려받은 방법에 대해서 알아보자. 먼저, Windows 11 환경에서는 PAD는 'Power Automate'라는 이름으로 윈도우에 기본 내장되어 있다. 앱 찾기 아이콘(🔍)을 눌러서 'Power Automate'를 검색하면 실행할 수 있다. Power Automate 앱이 실행되면 최신 버전의 소프트웨어를 자동으로 설치한다.

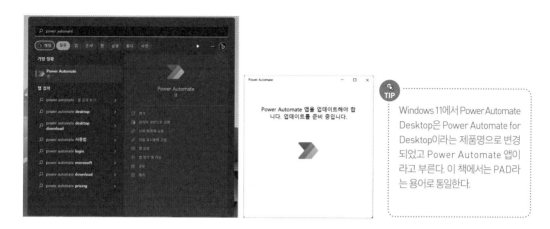

Windows 11에서 Power Automate Desktop은 Power Automate for Desktop이라는 제품명으로 변경되었고 Power Automate 앱이라고 부른다. 이 책에서는 PAD라는 용어로 통일한다.

Windows 10에는 설치되어 있지 않으므로, Microsoft Store 앱에서 'Power Automate'를 검색하여 바로 설치할 수 있다.

그리고, Microsoft Store 앱 이외에 여러 가지 방법으로 PAD를 내려받을 수 있다. 마이크로소프트 오피스 웹 사이트(https://www.office.com)에 접속한 후에 로그인해서 PAD를 내려받는다.

Microsoft 계정이 없다면 [계정을 만드세요!]를 클릭한다. 계정 만들기 화면으로 이동하면 메일 주소를 입력하고 다음 단계로 진행한다. 이후 과정은 일반적인 회원가입 방법과 비슷하므로 자세한 설명은 생략하겠다. 직장인은 회사에서 제공하는 Microsoft 365 계정을, 교직원이나 학생은 학교에서 제공하는 Microsoft 365 무료 계정을 그대로 사용하면 된다.

TIP 개인 계정보다는 회사 또는 학교 계정을 사용할 것을 추천한다. 개인 계정은 파워 플랫폼 서비스를 사용할 수 없는 등의 제약사항이 있다.

마이크로소프트 오피스(https://www.office.com)에 접속한 후에 브라우저 왼쪽에서 [Power Automate] 아이콘(⬎)을 누른다. 이 아이콘이 보이지 않으면 왼쪽 아래의 ❶ [전체 앱 보기] 아이콘(🎛)을 눌러서 모든 앱을 볼 수 있는 웹 페이지(https://www.office.com/apps)로 이동하고 나서 ❷ [Power Automate]를 클릭한다.

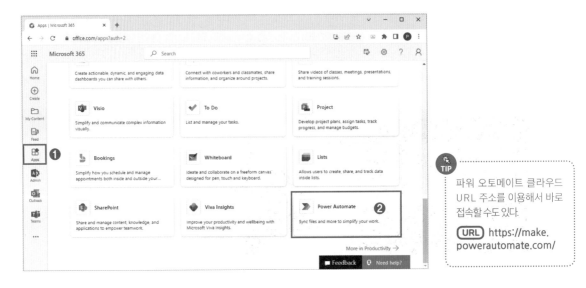

TIP 파워 오토메이트 클라우드 URL 주소를 이용해서 바로 접속할 수도 있다.
URL https://make.powerautomate.com/

앞서 설명했듯이, 파워 오토메이트는 클라우드와 데스크톱 버전 2가지가 있다. 이 책은 개인 PC에서 실행하는 PAD 위주로 설명하므로 데스크톱 버전 프로그램을 내려받아 설치해야 한다. 파워 오토메이트 웹 사이트의 가장 아래로 이동하여 '다운로드' 항목에서 [데스크톱용 Power Automate]를 클릭하여 설치 프로그램을 내려받는다.

또는, ❶ + 만들기 메뉴를 누른 후에 우측 상단의 [설치] 메뉴를 누르고, ❷ [데스크톱용 Power Automate]를 선택하여 내려받을 수도 있다.

TIP 다음 링크를 통해 PAD 설치 파일을 바로 내려받을 수 있다.
URL https://go.microsoft.com/fwlink/?linkid=2102613

설치 파일을 내려받았다면 다음 순서에 따라 PAD를 설치해 보자.

<u>01</u> 설치 프로그램이 실행되면 [다음] 버튼을 누른다.

<u>02</u> 설치 위치를 확인하고 약관에 동의한 후 [설치] 버튼을 누른다.

<u>03</u> PAD의 설치 화면 창 아랫부분에서 기존 버전과 현재 버전 정보를 조회할 수 있다(재설치 시). MS는 PAD를 계속 업그레이드하고 있다. MS 제품군과의 연결 통합성이 더 강화되고 새로운 기능이 추가되기 때문에 정기적으로 업데이트하는 것이 좋다.

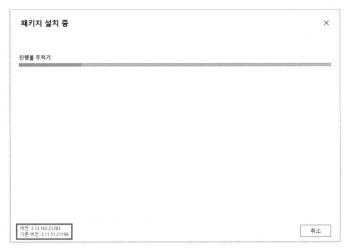

04 설치가 완료되었으면 [로그인] 버튼을 눌러서 로그인한다.

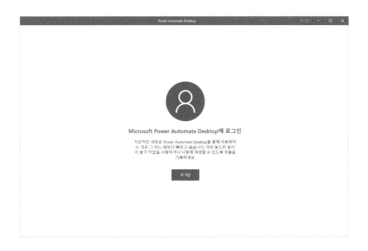

05 소속 조직의 이메일 계정 또는 개인 이메일 계정을 입력한 후 로그인한다.

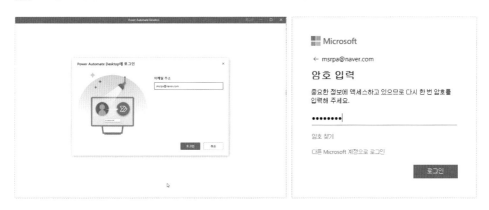

06 자동화 흐름을 생성할 수 있는 화면으로 이동한다. 이 화면을 PAD 일러스트레이션 또는 PAD 중앙 콘솔이라고 한다. 간단한 첫 화면에서도 알 수 있듯이 PAD로 자동화 흐름을 개발하기는 아주 쉽다.

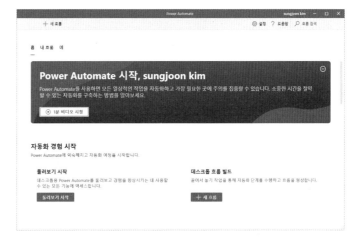

다음 절에서는 PAD 흐름을 생성하는 실습을 진행해 본다.

교직원이나 학생의 Microsoft 365 무료 계정 생성하기

개인 메일 주소를 이용해 마이크로소프트 계정을 별도로 생성할 수 있으나 회사 또는 학교 계정을 이용하면 더 많은 기능을 사용할 수 있다. 학교의 교직원이나 학생은 교육청에서 무료 Microsoft 365 계정을 신청할 수 있다. 예를 들어, 서울 지역은 서울특별시 교육청(https://o365.sen.go.kr) 사이트를 이용하면 된다.

회원가입을 하려면 가입 인증 코드가 필요하다. 인증 코드는 소속 학교 정보 담당 선생님에게 확인해야 한다. 재학 중인 학교 홈페이지에 기재된 행정실 전화번호로 문의해 보자.

지역별 Microsoft 365 신청 웹 사이트는 다음과 같다.

지역	Microsoft 365 신청 웹 사이트	지역	Microsoft 365 신청 웹 사이트
서울특별시	https://o365.sen.go.kr/	경기도	https://cloud.goe.go.kr/
세종특별시	https://o365.sje.go.kr/	강원도	https://microsoft365.gwe.go.kr/
인천광역시	https://o365.ice.go.kr/	충청북도	https://cloud.cbe.go.kr/
대전광역시	https://www.dje365.kr/	충청남도	https://o365.cne.go.kr/
대구광역시	https://o365.dge.go.kr/	경상북도	https://365.gyo6.net/
광주광역시	https://o365.gen.go.kr/	경상남도	https://sw-ms.gne.go.kr/
울산광역시	https://o365.use.go.kr/	전라북도	https://getsw.jbe.go.kr/
부산광역시	https://o365.pen.go.kr/	전라남도	https://o365.jne.go.kr/
제주특별자치도	https://o365.jje.go.kr/		

첫 자동화 흐름 만들기

RPA는 인간이 수행하는 업무를 로봇이 대신 처리하여 작업 시간과 비용을 절감하고, 정확성을 향상시킨다. 기존의 RPA 솔루션에 AI 기술을 접목한 **RPAI(RPA+AI)**가 등장했다. PAD에는 자연어 기능을 제공하는 인공 지능이 곧 탑재될 것이라고 한다. 더 나아가, **챗GPT가 생성해 주는 코드를 PAD에 접목하면 업무 자동화를 더 효율적으로 확대 적용**할 수 있다. 또한 API를 통한 챗GPT와 PAD의 융합은 더 많은 분야에서 혁신적인 업무 자동화 솔루션을 제공할 수 있을 것으로 기대된다. 열린 마음으로 챗GPT를 받아들이는 사람에게 업무 자동화는 새로운 기회의 장이 될 수 있다.

이 책에서는 PAD를 통한 RPA를 소개하는 한편, PAD가 구현하기 힘든 작업을 챗GPT에게 코드 작성을 요청하여 업무 자동화에 적용하는 방법에 대해서도 간략하게 소개한다.

본격적으로 PAD 개발 도구를 알아보자. [내 흐름] 탭을 선택하면, 콘솔에서 생성된 데스크톱 흐름 목록을 조회할 수 있다. 모든 데스크톱 흐름을 조회하고 관리할 수 있는 중앙 인터페이스 콘솔이다. 여기서 자동화 흐름을 실행·정지·변경할 수 있다. 흐름 리스트의 이름과 수정한 날짜, 상태 열의 ↑ 와 ↓ 아이콘을 누르면 오름차순이나 내림차순으로 정렬할 수 있다.

PAD 아이콘별 기능은 다음과 같다.

아이콘	이름	기능
+	새 흐름	새 자동화 흐름 만들기
⚙	설정	PAD 설정 기능(핫키 설정 등)
?	도움말	설명서나 관련 커뮤니티 등 도움이 될 만한 정보를 얻을 수 있는 링크로 연결
🔍	검색	이름으로 흐름 검색
▷	실행	흐름 실행(콘솔에서 흐름을 실행하는 것이 흐름 디자이너에서 실행하는 것보다 빠르다)
□	중지	흐름 중지
✎	편집	흐름 편집
⋮	추가 작업	추가 작업(실행, 중지, 편집, 이름 바꾸기, 복사본 만들기, 삭제)

> **TIP**
>
> Microsoft 365 라이선스를 구독하면 바로가기를 만든 후에 아이콘을 클릭해서 PAD 자동화 흐름을 실행할 수 있다. 흐름을 선택하고 ❶추가 작업 아이콘을 누른 후에 ❷[바탕 화면 바로 가기 만들기] 메뉴를 선택하면 된다.
>
>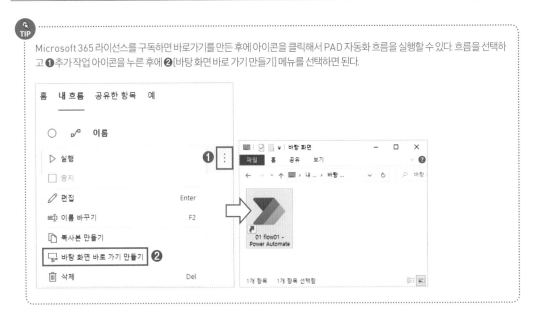

PAD 중앙 콘솔에서 [새 흐름 작성] 또는 [변경] 버튼을 누르면 새 창에 흐름 디자이너 프로그램이 열린다. 자동화 흐름을 디자인한다고 해서 이 화면을 **흐름 디자이너(Flow Designer)**라 부른다. 흐름 디자이너에서는 자동화 흐름을 만들고 디버깅하고 UI 요소를 관리하는 등의 다양한 작업을 할 수 있다. 기본적으로 제공되는 작업이 400개 이상이며, 이 작업들을 서로 연결해서 자동화를 구현한다. 흐름 디자이너는 **작업 메뉴, 작업 영역 그리고 변수 영역의 3개 그룹**으로 구성된다. 왼쪽 작업 메뉴 영역에서 자동화를 구현하는 Built-in 작업을 확인할 수 있다. 해당 작업을 PAD 중앙 작업 공간(작업 영역)에 끌어와서 자동화 흐름을 디자인한다. 작업 영역에는 하위 흐름을 생성할 수 있는 메뉴와 흐름을 저장하고 실행하는 툴바가 존재한다. 오른쪽의 변수 영역에서는 자동화 흐름에서 정의한 변수의 값을 확인하거나 입출력 변수나 UI 요소 목록을 관리할 수 있다. 입출력 변수는 흐름에서 데스크톱 흐름을 호출하거나, 데스크톱 흐름 간에 서로 호출할 때 주고받는 파라미터이다.

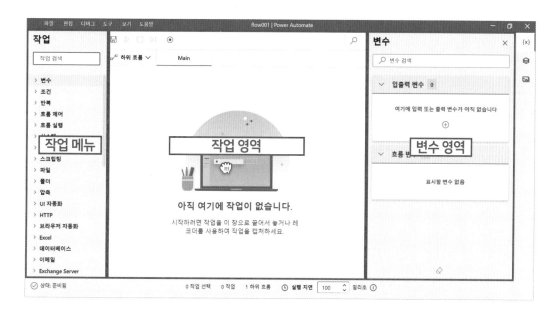

개발 도구 아래 상태 표시 줄에는 흐름 실행의 결과(성공/오류)를 보여준다. 그리고 자동화 흐름 단계별로 진행되는 지연 시간을 설정할 수 있다. 기본으로 100밀리초로 설정된다. **더 빠른 결과를 원한다면 실행 지연 값을 1로 조정**하면 된다.

오류를 발견하면 상태 표시 줄에는 오류 정보와 오류 수가 표시된다. 흐름 실행 중에 문제가 발생하면 흐름 디자이너 아랫부분에 오류 정보가 출력된다.

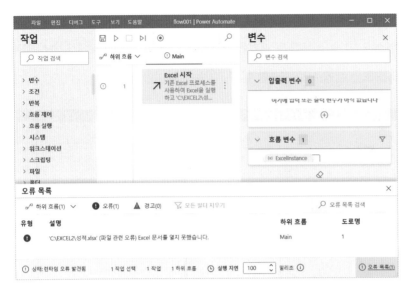

아래에 출력된 오류 메시지를 더블
클릭하면 오류 정보를 상세히 확인할
수 있는 창이 열린다. 오류 세부 정보
창은 오류 [위치(작업 순번)], [오류 메
시지], [오류 세부 정보]의 3개 항목으
로 구성된다.

조금 더
알아보기

PAD에서 흐름과 작업이란?

특정 절차와 규칙에 따라 데이터를 반복적으로 옮겨 적는 일은 PAD가 가장 잘하는 작업이다. PAD는 PC
에서 자주 수행하는 업무 과정을 '**작업**'으로 제공한다. '작업'은 400여 가지가 있으며 지속적인 업데이트로
계속 추가되고 있다. 웹 페이지의 버튼이나 입력 필드에 값을 조작하는 것, 엑셀 파일의 데이터를 편집하는
것과 같은 컴퓨터에서 수행되는 모든 작업을 지원한다. 그리고 이러한 '작업'들을 자동화하려는 업무 프로
세스에 따라 배치한 덩어리를 '**흐름**'이라고 일컫는다.

- **작업: PAD에서 실행할 컴퓨터의 행동 및 액션**
- **흐름: 자동화하려는 업무 프로세스에 따라 '작업'을 배치한 작업 꾸러미**

이제 첫 번째 자동화 흐름을 생성해 보자. 새로운 것을 시작하는 것은 어렵지만, 시작이 반이라고 했다. 이 책과 PAD를 시작했으니 절반은 성공한 셈이다. PAD는 사용하기 쉬우므로 나머지 반도 어렵지 않게 진행할 수 있을 것이다. 앞서 언급했듯이 PAD는 사용자 스스로 학습하여 업무에 적용할 수 있도록 사용자 친화적인 개발 도구를 제공한다. 사무직원 대부분이 엑셀을 활용하듯이 PAD도 일반적인 사무 작업 도구로써 활용될 것으로 기대한다.

이제부터 차례대로 따라 하면서 실습을 진행하자.

Q 인터넷이 연결되지 않는 환경에서도 PAD를 사용할 수 있을까요?

A PAD는 인터넷이 가능한 환경에서만 사용할 수 있습니다. PAD에서 자동화 흐름을 생성하려면, 마이크로소프트 계정으로 로그인해야 합니다. PAD에서 생성한 자동화 흐름 소스 코드는 마이크로소프트의 클라우드 스토리지 서비스인 원드라이브(OneDrive)에 저장됩니다. 계정 로그인을 거쳐 클라우드 백업까지, 이 모든 과정은 인터넷이 연결된 상태에서 가능하므로 PAD는 반드시 인터넷 사용이 원활한 환경에서 사용하길 바랍니다. 참고로, 자동화 흐름에서 사용되는 기업 또는 개인 데이터는 클라우드에 저장되지 않으므로 안심하고 사용해도 됩니다.

<u>01</u> PAD를 실행한 후 화면 중앙 또는 왼쪽 위의 [+ 새 흐름] 버튼을 누른다.

<u>02</u> [흐름 이름]란에 자동화 흐름 이름을 입력한다. ❶ 흐름 이름은 검색하기 쉽도록 구체적인 업무명을 간략하게 기술하는 것을 추천한다. ❷ [Power Fx 사용(프리뷰)] 기능은 자동화 흐름에 Power Fx 언어를 사용하는 기능이다. 아직 정식으로 배포된 기능이 아니기 때문에 지금은 사용하지 않고 비활성화한다. ❸ [만들기] 버튼을 눌러서 흐름을 디자인하는 화면으로 이동한다.

흐름 작성   ✕

                                                흐름 이름

                                                flow_001   ❶

                                                Power Fx 사용(프리뷰)   ⬤   ❷
                                                Power Fx는 Power Platform의 공식 언어입니다.
                                                Excel 수식에서 영감을 얻은 오픈 소스이며, 단순성
                                                과 사용 편의성을 핵심 가치로 삼고 있습니다.

흐름의 이름을 지정하고 흐름 디자이너를 열 수 있도록 만들기를 선택합니다.

                                        ❸   만들기   취소

TIP

자동화 흐름은 자동화 로봇, 로봇, 봇, 흐름, Flow, PAD 흐름, 데스크톱 흐름 등의 용어로 표현하기도 한다.

조금 더 알아보기

Power Fx 소개

Power Fx는 파워 플랫폼(파워 앱스, 파워 오토메이트 클라우드 등)에서 사용하는 로코드 언어이다. Power Fx는 엑셀과 유사한 문법을 사용하며, 사용자들이 쉽고 간단하게 비즈니스 애플리케이션 및 워크플로우를 개발할 수 있도록 지원한다. Power Fx를 사용하면 PAD에서 변수를 정의할 때 등호(=) 기호를 사용하며, Power Fx에서 제공되는 Average와 같은 다양한 함수를 사용할 수 있다.

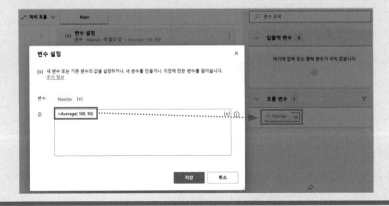

Power Fx를 사용하지 않는 PAD 흐름은 Average 함수를 제공하지 않기 때문에 평균 값을 구하려면 로직을 직접 구현해야 한다.

파워 앱스에서 많이 사용되는 Power Fx가 PAD에도 적용되어 자동화 흐름을 더욱 효율적으로 개발할 수 있을 것으로 기대된다. 더불어 파워 플랫폼의 공통 개발 언어로 자리잡은 Power Fx는 코드 일관성을 제공하여, 기업의 디지털 전환을 위한 통합 개발 환경을 제공할 것으로 예상된다. Power Fx에 대한 자세한 사항은 MSRPA 네이버 카페의 [교재 보강 자료] 게시판을 참고하자.

URL **https://cafe.naver.com/msrpa/31037**

03 PAD 중앙 콘솔과 별도로 흐름을 디자인하는 창이 새롭게 열린다. 왼쪽의 작업 메뉴에서 ❶ 작업 [Excel] 왼쪽 〉 아이콘을 클릭하고 ❷ [Excel 시작] 메뉴를 더블클릭한다. 또는 마우스로 드래그 앤 드롭하여 흐름 작업 영역으로 끌어 놓는다.

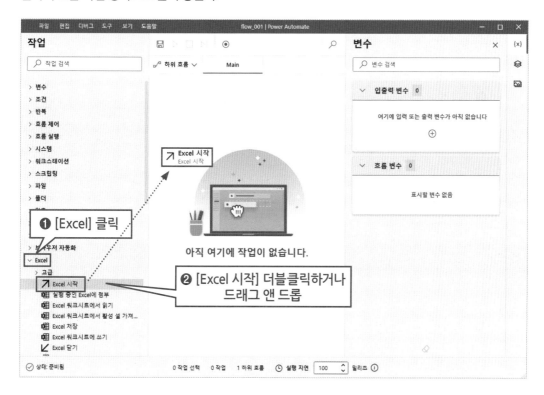

<u>04</u> 부가적인 설명이 필요 없을 정도로 직관적인 설정창이 열린다. 각 매개 변수 항목의 기능을 살펴보자. 이후 과정에서는 실습과 관련한 항목 위주로만 설명한다.

❶ 추가 정보: 클릭하면 해당 작업의 설명서를 확인할 수 있는 웹 사이트로 이동한다.

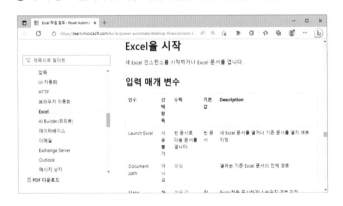

❷ Excel 시작: [빈 문서] 또는 [및 다음 문서 열기]로 엑셀 파일을 선택해서 열 수 있다.

❸ 정보: 마우스 커서를 ⓘ 아이콘에 올리면 해당 설정 항목의 상세 정보가 조회된다.

❹ 인스턴스 표시: 엑셀 프로그램을 직접 화면에 보여줄지, 화면에 보이지 않고 백그라운드에서 실행할지 설정한다.

❺ 고급: 고급 기능을 선택할 수 있다. 작업마다 다른 고급 옵션이 존재한다.

❻ 변수 생성됨: 엑셀 프로그램이 실행되는 인스턴스 변수가 자동 생성된다. 변수 이름을 변경할 수 있다.

❼ 오류: 작업 오류에 대처하는 다양한 기능을 설정할 수 있다.

❽ 저장/취소: 모든 매개 변수 설정이 완료되었으면 [저장] 버튼을 누른다. 저장하지 않으려면 [취소] 버튼을 누른다. 책에서 언급하지 않더라도 작업을 완료했다면 반드시 저장해야 한다.

<u>05</u> 데스크톱 흐름을 실행해서 결과를 확인해 보자.

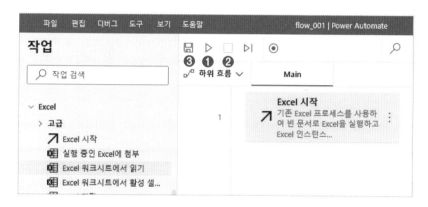

❶ 실행 아이콘(▷)을 누르면 자동화 흐름을 실행한다. 이전 단계에서 설정한 빈 엑셀 프로그램이 다음 그림과 같이 실행된다.

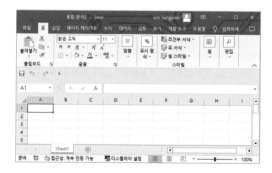

❷ 데스크톱 흐름을 끝내려면 중지 아이콘(□)을 누르면 된다.

❸ 저장 아이콘(🖫)을 누르면 데스크톱 흐름이 저장된다.

TIP

PAD에서 생성한 데스크톱 흐름은 마이크로소프트의 **클라우드 서버에 저장**된다. PAD가 설치된 개인 PC가 고장이 나더라도, 본인 계정에서 생성한 자동화 흐름은 클라우드에 안전하게 저장되어 있다. 다른 사람의 PC에서 본인 계정으로 로그인하면 내가 만든 데스크톱 흐름을 그대로 사용할 수 있다.

<u>06</u> PAD 중앙 콘솔의 흐름 리스트에서도 실행 아이콘(▷)을 눌러 흐름을 시작하거나 중지(□) 아이콘으로 흐름을 중지할 수 있다.

💡 **TIP**

흐름 디자이너보다 중앙 콘솔에서 흐름을 실행하는 것이 더 빠르다. 흐름 디자이너에서는 작업 단계별로 이동하면서 지연 시간을 포함하여 실행하기 때문이다.

조금 더 알아보기

PAD 온라인 설명서 보기

PAD 콘솔의 메뉴에서 [도움말] → [설명서]를 누르면 데스크톱 흐름 학습을 위한 설명서 웹 사이트로 이동한다.

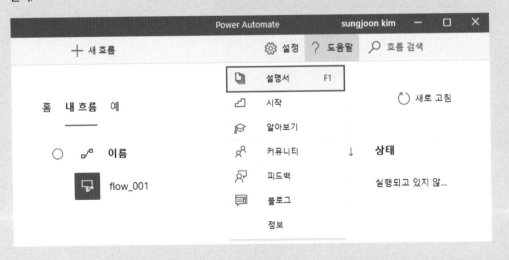

참고로, Microsoft Docs 사이트에서 [PDF 다운로드] 버튼을 누르면 설명서 전체를 내려받을 수 있다.

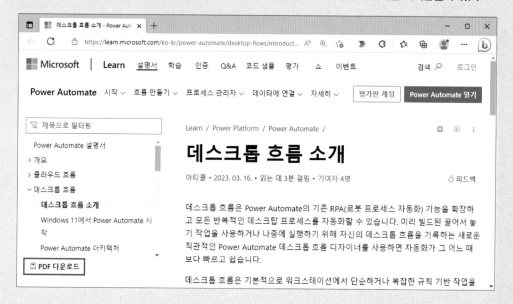

MICROSOFT
POWER
AUTOMATE

이번 장에서는 여러 타입의 변수를 생성해서 값을 저장하고 출력하는 프로그래밍 기초 이론에 대해서 학습한다. 숫자 변수는 산술 연산자를 이용하여 다양하게 계산할 수 있고, 문자 변수를 이용하여 사용자에게 입력 받은 문자를 연결하거나 자를 수도 있다. 아울러 날짜를 계산하는 방법도 알아본다. 조건문과 반복문은 모든 프로그래밍의 기본적인 논리 구조를 구성하는데, 이번 장에서 조건문과 반복문의 기초를 다지며 PAD에서 사용하는 문법을 이해하고 이를 자동화에 적용할 수 있도록 실습해보자. 조건문과 반복문을 포함한 기본 문법은 모든 프로그래밍에서 중요하다. 시간이 걸리더라도 기반을 단단히 다져 놔야 완벽한 업무 자동화를 구현할 수 있다.

그리고 챗GPT가 작성한 코드를 PAD에 적용하는 방법에 대해서 소개한다. 파워 오토메이트와 챗GPT의 상호 협력은 업무 자동화를 더욱 정교하고 세련되게 구현해 낸다. 챗GPT는 파워 오토메이트가 구현하기 힘든 기능을 코드로 작성할 수 있는 능력을 가지고 있기 때문이다.

기초 다지기: 변수와 문법

실행 영상 파일
https://cafe.naver.com/msrpa/31008

변수

프로그래밍의 기본은 **변수** 개념을 이해하는 것에서 시작한다. 변수를 영어로는 Variable이라고 하는데, 이는 고정된 것이 아니라 때에 따라 변할 수 있다는 뜻이다. 변수를 쉽게 설명해 보자. 변수는 다양한 물건을 담을 수 있는 빈 종이 상자에 비유할 수 있다. 빈 상자에 책을 담으면 책 상자가 되고 옷을 넣으면 옷 상자가 된다.

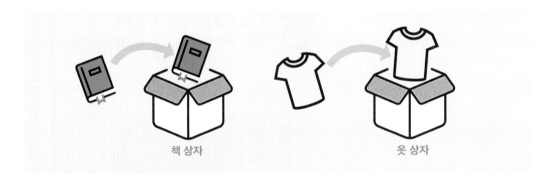

상자에 물건을 담고 밀봉하면 어느 상자에 무엇이 들어 있는지 알 수 없으므로 상자 겉에 고유의 번호 또는 이름을 적는 것이 일반적이다.

상자 이름은 'BOX1'과 같이 번호를 붙일 수도 있고 내용물 정보를 포함해서 '옷 상자'라고 적을 수 있다.

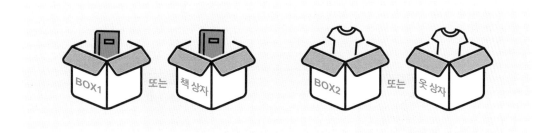

책을 넣었다고 해서 항상 책만 담을 수 있는 책 전용 상자는 아니다. 책을 비우고 다시 옷을 넣을 수도 있다.

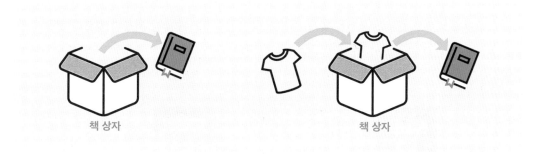

프로그래밍 언어에서 **변수는 빈 상자와 같이 임시로 어떤 값을 저장하는 공간**(메모리)의 역할을 한다. 변수에는 숫자를 저장할 수도 있고 문자를 저장할 수도 있다. 즉, 다음 그림과 같이 컴퓨터의 메모리 공간에 '1234'와 같은 숫자나 '한국'과 같은 문자를 저장할 수 있다.

상자가 많을 때 어느 상자에 어떤 물건이 들었는지 표기해 두는 것이 효율적이다. 컴퓨터에도 아주 많은 메모리 공간이 있다. 각 메모리 공간이 어떤 값을 저장하고 있는지 기억하기 위해서 메모리 영역 이름에 변수 이름을 연결한다. 숫자 '1234'의 메모리 영역(변수 이름)은 **VAR1** 또는 **숫자 변수**라고 설정할 수 있다.

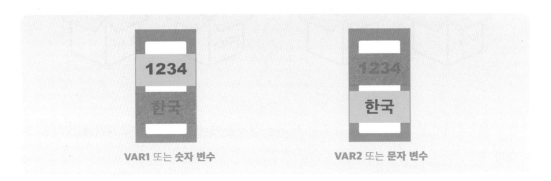

VAR1 또는 **숫자 변수**   VAR2 또는 **문자 변수**

그리고 상자를 비우고 새로운 물건을 넣을 수 있듯이 '1234'라는 숫자를 저장한 메모리 저장 공간 (변수)을 비우고 나서 다른 숫자 '5678'을 넣을 수도 있다.

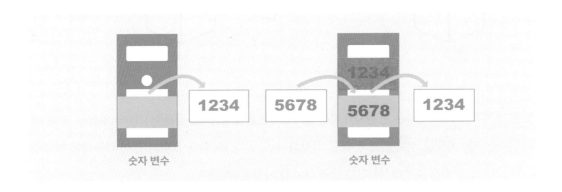

숫자 변수   숫자 변수

상자와 변수를 비교하여 설명하면, 다음과 같이 요약할 수 있다.

상자	변수
상자의 이름	변수 이름(변수명)
상자에 처음 저장되는 데이터	초깃값
상자에 현재 저장된 데이터	현재값

다음 표는 PAD에서 사용할 수 있는 변수 타입을 정리한 표다. 일반적으로 프로그래밍 언어에는 여

러 가지 숫자 타입과 문자 타입이 있다. 예를 들어, 소수 자리를 가지는 숫자 타입과 정수만 표현할 수 있는 숫자 타입으로 구분한다. 이와 달리, PAD는 변수 타입을 아주 간단하게 정리했다. 소수와 정수를 포함한 모든 숫자는 숫자 타입 하나로 표현한다. 문자 변수도 마찬가지다. 문자열 길이와 관계없이 문자 타입도 하나이다. 그러므로 PAD에서 변수를 생성할 때는 어떤 타입으로 정의해야 할지 고민하지 않아도 된다. PAD의 간단한 변수 타입만 보더라도 마이크로소프트가 일반 사용자를 얼마나 배려했는지 알 수 있다.

변수 타입	데이터 범위	예
숫자	소수와 정수 모두 사용할 수 있는 타입	1, -2, 0.1, -0.2
문자(텍스트)	한 자리 이상의 문자 등 모든 종류의 텍스트 타입	가, 가나다, 가ABC, 가_ABC
날짜	날짜와 시간을 표현한 데이터 타입	2023-11-26 오전 12:35
부울(Boolean)	참과 거짓의 2가지 값만 가지는 타입	True, False
목록 변수(리스트)	변수가 여러 개의 값을 목록으로 가지는 타입	변수[0], 변수[1], 변수[2]
데이터 테이블	목록이 여러 개의 칼럼을 가지는 타입	변수[0][0], 변수[0][1]
데이터 행	데이터 테이블의 여러 라인 중 하나의 행	["가", "나", "다"]

PAD에서 많이 사용되는 변수에는 크게 3가지 종류가 있다. 첫 번째는 숫자를 저장할 수 있는 숫자 타입이며, 두 번째는 문자를 담을 수 있는 문자 타입이다. 그리고 마지막은 날짜를 표시하는 날짜 타입이다. 이외에도 하나의 변수에 여러 줄을 저장할 수 있는 목록 변수와 데이터 테이블이라는 고급 데이터 타입을 자주 사용한다. 데이터 테이블은 엑셀에서 데이터를 읽을 때 주로 사용한다. 기본 3가지 타입인 숫자, 문자, 목록 변수부터 먼저 살펴보도록 하자.

1.1 변수 만들기

PAD에서 변수를 생성해서 해당 변수에 숫자 값을 저장하고 이를 출력하는 실습을 진행하며 변수가 무엇인지, 어떻게 만드는지 배워 보자.

01 새로운 흐름을 생성한 후에 작업 [변수] → [변수 설정] 메뉴를 작업 영역으로(화면 중앙으로) 드래그 앤 드롭한다.

02 변수 설정에서 %NewVar%라는 이름이 기본으로 조회된다. 이것이 **변수 이름**이다. 변수 이름은 영문, 한글, 숫자로 구성할 수 있다. 기호로는 언더바(_)만 사용할 수 있다. 간단한 영어 단어 또는 약어를 사용하여 변수 이름을 정하면, 해당 변수가 어떤 데이터를 저장하는지 쉽게 추측할 수 있다.

① %NewVar% 변수를 클릭해서 ② %var1%이라는 이름으로 변경해 보자. 물론, PAD에서 자동으로 생성한 %NewVar% 이름을 그대로 사용해도 된다. 이때 PAD의 변수 이름은 특수 기호인 백분율 기호 (%)를 이용하여 정의한다.

%var1%

하단의 '값' 항목에는 숫자 10을 입력하고 ③ [저장] 버튼을 눌러 저장한다.

💡 **TIP**

변수 이름을 정하는 규칙에는 여러 가지가 있다. 파스칼 표기법과 카멜 표기법이 대표적이다. PAD에서 변수를 생성하면 기본으로 **%NewVar%**라는 이름으로 설정되는데 이것은 파스칼 표기법을 따른 것이다. 반드시 정해진 규칙을 따를 필요는 없다. 자신이 이해하기 쉽게 이름을 정하면 된다.

네이밍 규칙	설명	예
파스칼 표기법	단어와 단어의 첫 자리를 대문자로 지정	FirstName
카멜 표기법	첫 번째 자리만 소문자로 시작하고 나머지 단어는 파스칼 표기법과 동일	firstName

PAD에서 변수를 만들 때 백분율(%) 기호를 사용하는 이유

PAD에서 변수를 생성할 때 특수 기호인 백분율(%) 기호를 사용하는 이유는 다음과 같다.

1. 변수와 일반 문자를 구분하기 위한 목적

변수 %RPA%	일반 문자 'RPA'
%RPA%	RPA

2. 숫자와 일반 문자를 구분하기 위한 목적

숫자 7	일반 문자 '7'
[변수 설정] 작업의 '값' 항목에 7 입력	[변수 설정] 작업의 '값' 항목에 %'7'% 입력. 숫자 7만 입력하면 숫자 변수가 되므로, 일반 문자열로 숫자 7을 넣기 위해서는 % 사이에 '7'을 입력한다.

3. 숫자의 연산식과 일반 문자를 구분하기 위한 목적

3+4 연산의 결과 값을 변수에 저장하려면 %3+4%와 같이 백분율 기호 안에 식을 입력해야 한다. % 기호를 사용하지 않으면 '3', '+', '4'를 각각 문자로 인식한다.

숫자 연산식 수행	일반 문자
%3+4% → 7	3+4 → "3+4"

다음과 같이 변수에 값을 입력하고 실행하면 쉽게 이해할 수 있다.

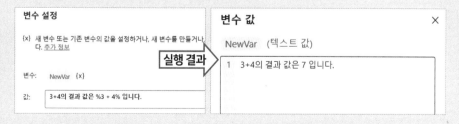

예약 키워드

변수 이름을 정의할 때 'TRUE'는 사용할 수 없다. 'TRUE'는 예약 키워드이기 때문이다. **예약 키워드**란,
PAD 시스템 내부에서 사용하는 명령어를 말하며 '이미 예약된 명령어'라는 뜻에서 예약 키워드라고 한다.
다른 프로그래밍 언어에서도 예약 키워드를 사용할 수 없다는 것은 공통 사항이다. 대표적인 예약 키워드
들은 다음과 같다.

TRUE, FALSE, LOOP, FOR, FOREACH, NEXT, IF, AND, OR, CALL, WHILE

---

03 작업 [변수] → [변수 설정]을 선택하여 하나 더 추가한다. 이번에는 ❶ 변수 이름을 %var2%로 변경
한다. 그리고 이 변수의 값에 %var1% 변수를 지정해 보자. 변수 이름을 직접 입력할 수도 있지만, 변수
이름을 잘못 입력하는 오류를 방지하기 위해서는 변수 선택 아이콘({x})을 눌러서 변수를 선택하는 것이
좋다. ❷ 값 필드에서 {x} 아이콘을 클릭하고 이미 생성된 변수 목록을 조회한다. ❸ 이 목록에서 앞서 2단
계에서 생성한 변수 %var1%을 선택한다.

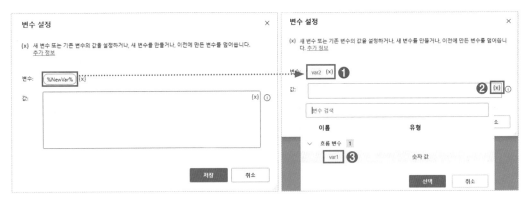

작업 이름으로 빠르게 검색하기

흐름 디자이너의 왼쪽 작업 영역 위에 작업 검색 입력 창이 있다. 검색 창에 '변수'를 입력하면 변수와 관련한 작업을 조회할 수 있으므로 특정 작업을 빠르게 찾을 수 있다.

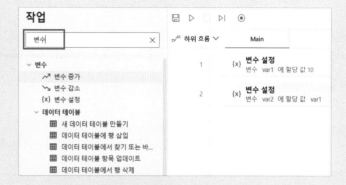

MS 매뉴얼에서 설명되어 있듯이, PAD 소프트웨어는 자주 업데이트되기 때문에 메뉴 위치가 변경되기도 한다. 실습 과정에 작업 경로 정보를 찾을 수 없다면 작업 이름으로 검색하도록 하자.

---

04 작업 [메시지 상자] → [메시지 표시]를 차례로 선택한다. 표시할 메시지에 3단계에서 생성한 변수 **%var2%**를 입력한다. PAD 작업은 일반적으로 3개 영역으로 구성되어 있다.

❶ 매개 변수 선택: 작업 세부 기능을 설정하는 영역이다. 작업 유형에 따라서 고급 설정 옵션이 있을 수도 있다.

❷ 변수 생성됨: 작업 실행의 결과로 자동 생성되는 변수이다. 작업의 성격에 따라 변수 타입이 다르며 생성한 변수는 다른 작업에서 변수로 다시 사용할 수 있다.

❸ 오류: 작업에 오류가 발생하면 다시 처리하는 등의 추가 작업을 설정할 수 있다.

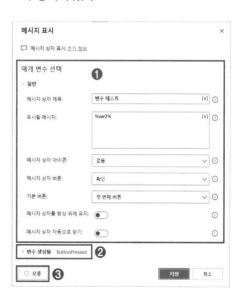

05 흐름 실행 아이콘(▷)을 클릭하면 팝업창에 '10'이 출력된다. 10은 2단계에서 **%var1%**에 저장한 값이며, 이 값을 3단계에서 **%var2%**에 다시 저장한 결과이다.

변수 창에서 변수 이름 변경하기

오른쪽 변수 창에서 해당 변수의 이름을 변경할 수 있다. 변수를 선택한 후에 마우스 오른쪽 버튼을 클릭하여 [이름 바꾸기] 메뉴를 선택한다.

두 번째 변수 %var2%를 %Var_New%라는 이름으로
변경해 보자.

작업 영역에서 사용한 모든 %var2% 변수가 새로운 이름 %Var_New%로 일괄 변경된다.

1.2 숫자 변수와 연산자

숫자 타입은 변수를 생성할 때 숫자 값을 입력하면 된다. 그리고 숫자와 산술 연산자를 같이 사용하면 계산된 값이 변수에 저장된다.

연산자	기능
+	더하기
–	빼기
*	곱하기
/	나누기

숫자 타입 변수를 만들고 연산자를 사용해 보자.

<u>01</u> 새로운 흐름을 만들고 숫자 1을 저장하는 변수 %var1%을 생성한다. 변수 값에 숫자를 입력하면 자동으로 숫자 변수 타입으로 생성된다.

변수 설정   ✕

{x} 새 변수 또는 기존 변수의 값을 설정하거나, 새 변수를 만들거나, 이전에 만든 변수를 덮어씁니다. <u>추가 정보</u>

변수: var1 {x}

값: [1] {x} ⓘ

[저장] [취소]

<u>02</u> 두 번째 변수 %var2%를 추가한 후에 값 입력란에 첫 번째 변수 %var1%에 5를 더하는 연산식을 추가한다. 변수를 생성할 때 계산식을 바로 입력할 수 있다.

%var1 + 5%

변수 설정   ✕

{x} 새 변수 또는 기존 변수의 값을 설정하거나, 새 변수를 만들거나, 이전에 만든 변수를 덮어씁니다. <u>추가 정보</u>

변수: var2 {x}

값: [%var1 + 5%] {x} ⓘ

변수 메뉴 더 살펴보기

변수 메뉴에는 숫자 변수와 관련된 여러 가지 작업이 있다.

1. 숫자 자르기: 정수 부분 가져오기, 소수 부분 가져오기, 숫자 반올림을 선택할 수 있다.

2. 임의의 숫자 생성: 무작위로 숫자를 생성한다.

3. 변수 증가: 입력한 값만큼 변수를 증가한다. 다음 그림은 변수에 1을 증가시키는 작업이다.

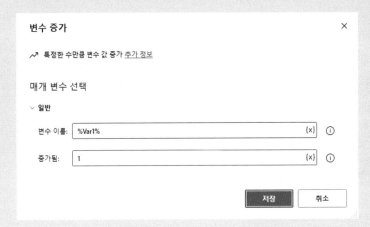

4. 변수 감소: 입력한 값만큼 변수를 감소한다. 다음 그림은 변수에서 1을 차감하는 작업이다.

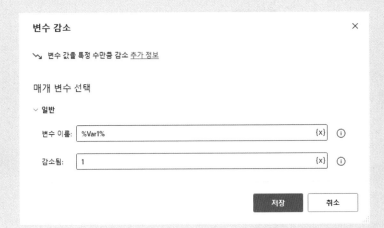

03 흐름을 실행한 후에 변수 창에서 두 번째 변수의 값을 확인해 보자. 2단계에서 첫 번째 변수에 5를 더한 결과로 ❶ 두 번째 변수에는 6이 저장된다. 변수를 더블클릭하면 변숫값을 확인하는 창이 열리는데, ❷ 숫자 값이라고 표현된 부분에서 해당 변수가 숫자 타입이라는 것을 알 수 있다.

04 변수 하나를 추가로 생성해서 복잡한 계산식을 다양하게 입력해 보며 테스트해 보자. 이때 연산자의 우선순위를 변경하려면 소괄호( )를 사용하면 된다.

%(var1 + var2) / 2%

이번에는 변수 %var3%에서 정수만 추출해서 출력해 보자.

05 먼저 작업 [변수] → [숫자 자르기] 메뉴를 선택한다. ❶ 출력할 변수 %var3%을 입력하고 ❷ [정수 부분 가져오기]를 선택한다. ❸ 결괏값은 [변수 생성됨] 항목의 새 변수 %TruncatedValue%에 저장된다. 이때, 변수 이름은 간결하게 변경하거나 %var3%을 다시 입력해도 된다. 참고로 '작업' 영역에는 [정수 부분 가져오기], [소수 부분 가져오기], [숫자 반올림] 이렇게 3개의 옵션이 있다.

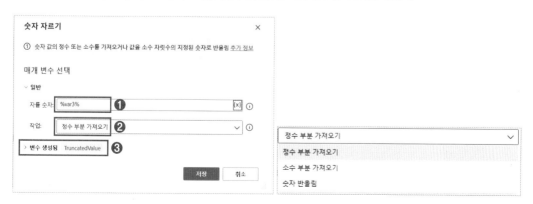

<u>06</u> 작업 [메시지 상자] → [메시지 표시]를 추가하고 정수가 저장된 변수 %TruncatedValue%를 입력한다. 그리고 흐름을 실행하면 3.5라는 값에서 소수를 제외한 정수 3만을 메시지로 출력한다.

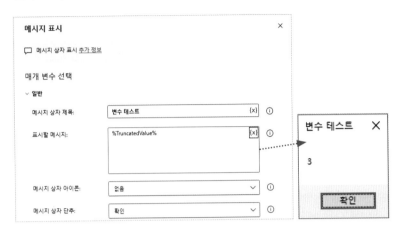

조금 더
알아보기

변수 설정의 2가지 기능

변수 설정 메뉴는 다음 2가지 기능을 수행한다.

1. 새로운 변수 만들기

2. 기존 변수의 값 바꾸기

새로운 변수를 만드는 방법은 이미 실습했으니, 이번에는 기존 변수의 값을 변경하는 방법을 살펴보자.

[1.1 변수 만들기]의 2단계(두 번째 변수 추가 단계)에서 생성한 변수에 새로운 이름 %var2% 대신 앞서 생성한 %var1%을 입력한다. 이런 방식으로 기존 변수에 값을 할당할 수 있다. 그리고, 자신의 값을 참고하여 기존 변수에 값을 다시 할당할 수 있다.

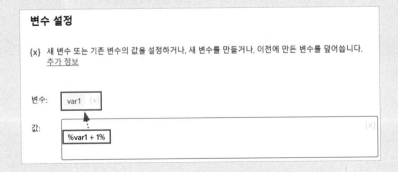

1.3 문자 변수

웹 사이트, 이메일, PDF, 이미지, 엑셀 등에서 텍스트를 읽어온 후에 사용자가 원하는 값을 추출하는 것은 자동화에서 필요한 핵심 기능이다. 추출한 문자(텍스트)에서 필요한 문자열을 잘라내거나 여러 개의 문자를 하나로 연결하는 기능이 PAD에는 기본으로 내장되어 있다. PAD에서 문자 변수를 생성하고 문자열을 출력하는 실습부터 진행해 보자.

01 새로운 흐름을 생성하고 문자 타입의 변수를 생성한다. 작업 [변수] → [변수 설정] 메뉴를 더블클릭한다. 변수 이름을 %Text1%으로 변경하고 '값'에는 문자열 "Hello"를 입력한다.

02 [변수 설정]을 이용하여 새로운 변수 %Text2%를 하나 더 생성해서 '값'에 문자열 "PAD"를 입력하고 [저장] 버튼을 클릭한다.

조금 더
알아보기

텍스트 변수에 공백 및 빈 값 설정하기

변수에 공백 값을 설정할 때에는 백분율 기호(%) 사이에 작은따옴표(') 두 개를 입력하고, 작은따옴표와 작은따옴표 사이에 공백(Space Bar)을 입력하면 된다.

%' '%

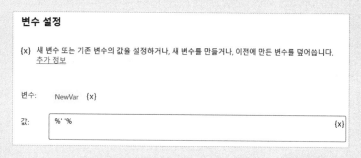

공백은 빈 값과는 다른 값이다. 공백은 공백 문자를 포함하고 있지만 빈 값은 어떤 값도 존재하지 않는다. 다음 문자열에서 "Hello"와 "PAD" 사이에는 공백이 포함되어 있다.

"Hello PAD"

빈 값은 백분율 기호(%) 사이에 작은따옴표(') 두 개를 연속해서 입력하면 된다.

%''%

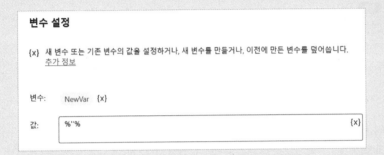

이처럼 작은따옴표 사이에 텍스트 값을 직접 입력하는 방식을 **하드코딩**이라 한다.

Q **하드코딩이 무슨 뜻인지 잘 이해되지 않아요.**

A 하드코딩(Hard Coding)은 코드에서 값을 직접 코드에 지정하는 방식을 의미합니다. 이는 코드의 유연성과 확장성이 부족해지며, 값을 변경할 때 코드를 직접 수정해야 하므로 코드를 유지보수하기에 어렵습니다. 따라서, 변수나 설정 파일을 활용하여 유연하고 변경 가능한 코드를 작성하기를 권장합니다. 예를 들어, 당해 연도를 사용하는 코드에 "2024"이라고 하드코딩하면 다음 해에는 코드를 "2025"로 수정해야 합니다. 이러한 비효율적인 작업을 제거하기 위해 올해 연도를 자동으로 가져오는 것이 중요합니다.

03 1단계와 2단계에서 생성한 변수 2개를 하나의 텍스트로 연결하고 나서 저장할 변수를 %Text3%이라는 이름으로 하나 더 생성한다. '값' 필드에는 공백을 구분자로 하여 %Text1% %Text2%라고 입력한다.

텍스트 변수 연결하는 방법

텍스트를 연결할 때는 더하기(+) 연산자를 사용할 수도 있다. 이렇게 하면 공백 없이 두 문자를 연결한다.

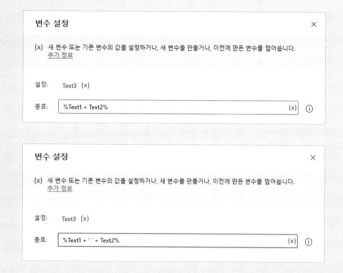

공백이 필요하면 더하기(+) 연산자를 한 번 더 사용하고 작은따옴표 사이에 공백을 입력(' ')한다.

---

04 **작업** [메시지 상자] → [메시지 표시] 메뉴를 추가하고 '표시할 메시지'에 변수 %Text3%를 입력한 후 흐름을 실행해 보자. 그러면 2개 문자열이 공백과 함께 출력되는 것을 알 수 있다.

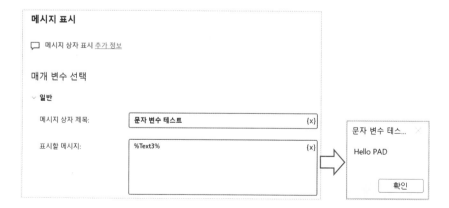

변수 세부 속성 알아보기

대부분의 변수는 세부 속성을 가진다. 예를 들어, 문자 변수에는 다음과 같은 세부 속성이 있다.

속성	설명
Length	텍스트 길이 반환
IsEmpty	부울 값 반환(값이 없으면 True, 값이 있으면 False)
ToUpper	대문자 값 반환
ToLower	소문자 값 반환
Trimmed	텍스트 앞뒤의 공백을 자르고 문자만 반환

문자 변수의 세부 속성을 사용하는 방법을 알아보자. 변수 세부 속성을 알아보고자 메시지 표시 작업을 추가한다.

❶ 메시지 상자 제목: 임의의 문자를 입력한다.

❷ 표시할 메시지: 오른쪽의 변수 선택 아이콘({x})을 누르면 변수 목록을 조회할 수 있다.

❸ 왼쪽의 아래 화살표 아이콘(▽)을 눌러 속성을 확장한다.

❹ 여러 가지 속성 중 [.Length]를 선택한다. 그러면 다음과 같이 변수 속성을 포함해서 입력된다.

%Text3.Length%

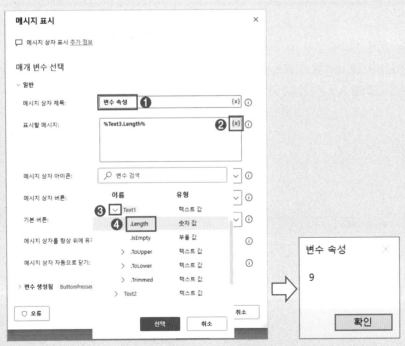

05 이번에는 변수 %Text3%를 공백으로 다시 분리해서 2개의 문자열로 나누어서 출력해 보자. `작업`
[텍스트] → [텍스트 나누기] 메뉴를 선택하여 추가한다. '분할할 텍스트'로는 %Text3%을 선택하고 '표준
구분 기호'로는 [공백]을 선택한다. 횟수에는 공백이 하나이기 때문에 1을 입력한다.

텍스트 관련 작업

[텍스트] 메뉴에는 자동화에 유용하게 활용할 수 있는 다양한 텍스트 관련 작업이 존재한다. 개별 작업이
어떠한 기능을 하는지 설명을 참고해서 각자 실습해 보자.

작업	설명
텍스트에 줄 추가	텍스트 변수에 새 줄을 추가
하위 텍스트 가져오기	텍스트 변수에서 원하는 길이만큼 잘라서 반환
텍스트 가져오기	지정한 플래그 앞(뒤) 문자열 또는 지정한 플래그 사이의 문자열을 반환
텍스트 채우기	텍스트 변수의 왼쪽(오른쪽)에 원하는 길이만큼 문자로 채움
텍스트 자르기	텍스트 변수의 시작 또는 끝에서 모든 공백 문자 삭제
역방향 텍스트	텍스트 변수를 뒤집어서 반환
텍스트 대/소문자 변경	텍스트 변수를 대문자, 소문자로 일괄 변경하거나, 영어 문자의 첫 글자를 대문자로 변환하고 첫 글자 이외를 소문자로 변경
텍스트를 숫자로 변환	텍스트 변수를 숫자 변수로 변환
숫자를 텍스트로 변환	숫자 변수를 소수 자릿수와 천 단위 구분자를 이용해 포맷이 있는 텍스트 변수로 변환
텍스트를 날짜/시간으로 변환	텍스트를 날짜 타입 변수로 변환
텍스트로 날짜/시간 변환	날짜/시간 타입 변수를 포맷이 있는 텍스트 형태로 변환
임의의 텍스트 만들기	지정된 길이만큼 임의의 텍스트를 생성(영문만 가능)
텍스트 참가	목록 변수의 값을 구분 기호로 연결해서 텍스트 변수로 반환
텍스트 나누기	지정한 구분 기호 또는 문자 수로 텍스트를 분할하여 목록 변수로 반환
텍스트 구문 분석	텍스트 변수에서 문자열을 검색하거나 정규식 패턴을 활용하여 해당 문자열 반환
텍스트 대체	텍스트 변수에서 문자열을 검색하거나 정규식 패턴으로 찾아서 다른 문자열로 대체해서 반환
정규식에 대한 텍스트 이스케이프	텍스트 변수에 줄 바꿈과 같은 특수문자를 다음 문자가 특수문자임을 알리는 백슬래시(\)를 사용해서 반환
텍스트의 엔터티 인식	텍스트 변수에서 이메일, 전화번호와 같은 패턴이 있는 엔터티를 인식해서 반환

06 흐름을 실행하면 흐름 디자이너 오른쪽 변수 영역에서 변수에 저장된 값을 확인할 수 있다. %TextList%의 데이터를 조회하려면 더블클릭한다.

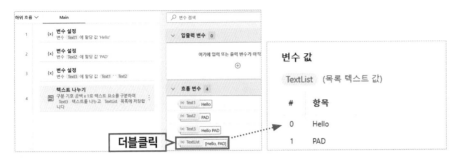

07 여러 행으로 구성된 변수 %TextList%를 **목록 변수(리스트)**라 한다. 0번 줄에는 Hello, 1번 줄에는 PAD 문자열 등 2줄이 생성된다. 이러한 구조를 프로그래밍 언어에서는 **배열(Array)**이라 부른다. 0번째 줄에 있는 값만 출력하려면 목록 변수에 배열 순번(인덱싱)을 입력하면 된다. 목록 변수는 뒤에서 자세하게 소개한다.

%TextList[0]%

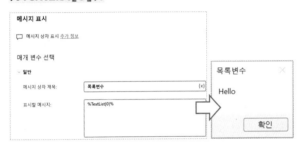

이렇게 수정하고 흐름을 실행하면 Hello 문자열만 출력된다. **%TextList[1]%** 로 변경하면 어떤 메시지가 출력되는지 각자 확인해 보자.

조금 더 알아보기

변수 [사용법 찾기]와 [고정]

변수 창에서 해당 변수를 선택한 후에 마우스 우클릭하여 ❶ [사용법 찾기] 메뉴를 선택한다.

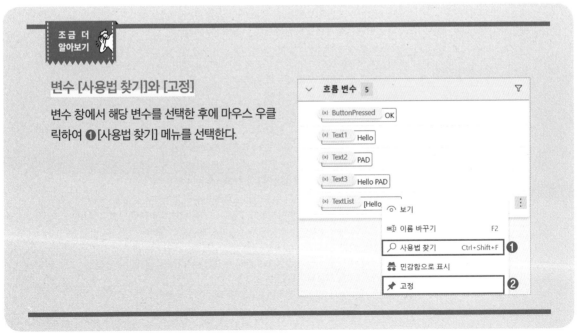

그러면 흐름 디자이너 화면 아래에 해당 변수를 사용한 작업의 줄 번호를 조회할 수 있다. 줄 번호는 작업 영역에서의 번호를 뜻한다.

변수 사용법 찾기 (x) TextList	**2**	
Main	줄: 4	구분 기호 공백 x 1로 텍스트 요소를 구분하여 Text3 텍스트를 나누고 TextList 목록에 저장합니다
Main	줄: 5	제목이 '목록변수'인 알림 팝업 창에 TextList [0] 메시지를 표시하고 ButtonPressed 에 누른 버튼을 저장합니다

흐름의 로직이 복잡할수록 변수 개수가 많아지며, 주요 변수의 값은 자주 확인해야 한다. 이때는 ❷ [고정] 메뉴를 선택하면, 해당 변수는 변수 리스트 상단에 고정되어 쉽게 확인할 수 있다.

1.4 날짜 변수

PAD에서 날짜 타입 변수는 '2023-10-22 오후 09:31:24'와 같은 형태로 조회된다. 이러한 날짜 타입은 주로 시스템 내부에서 날짜를 계산하는 용도로 활용한다. 엑셀 파일에 날짜를 입력하거나 기타 프로그램의 날짜 칼럼에 값을 입력할 때는 **문자(텍스트) 타입으로 변환**해야 한다. 또한, 날짜 구분 기호를 사용자가 원하는 다양한 형식으로 변경할 수도 있다.

2023-11-26	2023.11.26	2023/11/26	2023년 11월 26일

엑셀 파일 이름에 날짜를 넣어서 저장하는 등 날짜는 다양한 업무에서 중요한 정보로 활용된다. 실무 담당자와 RPA 자동화를 처음 시도했을 때 오늘 날짜에서 하루를 더한 날짜를 가져오는 방법을 걸고 음료수 내기를 한 적이 있다. 간발의 차이로 먼저 해답을 찾아서 실무 담당자에게 시원한 음료수를 대접받은 일화가 떠오른다.

그때는 PAD의 기능을 완전히 이해하고 업무 자동화를 시작한 것이 아니라, 자동화가 필요한 업무를 먼저 도출한 후에 PAD를 학습하는 방법으로 진행했다. 첫 번째 업무 자동화는 SAP ERP 프로그램에 날짜를 입력하고 실행한 결과를 엑셀로 내려받은 후에 부서 내 담당자들에게 메일을 보내는 것이었다.

아주 단순한 업무였지만 ERP 프로그램이 실행될 때까지 기다렸다가 메일을 보내야 하기 때문에 매일 10분 정도의 시간이 소요된다. 해당 작업은 매일 아침 정해진 예약 시간에 자동으로 실행되도록 자동화로 개선했다. 이때부터 RPA의 효과가 입소문을 타면서 타 부서에 빠르게 전파되었다. 그 소문에는 사용자 스스로 자동화를 쉽게 구현할 수 있다는 내용도 포함되어 있었다. 더불어, 성공적인 업무 자동화의 첫 번째 경험은 본격적으로 PAD를 학습하는 계기가 되었다.

기업에서 사용하는 대다수의 응용 프로그램은 날짜를 입력 받는 요소를 포함하고 있기 때문에, 날짜 계산은 업무 자동화를 실행하는 출발점이라고 할 수 있다. 현재 날짜를 가져온 후에 하루를 더해서 다음 날짜를 계산하는 방법에 대해서 알아보자.

<u>01</u> 오늘 일자 및 시간을 불러오기 위해, 작업 [날짜/시간] → [현재 날짜 및 시간 가져오기]를 추가한다. 날짜만 가져오려면 ❶ [현재 날짜 및 시간]으로 옵션을 변경한다. 개인 컴퓨터에 사용하는 시간대가 아니라, ❷ '표준 시간대' 옵션을 변경하면 특정 시간대를 가져올 수 있다. ❸ 현재 날짜 및 시간은 변수 %CurrentDateTime%에 저장된다. 사용자에게 날짜를 입력 받으려면, 작업 [메시지 상자] → [날짜 선택 대화 표시] 메뉴를 사용하면 된다.

<u>02</u> 현재 날짜에서 1일을 더하기 위해서 작업 [날짜/시간] → [날짜/시간에 추가] 메뉴를 다음과 같이 설정한다.

❶ 날짜/시간: 1단계에서 생성한 변수(%CurrentDateTime%)를 선택
❷ 추가: 다음 날짜를 구하기 위해 '1'을 입력
❸ 시간 단위: [일]을 선택
❹ 현재 날짜에 1일을 더한 날짜가 변수 %ResultedDate%에 저장된다.

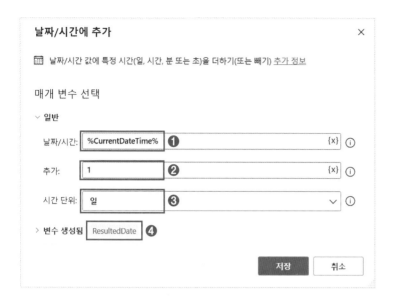

03 <u>작업</u> [메시지 상자] → [메시지 표시] 작업을 추가하고 '표시할 메시지'에 날짜를 저장한 변수 %Re-sultedDate%를 지정한다. 흐름을 실행하면 날짜 입력 팝업 창이 열린다.

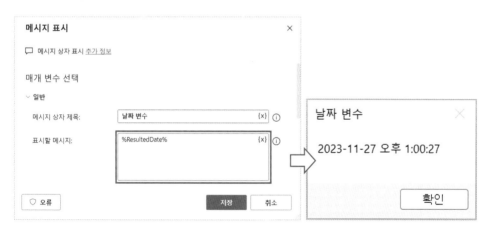

04 결과에서 알 수 있듯이 날짜 타입 변수는 시간이 기본으로 포함된다.

'2023-11-27 오후 1:00:27'

날짜만 추출하려면 문자 타입으로 변환해야 한다. <u>작업</u> [텍스트] → [텍스트로 날짜/시간 변환] 메뉴를 선택한다.

❶ 변환할 날짜/시간: 사용자가 선택한 날짜 변수 **%ResultedDate%**를 입력한다.

❷ 사용할 형식: [표준]을 선택하면 '2023-11-27'과 같은 형태의 문자(텍스트)로 변환된다.

❸ 변수 생성됨: 날짜 타입을 문자 타입으로 변환하고 나서 새로운 변수 **%FormattedDateTime%**에 저장한다.

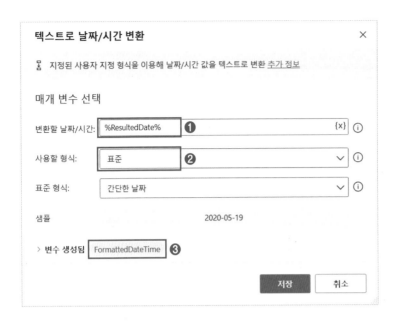

05 메시지 표시 작업을 하나 더 추가해서 텍스트 형태의 날짜 변수인 %FormattedDateTime%을 출력해 보자. 시간을 제외하고 날짜만 텍스트로 출력한다.

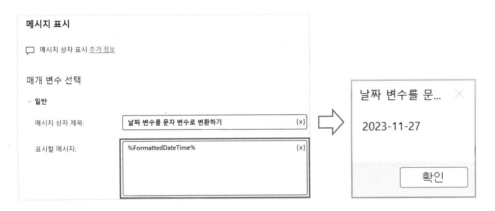

06 날짜 포맷을 '2023-11-27'에서 '2023.11.27'로 변경해 보자. 5단계의 작업으로 돌아가서 설정을 다음과 같이 변경한다.

❶ 사용할 형식: [사용자 지정]으로 변경한다.

❷ 사용자 지정 형식: "yyyy.MM.dd"를 입력한다. y는 year, M은 month, d는 day의 약자이다. 월(month)에 대문자 M을 사용한 이유는 분을 의미하는 'minute'이 소문자 m을 사용하기 때문이다. 2023년도만 가져오려면 yyyy를 입력하면 된다.

❸ 샘플: 사용자 지정 형식을 미리 확인할 수 있다.

흐름을 실행하면 날짜 형식이 바뀌어 출력된다.

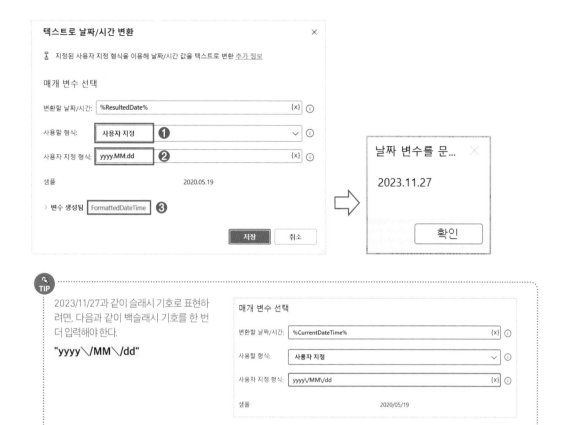

TIP

2023/11/27과 같이 슬래시 기호로 표현하려면, 다음과 같이 백슬래시 기호를 한 번 더 입력해야 한다.

"yyyy\/MM\/dd"

07 날짜 타입 변수에서 시간/분/초를 가져오는 방법을 알아보자. [텍스트로 날짜/시간 변환] 메뉴의 '사용자 지정 형식'에 "hh:mm:ss"를 입력한다. h는 시(hour), m은 분(minute), s는 초(second)의 약자이다. 흐름을 실행하면 시간:분:초 형식으로 출력된다. 그러나 현재 시각은 13시인데 01시로 표시되는 문제가 발생한다.

시간 단위를 24시간 형식으로 출력하려면 [사용자 지정 형식]에 시간 단위를 대문자로 하여 HH:mm:ss 라 입력한다. 밀리 초(Millisecond)를 표현하려면 ff를 입력하면 된다. 시간대(time zone)를 표시하려면 다음과 같이 zzz를 입력한다.

HH:mm:ss zzz

그러면, 다음과 같이 해당 시간대가 표시된다.

13:05:44 +09:00

- 대화 유형: 날짜 1개 또는 날짜 범위(날짜 2개)를 선택한다. 날짜 범위를 선택하면, 2개 날짜를 선택할 수 있다.

- 프롬프트: [날짜만] 혹은 [날짜 및 시간], 둘 중에 하나를 선택하여 입력 받을 수 있다.

- 변수 생성됨: 사용자가 선택한 날짜는 %SelectedDate% 변수에 저장된다. 날짜 범위를 선택하면, 두 번째 날짜는 %SecondSelectedDate% 변수에 저장된다.

날짜 변수에서 요일 가져오기

날짜 변수에서 해당 요일을 가져오는 방법이 있다. [텍스트로 날짜/시간 변환] 작업의 [사용자 지정 형식]에 'ddd'라고 입력하면, 윈도우 언어가 한글로 설정되어 있는 경우 다음과 같이 "일", "월"과 같이 한 글자로 요일을 반환한다. 윈도우 언어가 영어이면 "Sun", "Mon"과 같이 3자리 영문을 반환한다.

[사용자 지정 형식]에 'dddd'라고 입력하면, 윈도우 언어가 한글로 설정되어 있는 경우 "일요일", "월요일"과 같은 형식으로 요일을 반환한다. 윈도우 언어가 영어로 설정되어 있다면 "Sunday", "Monday"와 같이 영어 단어를 출력한다.

날짜 변수의 세부 속성 중에서 .Dayofweek를 사용해도 요일을 가져올 수 있다.

%CurrentDateTime.DayOfWeek%

1.5 목록 변수

사용자에게 A, B, C 학점을 목록 변수(리스트) 형태로 보여주고 선택하도록 하는 자동화 흐름을 만들어 보려고 한다. 먼저, 목록 변수가 무엇인지 알아보자. PAD에서 사용할 수 있는 목록 변수에는 다음과 같은 2가지 유형이 있다.

- **목록 변수**: 여러 행으로 이루어지는 변수로, 프로그래밍의 1차원 배열과 같은 개념이다.
- **데이터 테이블**: 여러 행과 열로 이루어지는 변수로, 프로그래밍의 2차원 배열과 같은 개념이다.

목록 변수(리스트)와 데이터 테이블은 PAD의 고급 데이터 타입이다. **목록 변수는 여러 행으로 이루어진 구조이며 데이터 테이블은 여러 개의 목록 변수를 연결한 형태이다.** 즉, 목록은 엑셀 파일에서 하나의 열이 여러 행으로 구성되어 있고, 데이터 테이블은 행과 열로 구성되어 있는 구조이다. 이해를 돕고자 서로 다른 3개의 엑셀 파일로 설명해 보자. 학점 하나의 열만 있는 첫 번째 엑셀 파일 형태를 목록 변수 구조라고 한다. 점수 열만 있는 두 번째 엑셀 파일도 마찬가지이다. 그리고 학점과 점수를 동시에 포함하는 세 번째 엑셀 파일 형태를 데이터 테이블 구조라 부른다.

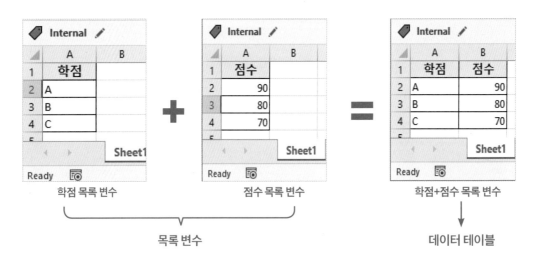

엑셀 파일을 PAD의 목록 변수와 데이터 테이블에 적용해서 비교해 보자. 학점을 저장한 첫 번째 목록 변수와 점수를 저장한 두 번째 목록 변수가 합쳐져서 데이터 테이블의 열을 구성한다. 다음 목록 변수와 데이터 테이블은 실제 PAD 흐름에서 생성한 변수이다.

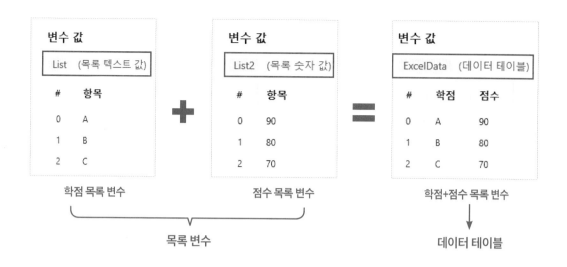

변수 값   학점 목록 변수

변수 값   점수 목록 변수

목록 변수

변수 값   학점+점수 목록 변수

데이터 테이블

데이터 테이블은 여러 가지 용도로 활용될 수 있지만, 주로 엑셀에서 데이터 값을 읽을 때 사용된다.
먼저 목록 변수를 자세히 알아보자.

01   새 흐름을 생성하고 작업 [변수] → [새
목록 만들기] 메뉴를 선택한다.

02   작업 [변수] → [목록에 항목 추가] 메뉴
를 선택한다. 그런 다음, 학점 A를 목록 변수
에 추가해 보자.

03   2단계 작업을 반복하여 B와 C도 목록 변수에 추가한다.

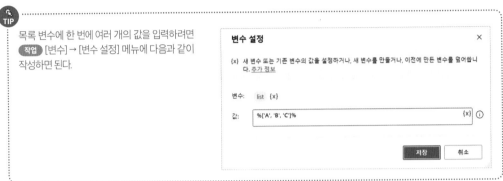

TIP

목록 변수에 한 번에 여러 개의 값을 입력하려면 (작업) [변수] → [변수 설정] 메뉴에 다음과 같이 작성하면 된다.

04 흐름을 실행하여 목록 변수에 값이 어떻게 저장되는지 확인해 보자. 변수 영역에서 변수를 더블클릭하면 변수를 자세하게 조회할 수 있는 창이 열린다. 이를 확인해 보면 목록 변수 %List%에 A, B, C 값이 저장되었음을 알 수 있다.

추가로, (작업) [메시지 상자] → [목록 대화에서 선택 표시] 메뉴를 이용하면, 사용자가 선택해야 할 값을 제한하는 용도로 활용된다.

TIP

실습 과정에서 테스트 단계를 별도로 언급하지 않더라도 **단계별로 흐름을 실행하면서 변수를 확인해야 한다.** 이것은 업무 자동화를 개발할 때 아주 중요한 습관이다.

05 목록에 존재하는 3개의 값을 인덱스 값을 기준으로 [메시지 표시] 작업으로 메시지 창을 띄워 보자.

❶ 메시지 상자 제목: 메시지 창의 제목을 입력한다.

❷ 표시할 메시지: 목록에서 첫 번째 순서인 0번 목록을 보여주고자 **%List[0]%**를 입력한다. 순번 0의 목록 변숫값은 A이다.

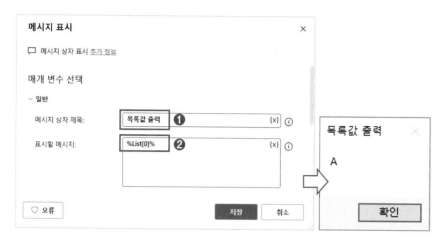

목록 변수에서 B 값을 읽으려면 순번 1을 지정하여 **%List[1]%**이라고 입력한다. 그리고 C 값을 출력하려면 **%List[2]%**를 입력하면 된다. 흐름을 실행해서 메시지 값을 확인해 보자.

목록 변수와 관련된 작업

목록 변수와 관련된 기능은 작업 영역의 [변수] 메뉴에서 확인할 수 있다. 메뉴 이름만으로 그 기능을 짐작할 수 있으므로 개별 기능은 각자 테스트하면서 확인해 보길 바란다.

작업	기능
목록 지우기	목록 변수 모두 지우기
목록에서 항목 제거	목록 변수에서 색인 또는 값으로 목록 지우기
목록 정렬	목록을 오름차순/내림차순으로 정렬
목록 순서 섞기	목록의 순서를 마음대로 섞기
목록 병합	2개의 목록 변수를 병합
목록 뒤집기	목록의 순서를 거꾸로 정렬
목록에서 중복 항목 제거	목록에서 중복된 값을 삭제
공동 목록 항목 찾기	2개 목록 변수에서 같은 값을 반환함
목록 빼기	2개 목록 변수에서 차이가 있는 첫 번째 목록의 값을 반환함
목록에 항목 추가	목록에 값을 추가
새 목록 만들기	새 목록 변수 만들기

<u>06</u> 5단계의 [메시지 표시] 작업은 삭제하고, 작업 [메시지 상자] → [목록 대화에서 선택 표시] 메뉴를 작업 영역으로 드래그 앤 드롭하여 추가한다. 목록 대화 표시 창의 매개 변수 설정 항목을 정리해 보자. [목록 대화에서 선택 표시] 작업은 흐름을 실행하기 전에 사용자가 선택해야 할 값을 제한하는 용도로 활용된다. 예를 들면, 1월~12월 중에서 하나의 월만 선택해야 하는 경우에는 목록을 사용자에게 보여주고 하나만 고르게 하면 된다.

❶ 대화 제목: 사용자에게 보여줄 메시지 창의 제목이다.

❷ 선택할 목록: 1단계에서 생성한 목록 변수 **%List%**를 입력한다. 사용자가 선택할 수 있는 리스트를 표시한다.

❸ 선택 대화를 항상 위에 유지: 목록 입력 창을 항상 위에 보이도록 한다.

❹ 목록으로 제한: 목록에 추가된 항목만 선택할 수 있게 한다. 해제하면 목록 이외의 값도 입력할 수 있다.

❺ 빈 선택 항목 허용: 목록 이외에 빈 값도 선택할 수 있도록 한다.

❻ 여러 개 선택 허용: 목록에서 여러 개의 값을 선택할 수 있도록 한다.

❼ 변수 생성됨: 사용자가 메시지 창에서 선택한 결과를 변수 3개에 저장한다.

%SelectedItem%: 선택한 목록 값

%SelectedIndex%: 선택한 목록 번호

%ButtonPressed%: 사용자가 클릭한 버튼의 명령어 코드

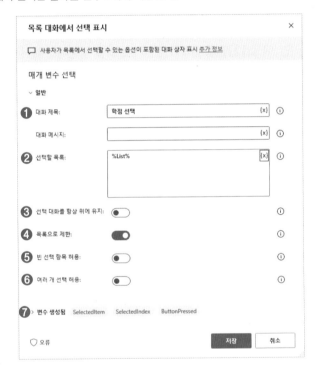

<u>07</u> 흐름을 실행하고 목록 입력 창에서 학점 B를 선택한 다음 그 결과를 확인해 보자.

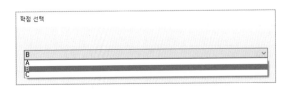

6단계에서 '빈 선택 항목 허용' 옵션을 선택하면 다음과 같이 빈 값이 허용된다.

흐름 디자이너의 오른쪽 변수 확인 영역에서 변수를 확인한다.

❶ 4단계와 같이 **%List%** 목록 변수를 더블클릭해서 값을 다시 확인하자. # 칼럼에는 0, 1, 2 그리고 항목 칼럼에는 A, B, C 값이 저장되었다. 이것은 목록 변수 **%List%**의 첫 번째 항목 순번 0에는 A 값이 저장되었다는 것을 뜻한다. 그리고 목록 변수의 순번 1에는 B, 순번 2에는 C 값이 추가되었다.

❷ 목록 대화 창에서 선택한 순번을 저장하는 **%SelectedIndex%** 변수를 확인해 보자. 목록에서 B를 선택했기 때문에 인덱스 변수에는 1이 저장된다. 인덱스는 순번과 같은 의미로 사용한다.

❸ 목록 변수의 순번 1에 저장된 B가 변수 **%SelectedItem%**에 저장된다.

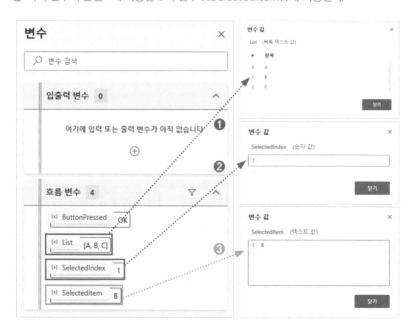

<u>08</u> 목록 입력 창에서 사용자가 선택한 인덱스 값을 기준으로 [메시지 표시] 작업으로 메시지 창을 띄워 보자.

❶ 메시지 상자 제목: 메시지 창의 제목을 입력한다.

❷ 표시할 메시지: 목록에서 첫 번째 순서인 0번 목록을 보여주고자 **%List[0]%**를 입력한다. 순번 0의 목록 변숫값은 A이다.

목록 변수에서 B 값을 읽으려면 순번 1을 지정하여 **%List[1]%**이라고 입력한다. 그리고 C 값을 출력하려면 **%List[2]%**를 입력하면 된다. 흐름을 실행해서 메시지 값을 확인해 보자.

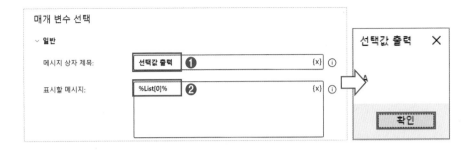

09 8단계에서 하드코딩 방식으로 **%List[0]%**을 입력했으므로 사용자가 선택한 학점과 관계없이 항상 A를 출력한다. 순번 0을 5단계의 사용자가 선택한 목록의 순번으로 변경해 보자.

%List[SelectedIndex]%

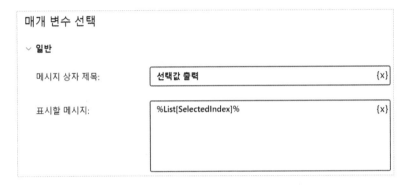

흐름을 실행해서 다른 학점을 선택하고 결과를 확인해 보자.

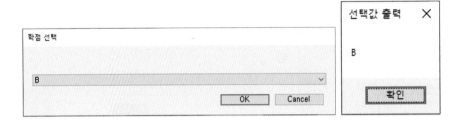

데스크톱 흐름 검색하기

PAD 콘솔의 검색 기능으로 원하는 흐름을 쉽게 찾을 수 있다. 콘솔 오른쪽 위의 흐름 검색 창에 키워드를 입력하여 찾으면 된다.

1.6 데이터 테이블

엑셀은 행과 열로 구성되어 있고, 여러 건의 데이터를 가지고 있다. 앞서 설명했듯이, 이러한 구조를 PAD에서는 데이터 테이블이라고 한다. 데이터 테이블은 엑셀 자동화에서 필수로 등장하는 변수 타입이다. PAD 초기 버전에서는 엑셀과 같은 프로그램에서 데이터를 읽어서 데이터 테이블을 생성하는 방법만 가능했다. 현재는 PAD에서 직접 데이터 테이블을 생성하는 기능이 새롭게 추가되었다.

데이터 테이블과 관련된 PAD 작업은 다음과 같다. 작업 이름만으로 기능을 가늠할 수 있기에 자세한 설명은 생략하고 데이터 테이블을 직접 조작하는 실습으로 대체한다.

∨ 변수
   ∨ 데이터 테이블
      ⊞ 새 데이터 테이블 만들기
      ⊞ 데이터 테이블에 행 삽입
      ⊞ 데이터 테이블에서 찾기 또는 바꾸기
      ⊞ 데이터 테이블 항목 업데이트
      ⊞ 데이터 테이블에서 행 삭제

새 흐름을 생성해서 데이터 테이블을 조작하는 방법에 대해서 알아보자.

<u>01</u> 학번, 이름, 학과 3개의 열을 가지는 데이터 테이블을 생성해보자. `작업` [변수] → [데이터 테이블] →
[새 데이터 테이블 만들기] 메뉴를 추가하고, [편집] 버튼을 누른다.

<u>02</u> ❶ [새 열 추가(+)] 아이콘을 눌러서 열을 하나 추가하고 학생 1명을 입력한다. 데이터 테이블에 행을
입력하지 않으면 기본으로 빈 행이 하나 생성된다.

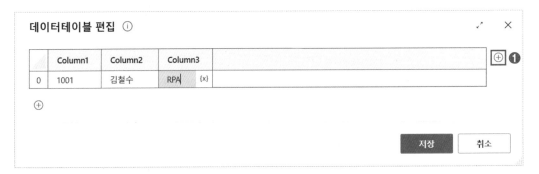

❷ [행 추가] 아이콘을 클릭해서 2번째 학생도 추가해 보자.

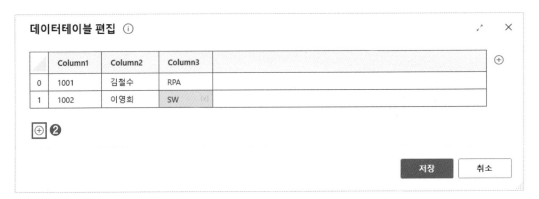

데이터 테이블 직접 생성하기

데이터 테이블은 엑셀 데이터, 웹 화면의 HTML 테이블 그리고 데이터베이스 테이블의 SQL 결과 등을 저장하는 용도로 사용한다. 이러한 방식으로 데이터를 읽으면 데이터 테이블이 자동으로 생성된다. 그리고 [새 데이터 테이블 만들기] 작업으로 데이터 테이블 구조를 직접 생성할 수도 있으며, 변수를 선언한 값에 대괄호를 이용해 값을 넣어 데이터 테이블을 직접 만들 수도 있다.

변수의 입력 값에 대괄호[ ]를 사용하면, [ ] 안의 데이터가 데이터 테이블의 1행으로 입력된다.

%{ [ ] }%

예를 들어, %{ ['1', '김철수'] }%와 같이 입력하면 1개 행과 2개 열을 가진 데이터 테이블이 생성된다. 변수를 하나 생성해서 2개의 열(칼럼)로 구성된 데이터 테이블을 만들어 보자.

2개 열과 1개 행으로 이루어진 데이터 변수 선언　　　　데이터 테이블

2개 이상의 행을 입력하려면 쉼표를 사용해서 대괄호를 여러 번 입력하면 된다.

2개 행 → %{ [],[] }%

3개 행 → %{ [],[],[] }%

예를 들어, %{ ['1', '김철수'], ['2', '이영미'] }%와 같이 입력하면 2개 행과 2개 열로 이루어진 데이터 테이블을 생성한다.

2개 열과 2개 행으로 이루어진 데이터 변수 선언　　　　데이터 테이블

03 [작업] [변수] → [데이터 테이블] → [데이터 테이블에서 행 삽입] 메뉴를 추가한다. ❶데이터 테이블 항목에는 %DataTable% 변수, ❷삽입할 위치는 [데이터 테이블의 끝], ❸새 값 항목에는 데이터 행 변수를 입력해야 하는데, 다음과 같이 3개의 열에 해당하는 값을 목록 변수로 기술해서 넣을 수 있다.

['1003', '조영수', 'SAP']

흐름을 실행하면 ❹데이터 테이블에 3건의 데이터가 생성된 것을 확인할 수 있다.

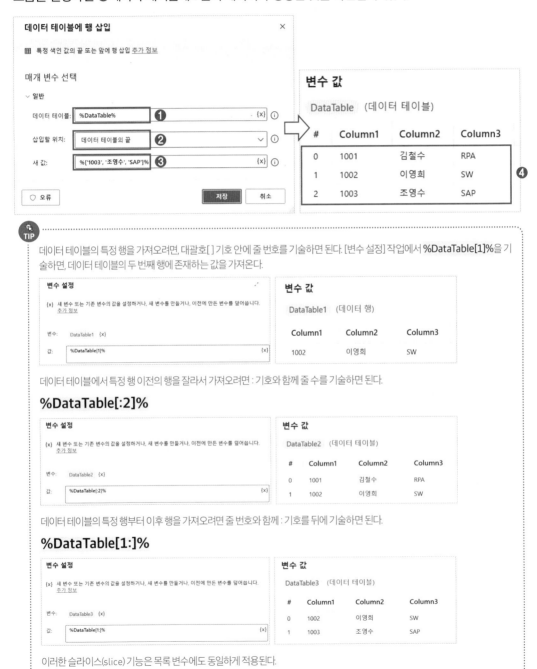

코드 한 줄 없이 시작하는 **MS 파워 오토메이트 with 챗GPT**

데이터 테이블에 행 추가하기

PAD에서 데이터 테이블에 개별 행을 삽입하는 방법에 대해서 알아보자.

1. [변수 설정] 작업으로 데이터 테이블에 행 삽입하기

데이터 테이블에 행을 삽입하려면 다음과 같이 사용하면 된다. 단, 기존의 모든 데이터는 삭제한다.

%{ ['1003', '조영수', 'SAP'] }%

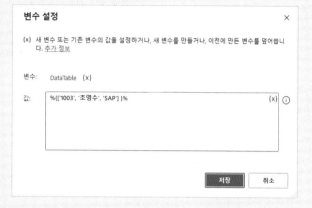

기존의 데이터는 그대로 두고, 데이터 테이블에 행을 신규로 추가하려면 + 기호를 사용한다.

%DataTable + {['1003', '조영수', 'SAP'] }%

그리고, 데이터 테이블의 헤더 행을 삽입하려면 ^ 기호를 사용한다.

%{ ^['학번', '이름', '학과'] }%

2. 목록 변수를 활용하는 방법

목록 변수를 데이터 테이블에 넣을 수도 있다. 목록 변수를 생성하고 행을 추가하는 단계는 변수 설정 작업에 %['1003', '조영수', 'SAP']% 라고 입력하여 목록 변수를 만드는 것과 동일하다.

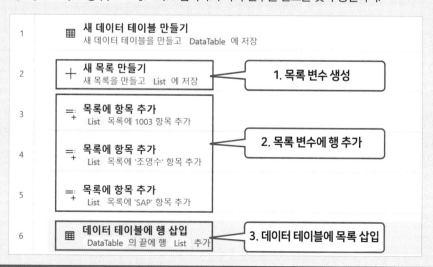

흐름을 실행해 보면, 목록 값이 데이터 테이블 행에 추가되는 것을 확인할 수 있다.

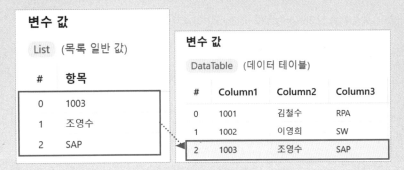

3. 데이터 행 변수를 활용하는 방법

데이터 테이블을 반복 처리하면, 한 행씩 추출해서 데이터 행 변수에 저장한다. 이렇게 만들어진 데이터 행 변수를 활용하여 데이터 테이블에 입력할 수 있다. 데이터 행 변수는 뒤에 나올 5장에서 소개하겠다.

---

04 데이터 행을 삭제하려면 `작업` [변수] → [데이터 테이블] → [데이터 테이블에서 행 삭제] 메뉴를 이용한다. 데이터 테이블의 첫 번째 행을 삭제하려면, 행 색인에 0을 입력하면 된다.

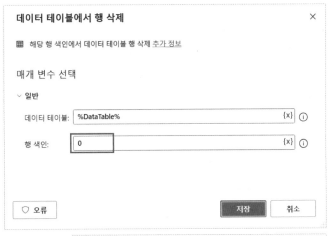

05 데이터 테이블을 엑셀 파일에 쓰는 작업을 넣어보자. `작업` [Excel] → [Excel 시작] 메뉴로 빈 엑셀 파일을 연다.

<u>06</u> 작업 [Excel] → [Excel 워크시트에 쓰기] 메뉴로 빈 엑셀 파일에 값을 써보자. [Excel 워크시트에 쓰기] 작업에서 다음과 같이 입력하고 설정한다. ❶5단계에서 생성한 변수 %ExcelInstance%, ❷앞서 생성한 데이터 테이블 변수 %DataTable%, ❸[지정된 셀에 쓰기], ❹열 항목은 1, ❺행 항목에도 1을 입력하고 저장한다. 흐름을 실행하면 빈 엑셀 파일이 실행되고, 데이터 테이블에 존재하는 데이터가 엑셀에 입력된다.

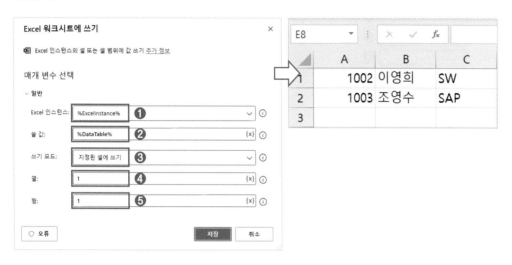

<u>07</u> 엑셀 파일에 헤더(첫 번째) 열을 만들려면, 헤더로 사용할 데이터 테이블을 새로 만들거나 데이터 테이블의 첫 행에 값을 넣어주면 된다. 작업 [변수] → [데이터 테이블] → [데이터 테이블에서 행 삽입]을 [Excel 시작] 작업 전에 추가해서 헤더를 넣어 보자.
❶삽입할 위치는 [행 색인 전]을 선택하고, ❷첫 번째 색인인 0을 입력한다. ❸새 값에는 열 이름 3개를 기술해준다. 흐름을 실행하면, 엑셀 파일에 헤더가 생성된 것이 확인할 수 있다.

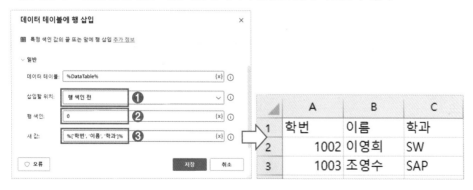

<u>08</u> 작업 [Excel] → [Excel 닫기] 메뉴로 엑셀을 저장한 후에 종료한다.

❶ Excel을 닫기 전: [다음 형식으로 문서 저장]을 선택한다.
❷ 문서 형식: [Excel 통합 문서(.xlsx)] 양식을 선택한다.
❸ 문서 경로: 문서를 저장할 폴더를 입력하고 파일 이름을 확장자와 함께 저장한다.

데이터 테이블 행 업데이트하기

작업 [변수] → [데이터 테이블] → [데이터 테이블 항목 업데이트] 메뉴를 이용해서 데이터 테이블의 개별 항목 값을 변경할 수 있다. 2번째 행 이영희 학생의 3번째 열인 학과를 RPA 학과로 변경하려면 ❶ 열과 행 번호를 입력하면 된다. 또는 [변수 설정] 작업으로 변수 항목에 ❷ %ExcelData[1][2]%라고 입력한 후에 변경할 값을 입력해도 된다. 이때 첫 번째 대괄호[1]는 행 번호이고, 두 번째 대괄호[2]는 열 번호를 의미한다.

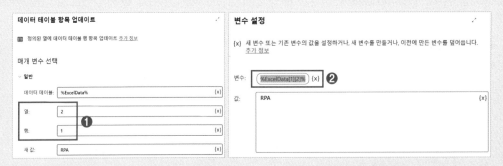

위 두 가지 경우 모두, 열 항목에는 번호 대신에 열 이름 Column3을 입력해도 된다.

문법

2.1 조건문: 만약(If) 구문

조건문은 주어진 조건에 따라 **프로그램의 순서를 제어하거나 다른 로직으로 분기**할 수 있게 해준다. If 문은 프로그래밍의 논리적 구조를 형성하는 기본 골격으로 볼 수 있다. 간단히 말해서, If 조건문은 주어진 조건을 평가하여 참(Ture)과 거짓(False)을 구별하거나, 여러 조건에 따라서 로직을 분기하는 구문이다.

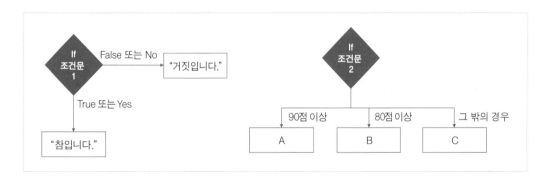

프로그래밍 언어를 활용하려면 기본적으로 적절히 변수를 사용하고 조건문을 구현할 수 있어야 한다. 요컨대 사용자와 상호작용을 하려면 변수에 다양한 값을 저장하고 분기문을 이용하여 조건별로 다양한 로직을 구현할 수 있어야 한다. PAD는 소스 코드가 필요 없는 프로그래밍 도구이므로 작업 [조건] → [만약] 메뉴로 If 구문을 구현한다. 복잡한 자동화 흐름은 다양한 조건문으로 구성되어 있다. 조건문의 개수에는 제한이 없기 때문에 규칙이 있는 대부분의 업무는 PAD를 활용하여 자동화를 구현할 수 있다.

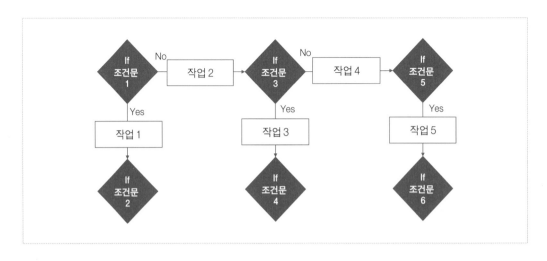

이번에는 If 구문을 활용하여 사용자가 입력한 조건에 따라서 다른 결과를 화면에 표시하는 방법을 알아보자. 사용자가 100점을 입력하면 A+ 학점, 90~99점을 입력하면 A 학점, 80~89점은 B 학점, 이 외의 점수에는 C 학점을 출력하는 시나리오로 진행한다.

<u>01</u> 새로운 흐름을 생성한다. 사용자가 점수를 입력할 수 있도록 `작업` [메시지 상자] → [입력 대화 표시] 메뉴를 선택하고, '매개 변수 선택' 항목에서 다음과 같이 설정한다.

> **매개 변수 선택**
>
> ∨ **일반**
>
> 입력 대화 제목: 점수입력   {x}
>
> 입력 대화 메시지: 100점 이하의 점수를 입력하세요.   {x}

<u>02</u> `작업` [조건] → [만약] 메뉴를 선택한다. 사용자가 100점을 입력하면 'A+' 학점을 출력하는 조건을 입력한다.

❶ 첫 번째 피연산자: 1단계에서 사용자가 입력한 변수 **%UserInput%**을 선택한다.
❷ 연산자: [같음(=)]을 선택한다. 이외에도 다음과 같은 다양한 비교 연산자를 사용할 수 있다.

< >: 같지 않음	포함	시작 문자
>: 보다 큼	포함 안 함	제외할 시작 문자
>=: 크거나 같음	비어 있음	
<: 보다 작음	비어 있지 않음	

❸ 두 번째 피연산자: 100을 입력한다.

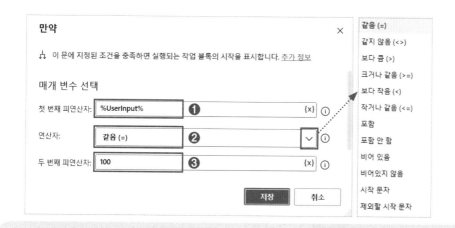

조금 더
알아보기

부울 타입(Boolean Type) 변수

조건문의 결과는 항상 참과 거짓 2가지 중 하나이다. 이와 같이 참(True)과 거짓(False)만 표현하는 것을 **부울 타입(Boolean Type)** 변수라 한다. 간단한 실습을 통해서 부울 타입을 이해해 보자.

01 먼저 숫자 값 10을 가지는 변수 하나를 생성하자.

02 새로운 변수 %VAR2%에 값을 입력할 때 조건식을 직접 입력할 수 있다. 변수 %VAR1%에는 숫자 값 10이 저장되어 있다. '9보다 크다.'라는 조건식은 참이기 때문에 변수 %VAR2%에는 참 값인 True가 저장된다.

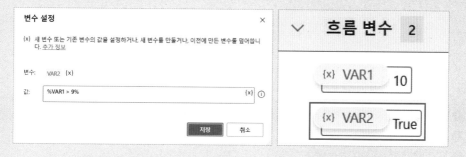

03 2단계와 반대 조건인 '9보다 작다.'라는 조건식을 추가하면 그 결과는 거짓(False)이다.

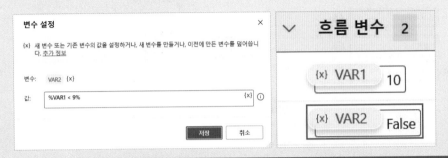

03 2단계에서 [만약] 작업을 추가하면, 자동으로 [End 끝] 라인이 쌍으로 생성된다. [만약]과 [End 끝]이 연결되어 있는 부분을 **블록**이라고 한다. 블록 안에서는 '여기에서 실행' 기능을 수행할 수 없다. 90점 이상이면 A 학점을 출력하기 위해서, 작업 [조건] → [그렇지 않다면] 메뉴를 '만약 ~ END 끝' 구문 사이에 끌어놓는다.

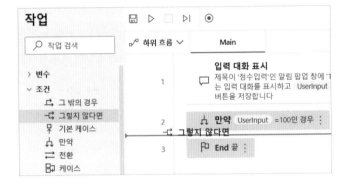

TIP
일반적으로 프로그래밍에서 '만약'에는 **IF** 구문을, '그렇지 않다면'에는 **ELSEIF** 구문을 사용한다.

```
IF 점수 = 100.
    학점 = 'A+'.
ELSEIF 점수 >= 90.
    학점 = 'A'.
ENDIF.
```

04 [그렇지 않다면] 작업에 90점 이상의 조건을 설정한다.

❶ 첫 번째 피연산자: 1단계에서 사용자가 입력한 변수 **%UserInput%**을 선택한다.

❷ 연산자: [크거나 같음(>=)]을 선택한다.

❸ 두 번째 피연산자: **90**점을 입력한다.

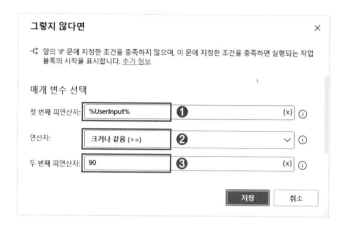

05 80~89점 구간은 B 학점을 출력하고자 4단계와 마찬가지로 [그렇지 않다면] 메뉴를 하나 더 추가한다.

06 실습 시나리오는 A~B 학점 이외 다른 경우는 모두 C 학점이므로 작업 영역에서 [그 밖의 경우] 메뉴를 선택한다. [그 밖의 경우] 작업은 조건을 설정하는 매개 변수 대화 상자가 열리지 않는다.

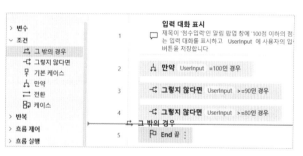

07 각 점수에 해당하는 학점을 표시하고자 **작업** [메시지 상자] → [메시지 표시] 작업을 If 구문 사이에 추가하자.

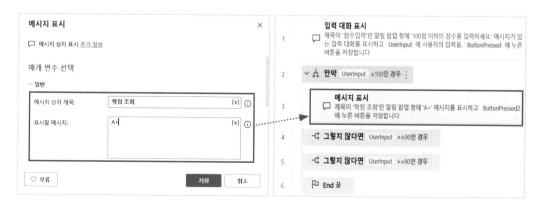

<u>08</u> 흐름 내의 작업은 복사해서 붙여 넣을 수 있다. [메시지 표시]를 선택하고 마우스 오른쪽 버튼을 눌러 복사하고 나서 원하는 위치에 붙여 넣자. 윈도우 단축키 [Ctrl]+[C](복사), [Ctrl]+[V](붙여 넣기)를 이용해도 된다. 그리고 새로 생성한 [메시지 표시] 작업을 다음 조건인 [그렇지 않다면] 구문 안으로 끌어 놓는다.

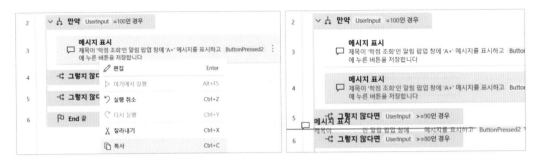

Q PAD도 사용자에게 값을 입력 받고, 로직으로 데이터 처리가 가능하네요. PAD와 코드 기반의 일반적인 프로그래밍과 차이는 무엇인가요?

A 프로그램으로서 기능을 하려면 기본적으로 사용자 입력(Input), 데이터 처리(Processing), 결과 반환(Output)과 같은 3가지 기능이 가능해야 합니다. 이미 실습했듯이 PAD는 사용자에게 다양한 방식으로 입력 값을 받아 로직을 통해 데이터 처리와 작업 흐름을 제어할 수 있습니다. 그 결과, 엑셀에 값을 쓰거나 메일을 보내는 등의 반환 처리도 할 수 있습니다. 즉, PAD도 일종의 프로그래밍이라고 볼 수 있습니다. PAD와 일반적인 프로그래밍 언어의 차이점은 다음과 같습니다.

1. 구조: 프로그래밍 언어는 텍스트 기반의 소스 코드를 작성합니다. 그러나 PAD는 시각적인 인터페이스를 사용하여 작업 흐름을 구성하고, 클릭과 드래그 앤 드롭 등의 작업을 통해 로직을 구현합니다.

2. 문법: 프로그래밍 언어는 고유한 문법 규칙을 따라 소스 코드를 작성하지만, PAD는 시각적인 인터페이스를 사용해 최소한의 규칙 하에서 논리적인 구조를 기반으로 작업을 연결합니다.

조금 더 알아보기

조건문 접고 펼치기

자동화 흐름의 프로세스가 복잡해지면, 조건문과 같은 흐름 제어 기능들이 더 많이 사용된다. [만약] 작업의 하위 작업을 포함하는 줄에서 화살표 아이콘(>)을 클릭하면 하위 로직을 접거나 펼칠 수 있다. 해당 기능을 사용하면 자동화 개발 과정의 효율을 높일 수 있다.

여러 개의 변수, 연속되는 조건문 그리고 중첩되는 반복문 등과 같은 작업 요소가 증가할수록 소스 코드 기반의 프로그래밍을 한다는 착각이 든다. 코딩에서도 가장 중요한 것은 데이터 처리와 로직 제어이다. PAD는 이러한 로직을 모듈 형태로 지원하기 때문에 **스크립트를 사용하지 않는 프로그래밍**이라 할 수 있다.

<u>09</u> 조건문이 완성되었으면 흐름을 실행해서 결과를 확인해보자.

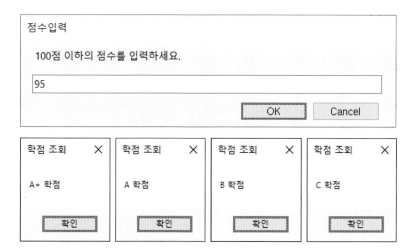

2.2 분기문: 전환(Switch) 구문

로직을 제어하는 분기문인 전환(Switch) 구문도 프로그래밍 언어에서 많이 사용한다. 전환 구문은 만약(If) 조건문과 비슷한 기능을 수행하기 때문에 혼용해서 활용하기도 한다. 일반적으로 3개 이상의 정해진 값 중에서 분기해야 하는 논리 구조에는 전환 구문을 더 많이 사용한다. 예를 들어 A, B, C와 같이 정해진 학점마다 다른 로직을 적용해야 할 때는 전환 구문이 효율적이다.

전환 구문을 이용해 학점을 입력하면 학점에 해당하는 메시지를 출력하는 흐름을 구현해 보자.

학점	메시지 출력
A	최고 점수입니다.
B	조금 더 노력이 필요합니다.
C	분발이 필요합니다.

<u>01</u> 흐름을 생성한 후 사용자가 학점을 입력할 수 있도록 [입력 대화 표시] 작업을 추가한다.

02 작업 [조건] → [전환] 메뉴를 선택하여 추가한다. '검사할 값'에는 1단계에서 생성한 사용자 입력 변수 %UserInput%을 입력한다.

03 전환 구문 안에 케이스(Case)를 추가하고자 작업 [조건] → [케이스] 메뉴를 끌어서 전환 구문 안에 놓는다. 비교할 값에는 A를 입력하자.

04 사용자가 A 학점을 입력하면 "최고 점수입니다."라는 결과를 출력하도록 [메시지 표시] 작업을 케이스 안에 끌어 놓는다.

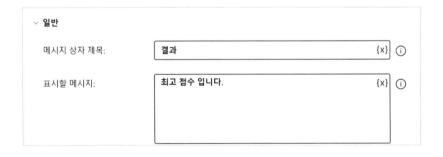

05 B 학점에 대한 분기문을 추가하고자 3단계와 4단계 작업 두 개를 선택([Shift] 키를 누른 상태에서 마우스로 2개 작업을 클릭)한 후에 마우스 우클릭하여 [복사] 메뉴를 선택한다. 그러면 다음과 같이 또 하나의 [케이스]와 [메시지 표시] 작업이 추가된다.

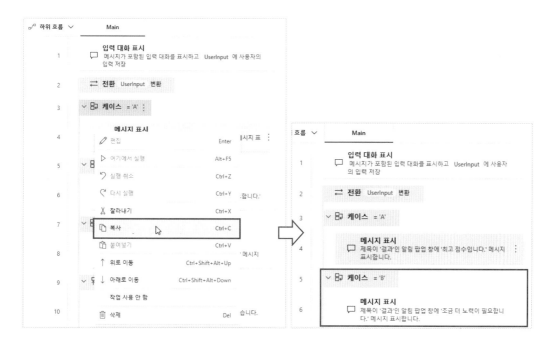

06 5단계와 마찬가지로 C 학점에 대한 [케이스]와 [메시지 표시] 작업도 추가한다.

07 흐름을 실행하고 각각의 학점을 입력해서 결과를 확인해 보자.

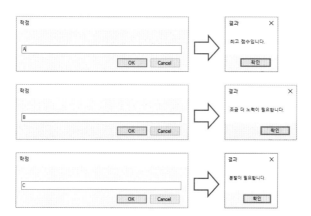

08 전환 구문은 추가한 조건 이외의 경우를 처리하는 기본 케이스를 마지막에 설정해야 한다. `작업` [조건] → [기본 케이스] 메뉴를 작업 영역으로 끌어 놓는다. [기본 케이스] 작업은 입력 매개 변수 등의 옵션이 없다.

09 A~C 학점 이외 값을 입력한 경우에는 "잘못된 값을 입력했습니다."라는 오류 타입의 [메시지 표시] 작업을 추가한다.

10 A, B, C 외의 학점 값을 입력하여 기본 케이스에 대한 결과를 확인해 보자.

2.3 조건문과 논리 연산자

스크립트 기반의 프로그래밍에서는 If 조건문에 여러 가지 조건을 한 번에 사용할 수 있다. 예를 들면, 학점이 A 또는 B일 때의 조건문은 OR 구문을 사용해 다음과 같이 작성한다.

IF 학점 = 'A' **OR** 학점 = 'B'.

```
      ...
ENDIF
```

학점이 A 그리고 B일 때의 조건문은 AND 구문을 사용한다.

```
IF 학점 = 'A' AND 학점 = 'B'.
      ...
ENDIF
```

PAD에서도 If 조건문(만약)에서 여러 개의 조건을 사용할 수 있다. 먼저, 변수를 이용해서 예제와 같이 OR 또는 AND 조건으로 변수 안에서 논리 연산자를 사용하는 방법에 대해서 알아보자.

사용자가 입력한 학점이 A 또는 B일 때는 "우수한 성적입니다.", 이외 학점은 "분발이 필요합니다."라는 메시지를 출력해 보자.

<u>01</u> 새로운 흐름을 생성한 후 [입력 대화 표시] 메뉴를 하나 추가한다.

<u>02</u> 작업 [변수] → [변수 설정] 메뉴로 변수를 하나 생성한다. '값' 필드에는 A 또는 B일 때의 두 개 조건을 확인하고자 OR 구문을 추가한다. 변수 %UserInput%은 1단계에서 사용자가 입력한 값이다. 흐름을 실행하면 논리 연산의 결과인 부울(True 또는 False) 값이 저장된다. 앞서 설명했듯이 **참(True)/거짓(False) 두 개의 값을 가지는 변수를 부울 타입 변수**라 한다.

%UserInput = 'A' OR UserInput = 'B'%

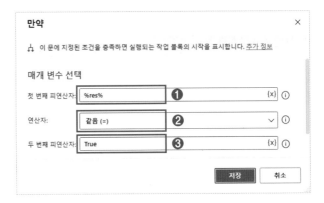

TIP 같지않음은 <> 기호를 사용한다.

%UserInput% <> 'A'

03 <u>작업</u> [조건] → [만약] 메뉴를 추가하고 ❶ '첫 번째 피연산자'에는 2단계의 결과를 저장한 **%res%** 변수를, ❷ 연산자는 [같음 (=)]을 선택하고, ❸ '두 번째 피연산자'에는 True를 입력한다.

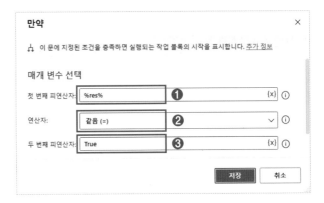

만약 ✕

ᚠ 이 문에 지정된 조건을 충족하면 실행되는 작업 블록의 시작을 표시합니다. 추가 정보

매개 변수 선택

첫 번째 피연산자:	%res% ❶ {x} ⓘ
연산자:	같음 (=) ❷ ∨ ⓘ
두 번째 피연산자:	True ❸ {x} ⓘ

저장 | 취소

❶, ❷를 생략하고 다음 그림과 같이 **[만약] 조건문의 첫 번째 피연산자에 논리 연산식을 바로 입력**하는 방식이 더 효율적이다.

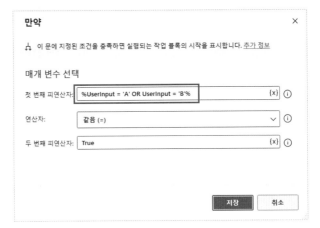

만약 ✕

ᚠ 이 문에 지정된 조건을 충족하면 실행되는 작업 블록의 시작을 표시합니다. 추가 정보

매개 변수 선택

첫 번째 피연산자:	%UserInput = 'A' OR UserInput = 'B'% {x} ⓘ
연산자:	같음 (=) ∨ ⓘ
두 번째 피연산자:	True {x} ⓘ

저장 | 취소

04 [메시지 표시] 작업을 [만약] 안에 추가해 3단계 조건이 일치할 때 출력할 텍스트를 입력한다.

매개 변수 선택

∨ 일반

| 메시지 상자 제목: | 결과 {x} ⓘ |
| 표시할 메시지: | 우수한 성적입니다. {x} ⓘ |

05 흐름을 실행해서 A 또는 B를 입력한 후 실행해 보자.

학점을 입력하세요.

B

OK | Cancel

⟹

결과 ✕

우수한 성적입니다.

확인

반복문: For 문(각각의 경우)

반복문은 어떤 조건을 만족하거나 일정한 횟수만큼 반복 수행이 필요할 때 사용하는 제어 구문의 한 종류이다. If 조건문과 함께 프로그램의 논리적 절차를 구현하기 위한 필수 구문에 속한다. 특히 반복적인 수작업을 자동화해야 하는 RPA에서 반복문의 중요성은 두말할 나위가 없다. 반복문은 언어마다 여러 가지 방법을 사용하는데, PAD에는 다음 3가지 반복 구문이 있다.

- **각각의 경우(For each) 구문**: 목록 변수와 같은 값이 존재하지 않을 때까지 반복 수행
- **반복(Loop) 구문**: 최종 값에 도달할 때까지 반복 값을 증가하면서 반복 수행
- **반복 조건(Loop Condition) 구문**: 어떤 조건이 거짓이 될 때까지 반복

PAD 메뉴를 영어로 설정하기

PAD 언어를 영어로 설정해서 **작업** [반복] → [각각의 경우] 메뉴 이름을 확인해 보자. 그러면 [각각의 경우]의 영어 메뉴명이 [For each]인 것을 알 수 있는데, For 반복문은 다른 프로그래밍에도 자주 사용하는 용어이다. 나머지 2개 반복문은 Loop와 Loop Condition이라는 이름을 사용한다.

한글 메뉴	영어 메뉴
각각의 경우	For Each
반복	Loop
반복 조건	Loop Condition

PAD 메뉴를 영어로 표시하려면 윈도우 설정 메뉴에서 영어 언어 팩을 추가로 설치해야 한다. 설치 방법은 다음과 같다.

01 모니터 화면 왼쪽 하단 윈도우 로고를 클릭한 후, [설정]을 눌러 [Windows 설정]에 접속하고 [시간 및 언어] 메뉴를 클릭한다.

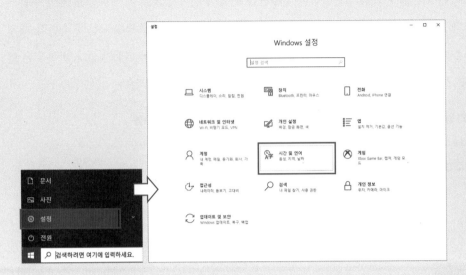

<u>**02**</u> [+ 언어 추가] 버튼을 선택한 후, [설치할 언어 선택]에서 '영어'를 검색하여 영어 언어 팩을 설치한다.

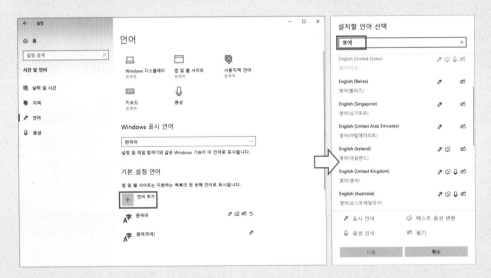

<u>**03**</u> 윈도우 표시 언어를 영어로 설정하고 나서 PC를 재부팅하고 PAD를 실행하면 PAD 메뉴가 영어로 표시된다.

이번에 알아볼 **[각각의 경우] 반복문(For 문)은 목록 변수 또는 데이터 테이블에 값이 없어질 때까지 반복을 수행하는 구문**이다. 먼저 목록 변수의 반복문 사용법을 실습해 보자. 목록 변수 과정에서 생성했던 학점 A, B, C 값으로 구성된 목록을 그대로 활용한다.

01 작업 [변수] → [새 목록 만들기] 메뉴를 선택해서 목록 변수 %List%를 생성한다.

작업 [변수] → [목록에 항목 추가] 메뉴를 이용해 A 학점을 목록 변수에 추가한다.

마찬가지 방법으로 B와 C 학점도 목록 변수에 삽입한다. 앞서 목록 변수 과정에서 생성한 흐름의 작업을 복사해서 붙여 넣어도 된다.

02 작업 [반복] → [각각의 경우] 메뉴를 선택하여 끌어 놓는다. 반복문 작업을 흐름에 추가하면 자동으로 [End 끝] 작업이 추가된다. 반복문 [각각의 경우]의 매개 변수에 대해서 알아보자.

➊ 반복할 값: 1단계에서 생성한 목록 변수 **%List%**를 입력한다. 목록 변수에는 값이 3개가 있기 때문에 3번 반복을 수행한다.

➋ 저장 위치: 목록 변수를 반복하면서 현재 값을 **%CurrentItem%** 변수에 복사한다. 예를 들어 2번째 반복 수행 중이면 **B** 값이 **%CurrentItem%**에 복사된다. 변수명이 길다면, **%Item%**으로 짧게 변경하는 것도 좋다.

Q 목록을 반복하는 것처럼 데이터 테이블도 반복할 수 있나요?

A 네, 데이터 테이블도 목록과 마찬가지로 [각각의 경우] 반복문을 통해 한 행씩 추출할 수 있습니다. 목록과 데이터 테이블과 같이 여러 행을 포함하는 변수들은 데이터를 처리하기 위해 [각각의 경우] 반복문으로 반복 처리를 수행하는 것이 일반적입니다.

03 [메시지 표시] 작업을 각각의 경우 반복문 안에 추가한다. '표시할 메시지'에 2단계에서 생성한 변수 %CurrentItem%을 입력한다.

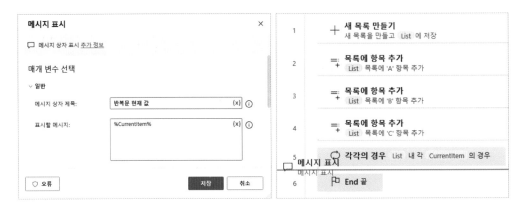

04 흐름을 실행해서 결과를 확인해 보자. 목록에 저장한 값 A, B, C를 반복하면서 한 번씩 메시지를 출력한다.

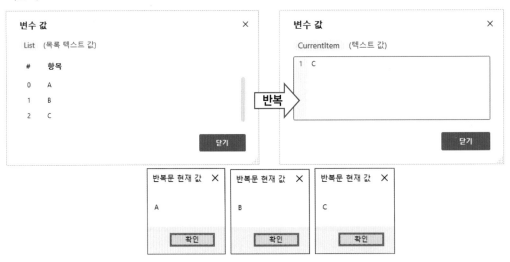

> 💡 **TIP**
> 반복문은 조건이 거짓이거나 종료 값에 도달할 때까지 반복한다. 이외에 반복문을 수행 중에 종료해야 할 때는 `작업` [반복] → [반복 종료] 메뉴를 사용해야 한다.

주석 추가하기(설명 코멘트)

모든 프로그래밍 언어에는 해당 소스가 어떤 기능을 하는지 설명하는 주석 기능이 있다. 데스크톱 흐름에 많은 작업이 추가되면 개별 작업이 어떤 기능을 하는지 파악하기 어려워진다. 이러한 상황을 위해 PAD 역시 작업을 설명하는 주석 추가 기능을 제공한다.

작업 [흐름 제어] → [설명] 메뉴를 선택한 후에 필요한 줄 위로 끌어서 추가한다. 그런 다음, 해당 작업의 기능을 쉽게 알 수 있도록 설명을 추가하고 저장한다. 그러면 작업 영역에 설명이 추가된 것을 확인할 수 있다.

2.5 반복문: Loop 구문

반복문은 정해진 횟수만큼 단순하게 반복하는 기능과 일정한 조건이 충족될 때까지 반복하는 기능을 제공한다. PAD의 Loop 반복문은 두 가지 기능을 모두 수행할 수 있다.

- **반복 기능-반복문(Loop):** 마지막 순번까지 단순히 반복하여 수행한다. 단순 반복은 작업 [반복] → [반복] 메뉴로 구현한다.
- **제어 기능-반복 조건문(Loop Condition):** 조건에 만족할 때까지 반복 수행하며 거짓이면 반복을 종료한다. 반복 조건문은 작업 [반복] → [반복 조건] 메뉴로 구현한다.

그리고 각각의 경우(For each) 반복 구문과 Loop 반복 구문은 다음과 같은 차이점이 있다.

- **각각의 경우(For each) 반복문:** 목록 변수 또는 데이터 테이블을 반복하는 것이 목적이다.
- **반복문(Loop):** 어떤 작업을 일정 횟수만큼 반복 수행하는 것이 목적이다.

이제 Loop 반복문에 대해서 알아보자. 목록 변수를 생성하여 1부터 100까지의 값을 반복적으로 입력하는 흐름을 구현한다.

01 흐름을 생성한 후 (작업) [변수] → [새 목록 만들기] 메뉴를 추가한다.

02 (작업) [반복] → [반복] 메뉴를 추가하고 1부터 100까지 반복하고자 매개 변수를 설정한다.

❶ 시작: 반복문의 시작 값 **1**을 입력한다.

❷ 끝: 반복문의 마지막 값 **100**을 입력한다.

❸ 증가: 반복문에서 1씩 늘어나도록 증가 값 **1**을 입력한다. 2씩 증가하려면 숫자 2를 입력하면 된다.

❹ 변수 생성됨: 반복문을 실행하면 **%LoopIndex%** 변수가 자동으로 생성된다. 해당 변수는 반복 구문의 현재 반복 순번이 저장된다.

해당 반복 작업은 1부터 시작해서 1 씩 증가하면서 100까지 반복을 수 행한다.

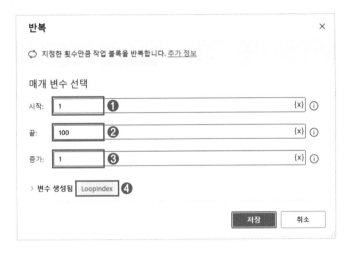

03 목록 변수에 1에서 100까지의 값을 추가하고자 (작업) [변수] → [목록에 항목 추가] 메뉴를 선택하여 추가한다. ❶ Loop 반복문의 현재 순번을 가리키는 변수 %LoopIndex%를 입력하고 ❷ %List%를 선택한다.

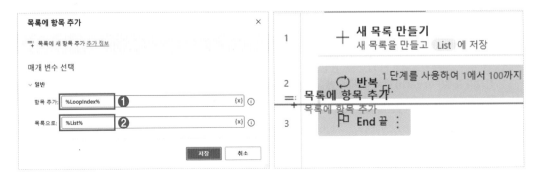

04 흐름을 실행해서 목록 변수에 저장된 값을 확인해 보자.

05 이번에는 목록 변수에 저장할 마지막 순번 값을 사용자가 직접 입력할 수 있도록 구현해 보자. [입력 대화 표시] 작업을 흐름의 첫 줄에 끌어 놓는다.

06 Loop 반복문의 '끝' 입력란에 사용자가 입력한 값을 저장한 변수 %UserInput%을 설정한다. 이때 "매개 변수 '끝'은 숫자 값을 가져야 한다"는 오류 메시지가 출력된다. 5단계의 메시지 [입력 대화 표시]의 사용자 입력 값은 기본으로 문자 타입이므로 변수 타입에 오류가 발생한 것이다.

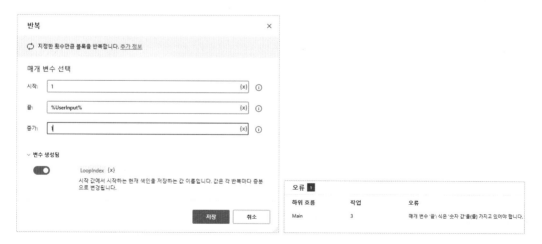

07 작업 [텍스트] → [텍스트를 숫자로 변환] 메뉴를 선택한다. 사용자가 입력한 값 %UserInput%을 숫자로 변환하는 기능으로, 새로운 숫자 타입의 변수 %TextAsNumber%가 생성된다. %UserInput% 변수 이름을 그대로 사용하려면, 변수 생성됨 항목에 해당 변수를 다시 선택하면 된다. 그러면, 문자 타입을 숫자 타입으로 변환하여 자기 자신에게 저장한다.

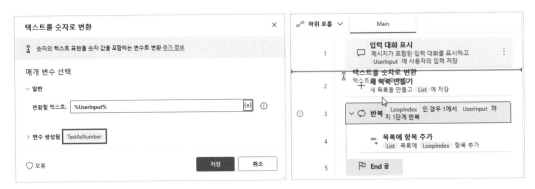

08 6단계에서 Loop 반복문의 매개 변수 끝 입력란에 숫자 타입으로 변환한 7단계의 변수 %TextAsNumber%를 다시 입력한다.

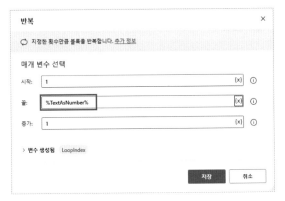

09 흐름을 실행해서 원하는 숫자를 입력한 후에 목록 변수에 어떤 값이 저장되는지 확인해 보자. 예를 들어, 10을 입력하면 1~10까지 10개의 데이터가 목록 변수에 생성된다.

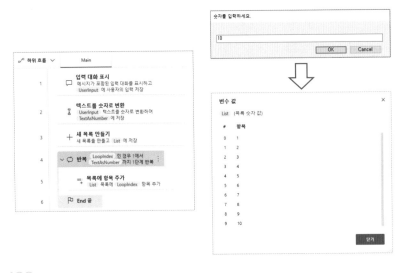

[다음 반복]과 [반복 종료] 이해하기

반복문을 제어하는 다음 2가지 작업의 차이점을 정리해 보자.

1. 다음 반복(Next Loop)

반복문 안에 [다음 반복] 작업을 추가하면 **해당 줄 아래의 로직은 수행하지 않고 다음 반복을 수행한다.** 즉,
그 아래의 메시지 표시 작업은 반복문이 끝까지 동작해도 결코 수행되지 않는다.

2. 반복 종료(Exit Loop)

반복문 안에 [반복 종료] 작업을 추가하면 **해당 반복문을 빠져나간다.** 다음 예제에서는 반복문을 종료하므
로 메시지 표시 작업은 수행되지 않는다.

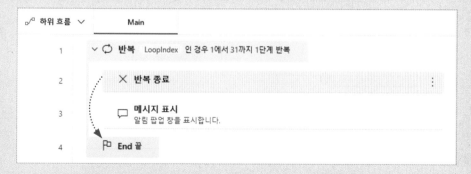

2.6 반복 조건문 사용하기

반복 조건문(Loop condition)은 지정된 조건이 참이면 계속 반복하는 구문이다. 즉, Loop 반복문에 조건문을 포함하고 있으며 조건이 거짓이면 반복을 종료한다. 예를 들어, 사용자가 주어진 문제의 정답을 입력할 때까지 반복하고자 할 때 적합하다. 여기서는 간단한 산술식의 정답을 입력할 때까지 반복해서 값을 입력하도록 하는 흐름을 만들어 보자.

<u>01</u> 흐름을 생성하고 작업 [메시지 상자] → [입력 대화 표시] 메뉴를 추가하고 다음과 같이 텍스트를 입력한다.

❶ 입력 대화 제목: "다음 산술식에 대한 결과 값을 입력하시오."
❷ 입력 대화 메시지: 5 + 3 = ?
❸ 변수 생성됨: 사용자가 입력한 값이 변수 **%UserInput%**에 저장된다.

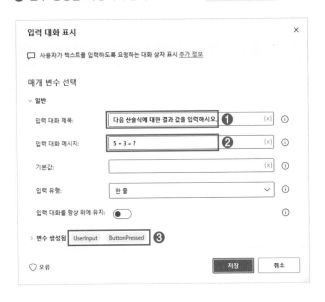

<u>02</u> 작업 [반복] → [반복 조건] 메뉴를 끌어서 추가한다.

❶ 첫 번째 피연산자: 1단계의 사용자 입력 변수 **%UserInput%**을 입력한다.
❷ 연산: [같지 않음(< >)] 조건을 선택한다.
❸ 두 번째 피연산자: 1단계에서 제시한 문제의 정답인 8을 입력한다.

이 작업은 사용자가 정답 8을 입력할 때까지 반복한다.

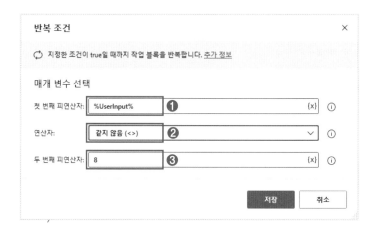

03 사용자가 잘못된 값을 입력했다면 다시 입력 대화 표시 창을 표시해야 한다. 레이블을 넣어서 해당 레이블로 이동하는 로직을 추가하자. 작업 [흐름 제어] → [레이블] 메뉴를 [입력 대화 표시] 작업 앞으로 끌어 놓는다. '레이블 이름'은 쉽게 알 수 있는 이름으로 정한다. 여기서는 NOTOK이라 하겠다.

04 사용자가 정답을 입력하지 않으면 3단계의 [레이블]로 이동해야 한다. 작업 [흐름 제어] → [이동] 메뉴를 반복 조건 안으로 끌어 놓는다. 그리고 '레이블로 이동' 입력란에 레이블 이름인 NOTOK를 입력한다. 이번 예제에서는 [레이블]이 [이동] 작업 앞에 있지만, [이동] 작업의 뒤에 올 수도 있다.

05 이제 흐름을 실행해서 정답과 오답을 입력하면서 결과를 확인해 보자. 정답 8을 입력할 때까지 입력 표시 창이 계속 활성화된다.

조금 더
알아보기

흐름 초기화 중 발생한 오류

> **흐름 초기화 중 발생한 오류**   ✕
>
> 흐름을 초기화하지 못했습니다. 활성 인터넷이 연결되어 있는지 확인한
> 후 관리자에게 문의하세요.
>
> **상관 관계 ID**
>
> e4bb0e31-3221-42b6-989d-91eaa5f64aab
>
> **확인**

흐름을 생성하거나 저장할 때 '흐름 초기화 중 발생한 오류'가 발생하면 2가지 방법으로 문제를 해결할 수 있
다.

1. 인터넷 연결 확인

자동화 흐름은 MS 클라우드에 저장되므로 네트워크 접속이 불안하면 오류가 발생한다. 인터넷 연결에 이
상은 없는지 확인한다.

2. PAD 업데이트 또는 재설치

PAD의 새로운 패치 버전이 배포되었다면 업데이트가 필요하다. PAD는 지속적으로 새로운 패치를 배포하
므로 주기적으로 업데이트 또는 재설치하는 것이 필요하다. 앞서 설명했듯이 자동화 흐름은 클라우드에 저
장되므로 로그인하면 기존 흐름이 저장된 것을 확인할 수 있다.

2.7 반복문 실습: 월의 마지막 날짜 구하기

월 결산 업무는 해당 월의 시작 날짜부터 마지막 날짜까지 실행하는 것이 일반적이다. 대부분 프로그램 언어에는 해당 월의 마지막 날짜를 구하는 기능(함수)을 기본으로 제공한다. PAD는 해당 기능을 제공하지 않으므로 흐름 내에서 로직으로 구현해야 한다.

01 새로운 흐름을 생성하고자 [작업] [날짜/시간] → [현재 날짜 및 시간 가져오기] 메뉴를 선택한다. 그런 다음, 현재 날짜를 가져와서 %CurrentDateTime% 변수에 저장한다.

02 새로운 변수 %CurMonth%를 생성해서 1단계의 현재 날짜 변수 속성에서 월 정보(%CurrentDateTime.Month%)를 얻는다. 날짜 타입 변수에는 이외에도 오른쪽 그림과 같은 속성이 있다.

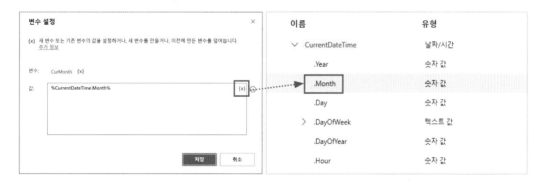

03 [작업] [반복] → [반복] 메뉴를 추가한다.

❶ 시작: 월의 첫 번째 날짜인 1을 입력한다.

❷ 끝: 월의 마지막 날짜 중 최대 날짜인 31을 입력한다.

❸ 증가: 하루씩 더하고자 1을 입력한다.

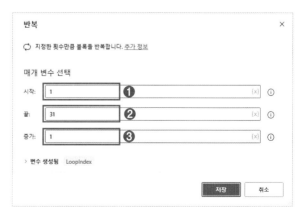

04 작업 [날짜/시간] → [날짜/시간에 추가] 메뉴를 [반복] 작업 안에 추가한다. 현재 날짜에 하루를 더하고자 매개 변수를 입력한다.

❶ 날짜/시간: 1단계의 현재 날짜 변수 %CurrentDateTime%을 입력한다.
❷ 추가: 반복문에서 생성된 현재 순번 변수 %LoopIndex%를 입력한다.
❸ 시간 단위: 하루씩 더하고자 [일]을 선택한다.
❹ 변수 생성됨: 계산된 날짜가 변수 %ResultedDate%에 저장된다.

05 4단계에서 하루를 더한 날짜의 월 %ResultedDate.Month%를 새로운 변수 %NextMonth%에 저장한다.

06 2단계의 현재 월과 5단계에서 계산한 월을 비교하는 [만약] 조건문을 [변수 설정] 작업 다음으로 끌어 놓는다.

07 월이 다르다는 조건문에 해당하면 다음 달의 첫 번째 날짜를 의미하므로 해당 날짜에서 하루를 빼서 현재 월의 마지막 날짜를 구할 수 있다. 기존 변수를 그대로 사용해도 무방하다.

08 현재 월의 마지막 날짜를 구했기 때문에 반복문을 빠져나오는 작업 [반복] → [반복 종료] 작업을 [날짜/시간에 추가] 다음에 끌어넣는다.

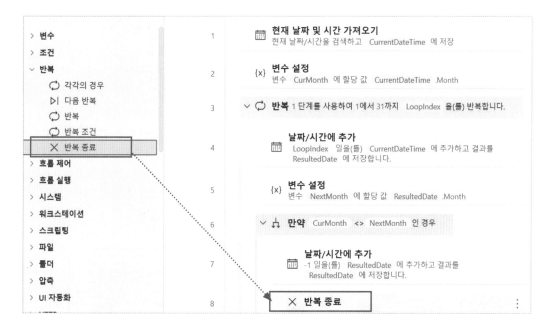

09 흐름을 실행하면 현재 월의 마지막 날짜를 변수 %ResultedDate%에 저장한다.

월의 마지막 일자 구하기

PAD에는 이번 달의 마지막 일자를 반환하는 작업이 존재하지 않지만, 로직으로 구현할 수 있다. 바로 이럴 때, 챗GPT에 이번 달의 마지막 일자를 반환하는 Power Shell 코드 작성을 요청할 수 있다. VBscript(VB스크립트), 파이썬 등 다른 언어를 이용할 수 있지만 윈도우 환경의 업무 자동화에 가장 최적화된 PowerShell을 소개한다. PowerShell(파워셸)은 마이크로소프트에서 개발한 스크립트 언어이다. 주로 Windows 운영 체제에서 사용되며, IT 관리자나 시스템 관리자들이 시스템 설정 및 자동화, 작업 자동화 등 다양한 작업을 수행하는 데 활용된다.

챗GPT(Generative Pre-trained Transformer)는 초거대 대화형 언어 모델로, 인간과 자연스럽게 대화할 수 있는 인공 지능 기술이다. 언어 모델이란 방대한 텍스트의 학습을 거친 신경망의 일종을 말한다. 챗GPT는 대량의 데이터를 학습하여 질문에 대한 답을 글로 도출하여 보여준다. 이때 답으로 도출되는 '글'은 단순히 문장만 의미하는 것이 아니다. 질문에 따라 프로그래밍 언어나 소스 코드를 답변하기도 한다. 특히, 챗GPT는 업무 자동화에 필요한 코드를 상당히 높은 신뢰 수준으로 만들어 낸다. 챗GPT는 RPA와 연계할 수 있으며, RPA와 함께 조직 내에서 업무 자동화 및 프로세스 효율화를 실현하는 데 크게 기여할 수 있다.

이 책에서 주로 소개하는 파워 오토메이트와 챗GPT의 상호 협력(Collaboration)은 업무 자동화를 더욱 정교하고 세련되게 구현해 낸다. 챗GPT는 파워 오토메이트가 구현하기 힘든 개별 단위 업무를 코드로 작성할 수 있는 놀라운 능력을 가지고 있다. 파워 오토메이트는 규칙 기반의 정형화된 프로세스를 자동화하고, 챗GPT는 비정형화된 인간의 자연어를 이해하고 코드를 작성하여 자동화를 돕는다. 즉, 파워 오토메이트는 기업 및 개인 업무 자동화의 전체 프로세스를 관장하고, 개별 단위 업무는 챗GPT의 혁신적인 기술로 보완하여 큰 시너지 효과를 기대할 수 있다.

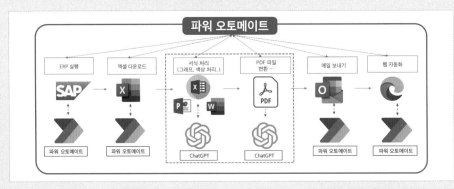

파워 오토메이트는 자동화 기능을 레고 블록처럼 서로 연결한다. 챗GPT가 생성한 코드도 하나의 구성 요소로 파워 오토메이트 흐름에 쉽게 통합될 수 있다.

챗GPT는 다음 사이트에 접속하여 무료로 사용할 수 있다. 각자 회원가입을 진행해 보자.

URL 챗GPT: https://chat.openai.com/

회원가입을 완료했으면, 이제 챗GPT에 마지막 일자를 반환하는 PowerShell 코드를 요청해 보자.

 PAD에서 이번 달의 마지막 날짜를 반환하는 PowerShell 코드를 작성해 줘.

___ 2-7. 월의 마지막 날짜 구하기

```
$Today = Get-Date
$LastDayOfMonth = (Get-Date -Day 1 -Month ($Today.Month + 1) -Year $Today.Year).AddDays(-1)
$LastDayOfMonth
```

챗GPT가 제안하는 스크립트를 PAD 흐름의 ❶ [작업] [스크립팅] → [PowerShell 스크립트 실행] 메뉴에 붙여 넣는다. ❷ [ScriptError] 항목을 활성화하면 PowerShell 실행 시 오류가 발생하는 코드를 확인할 수 있다.

흐름을 실행하면, 2023년 10월의 마지막 일자를 %PowershellOutput% 변수에 반환해 준다.

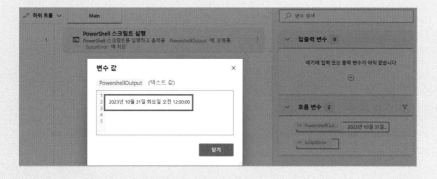

흐름 디버깅

디버깅의 버그(bug)는 벌레를 뜻하며 디버그(debug)는 '벌레를 잡다'라는 뜻이다. 프로그래밍에서는 오류를 벌레에 비유하여 오류를 찾아 수정하는 일이라는 의미로 쓰인다. 그리고 디버그하는 작업 행위를 **디버깅**(debugging)이라고 한다. 오류를 수정할 목적으로 개발된 소프트웨어를 의미할 때는 **디버거**(debugger)라는 말을 쓴다. 디버깅은 로직을 검증하고 오류 원인을 찾는 것이 주된 목적이다. 그러므로 흐름을 잠시 중단하여 해당 줄에서 변수가 어떤 값을 저장했는지 확인한다. 이때 프로그램을 중지하는 특정 지점을 중지한다는 의미에서 **중단점**(Breakpoint)이라 말한다.

PAD는 흐름 디자이너와 디버거가 하나로 통합된 도구이다. 흐름 디자이너에서 중단점을 설정해서 흐름을 디버깅하는 방법에 대해서 알아보자. 실습 예제는 사용자가 입력한 암호 값을 확인하기 위해, 흐름 중간에 디버깅을 설정해서 변수 값을 확인하는 절차로 구성된다. 자동화 구현에서 디버깅은 아주 중요하다. **자동화 개발은 디버깅 과정**이라고 해도 될 정도이다. 만약 설계한 대로 결과가 제대로 나오지 않는다면, 디버깅을 설정하여 단계별로 변수 값을 확인하는 습관을 갖는 것이 필요하다. 이렇게 함으로써 문제를 진단하고 해결하는 능력을 향상시킬 수 있다.

01 새로운 흐름을 생성한 후에 작업 [메시지 상자] → [입력 대화 표시] 메뉴를 추가한다. '입력 유형'으로 [암호]를 선택하면 값을 ●로 마스킹하여 표시한다.

02 `작업` [조건] → [만약] 메뉴를 추가해서 사용자가 입력한 값(%UserInput%)을 확인하는 조건을 추가한다. '두 번째 피연산자'로 지정할 암호는 실습을 위해 1234라고 지정한다.

03 사용자가 입력한 암호가 맞으면 결과 메시지를 출력하고자 [메시지 표시]를 추가한다.

04 사용자가 입력한 값과 암호를 비교하는 조건문의 줄 2를 클릭한다. 그러면 해당 줄에 빨간색 원 ●이 표시되는데, 이를 **중단점**이라 한다. 물론, 흐름을 중지하고 싶은 다른 줄에도 중단점을 추가할 수 있다.

05 흐름을 실행하면 암호를 입력하는 메시지 창이 열린다. 암호를 입력하고 [OK] 버튼을 누르면 흐름이 2번째 줄에서 중지되는데, 이것을 중단점에 의한 디버깅이라고 한다. 디자이너 화면의 오른쪽 변수 영역에서 사용자가 입력한 값을 확인할 수 있다.

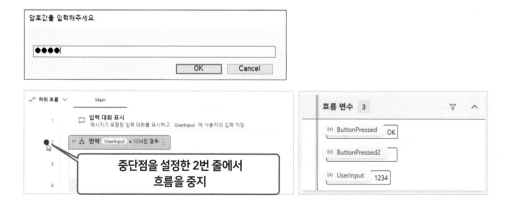

<u>06</u> 중단점에 의해 흐름을 중지한 상태에서 흐름을 끝까지 계속 실행하거나 한 단계씩 다음 작업을 실행하면서 변수가 어떻게 변하는지 확인할 수 있다. 물론, 흐름을 중지할 수도 있다.

❶ 실행: 흐름을 끝까지 실행한다.
❷ 중지: 흐름 실행을 종료한다.
❸ 다음 작업 실행: 다음 작업을 1단계 수행한다.

> **TIP** 복잡한 자동화 흐름을 개발하는 과정에서 디버깅을 해야 할 작업이 흐름의 뒷부분에 위치하면 디버깅하는 지점까지 도달하는 데 많은 시간이 소요된다. 이런 경우, 신규 흐름을 생성하고 해당 작업만 복사하여 기능 단위별로 분석하면서 디버깅하는 것이 효율적이다. 이와 같은 방법으로 디버깅 작업을 더욱 원활하게 수행하며, 자동화 개발 프로세스를 수월하게 진행할 수 있다.

조금 더 알아보기

중단점 한 번에 삭제하기

흐름에는 여러 개의 중단점을 설정할 수 있다. 많은 중단점을 설정했을 때는 흐름 디자이너 메뉴 [디버그] → [모든 중단점 제거]를 선택하여 여러 개의 중단점을 한 번에 모두 삭제할 수 있다.

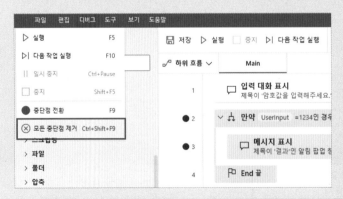

MICROSOFT
POWER
AUTOMATE

흐름 내 추가된 라인이 길어질수록 작업을 추가하거나 이동하는 데 많은 시간이 소요되어 비효율적이다. 작업을 기능 단위별로 나누거나 공통 작업 그룹은 재사용이 가능하도록 모듈화를 구현해야 한다. 이번 장에서 PAD의 모듈화를 지원하는 하위 흐름과 데스크톱 흐름 실행을 실습한다. 이를 통해 흐름의 재사용과 흐름의 가독성을 높이는 자동화 구현 방법을 알아본다.

# 3 장

모듈화로 흐름
효율적으로 관리하기

실행 영상 파일
https://cafe.naver.com/msrpa/31009

하위 흐름과
파일 관리하기

대부분의 프로그래밍은 **모듈화**를 지원한다. 여기서 말하는 모듈화는 같은 기능을 수행하는 소스 코드를 하나의 그룹으로 묶어서 다시 호출해서 사용할 수 있도록 하는 기술이다. 소프트웨어 개발에서 모듈화의 가장 큰 목적은 독립된 기능의 재사용이다. 그리고 모듈화는 복잡한 장문의 스크립트를 기능 단위별로 나누어서 가독성을 높이고 흐름을 이해하기 쉽도록 돕는 기능도 한다.

즉, 모듈화는 다음 2가지 목적으로 주로 사용한다.

- **기능 측면에서의 목적**: 독립적인 기능 단위로 재사용과 재호출
- **가독성 측면에서의 목적**: 프로그램 구조를 체계적으로 만들어 누구나 쉽게 이해하고 쉽게 수정할 수 있도록 함

모듈화는 프로그래밍 언어에 따라서 여러 가지 형태가 있다.

- **외부 프로그램 삽입(Include)**
- **서브루틴(Subroutine)**
- **프로시저(Procedure)**
- **함수(Function)와 라이브러리(Library)**
- **클래스(Class)와 메서드(Method)**
- **모듈(Module) 또는 패키지(Package) 등**

PAD는 하위 흐름(Subflow)과 데스크톱 흐름 호출, 2가지의 모듈화 기능을 제공한다. 처음 흐름을 디자인할 때부터 **하위 흐름**을 적극적으로 활용하는 것이 좋다. 예를 들면 엑셀 프로그램을 실행하는 흐름, 엑셀에 데이터를 입력하는 흐름 그리고 결과를 메일로 보내주는 흐름을 각각 하위 흐름으로 생성하는 것이다. Main 흐름에 모든 작업을 추가하면 작업 목록이 길어져서 나중에 흐름을 수정할 때 어려울 수 있다. **데스크톱 흐름 실행** 모듈화는 뒤이어 설명한다.

Q 하위 흐름과 데스크톱 흐름의 차이가 무엇인가요?

A 하위 흐름은 하나의 흐름 내에서 로직을 하나의 그룹으로 묶어서 하위 흐름으로 구성합니다. 하나의 흐름 안에 여러 개의 하위 흐름이 존재하고 서로 호출할 수 있습니다. 즉, 하위 흐름은 여러 작업의 논리를 하나로 묶어 재사용 가능한 모듈로 만든다고 이해할 수 있습니다. 큰 프로세스를 작은 단위로 나누어 각각을 하위 흐름으로 만들어, 코드의 모듈성을 높이고 유지보수성을 향상시킬 수 있습니다. 하위 흐름은 흐름 내에서만 호출이 가능하며, 독립적으로 실행할 수는 없습니다. 반면에 데스크톱 흐름은 각각의 흐름이 별도로 존재하고 각각 실행할 수 있으며, 데스크톱 흐름 간에 서로 호출할 수 있는 구조입니다.

하위 흐름 생성을 실습해 보자. 폴더를 선택하면 폴더 안에 있는 모든 파일 이름 끝에 '_RPA'를 붙여서 이름을 변경하는 실습이다. 이때 각 작업은 하위 흐름으로 생성한다.

01 새로운 흐름을 생성한다. 작업 영역에서 ❶ [하위 흐름] 버튼을 클릭하고 ❷ [⊕ 새 하위 흐름] 버튼을 누른다.

02 하위 흐름 이름을 입력하고 [저장] 버튼을 누른다. 알기 쉬운 이름으로 입력한다. 모듈화의 일반적인 이름 규칙은 '동사+명사(목적어)' 형식으로, 행위와 행위의 대상을 적는 것이 좋다. 주의할 점은 하위 흐름 이름을 한글로는 지을 수 없다는 점이다. 영문을 사용해서 폴더를 선택한다는 뜻으로 Select_Folder라 입력한다. 하위 흐름의 이름이 너무 길다면 Sel_Fld와 같이 영문자를 줄여서 사용하는 것도 괜찮다.

03 Main 흐름 오른쪽에 하위 흐름이 새로 생성되었다. Main 흐름이나 하위 흐름 탭을 선택하면 해당 하위 흐름으로 이동한다. 저장 아이콘을 눌러서 흐름을 저장하자.

04 Main 흐름으로 이동한 후에 작업 [흐름 제어] → [하위 흐름 실행] 메뉴를 추가한다. 그런 다음, 2단계에서 생성한 하위 흐름을 선택하고 저장한다.

05 [Select_Folder] 하위 흐름 탭을 클릭하고 사용자가 폴더 경로를 입력할 수 있도록 작업 [메시지 상자] → [폴더 선택 대화 표시] 메뉴를 추가한다.

> ❶ 대화 설명: 창의 제목을 입력한다. **여기서는 '폴더 선택'**이라고 입력했다.
>
> ❷ 초기 폴더: 폴더 선택 메시지 창의 초기 폴더 경로를 설정할 수 있다.
>
> ❸ 변수 생성됨: 사용자가 선택한 폴더 이름은 **%SelectedFolder%** 변수에 저장된다.

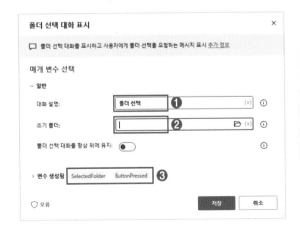

Q 작업은 최대 몇 개까지 배치할 수 있나요?

A 작업 개수 제한은 없지만, 작업 수가 많을수록 흐름이 길어져 전체적인 구조를 잡기에 어려워집니다. 흐름에 작업이 많아서 복잡한 경우는 이번 장에서 학습하는 모듈화로 흐름을 효율적으로 관리할 수 있습니다.

폴더의 세부 속성

변수 %SelectedFolder%에는 다음과 같은 폴더 세부 속성이 있다.

변수 값	
SelectedFolder (폴더)	
속성	**값**
.FullName	C:\RPA_FILE
.Name	RPA_FILE
.Parent	C:\
.RootPath	C:\
.CreationTime	10/23/2023 4:26:11 PM
.LastModified	11/1/2023 8:55:51 PM
.IsHidden	False
.IsEmpty	False
.Exists	True
.FilesCount	2
.FoldersCount	2

속성	설명
FullName	현재 폴더의 전체 경로
Name	현재 폴더의 이름
Parent	현재 폴더의 상위 폴더 이름
RootPath	현재 폴더의 최상위 폴더 이름
CreationTime	폴더가 생성된 시간
LastModified	폴더가 마지막으로 변경된 시간
IsHidden	부울 값(폴더의 숨김 여부)
IsEmpty	부울 값(빈 폴더 여부)
Exists	부울 값(폴더 존재 여부)
FilesCount	폴더 내의 파일 수
FoldersCount	폴더 내의 하위 폴더 수

06 5단계에서 선택한 폴더 안의 파일 이름을 가져오는 작업을 구현해보자. 작업 [폴더] → [폴더의 파일 가져오기] 메뉴를 추가한다.

❶ 폴더: 5단계에서 사용자가 선택한 폴더 변수를 입력한다.

❷ 파일 필터: 확장자가 txt인 모든 파일을 의미하는 *.txt 문자열을 입력한다.

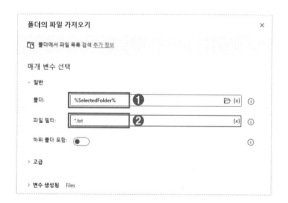

.txt 문자열에서 별표 기호(*)는 모든 것을 포함한다는 의미이며, 영어로는 '애스터리스크'라 한다. 예를 들어, A 라고 입력하면 A로 시작하는 모든 파일을 뜻한다. 즉, 다음 그림처럼 A로 시작하는 파일을 모두 불러온다.

07 파일 이름을 변경하는 역할을 수행하는 하위 흐름을 생성하고 이름에는 Rename_File을 입력하자.

08 2단계에서 생성한 하위 흐름 Select_Folder에서 7단계의 하위 흐름 Rename_File을 실행하는 [하위 흐름 실행] 작업을 추가한다.

09 [Rename_File] 하위 흐름 탭으로 이동하고 나서 폴더 안의 파일 목록을 가져오고자 반복문을 추가한다. `작업` [반복] → [각각의 경우] 메뉴를 끌어 놓는다. '반복할 값'에는 %Files% 변수를 선택한다. 폴더 안의 파일은 목록 변수 %Files%에 저장되므로 반복문을 사용하면 개별 파일의 이름을 가져올 수 있다. 그리고 For 반복문에서 생성되는 %CurrentItem% 변수는 파일의 세부 속성을 그대로 상속받는다.

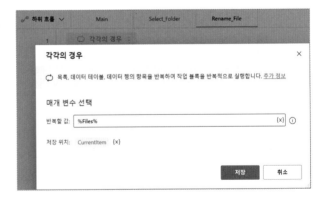

파일 목록의 첫 번째 파일 가져오기

폴더 안의 파일 목록을 가져올 때 반복문 [각각의 경우]를 이용할 수도 있지만, 파일 목록 변수의 순번을 사용해서 파일 이름을 직접 가져올 수도 있다. 예를 들어, 파일 목록 변수의 첫 번째 파일 이름은 목록 변수의 순번을 사용해서 다음과 같이 지정하면 된다.

%Files[0].Name%

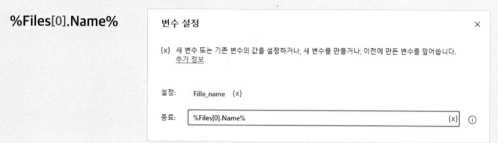

목록 변수의 첫 번째 리스트 순번은 0이다. 그러므로 변수 %File_name%에는 0번 위치의 파일 이름이 변수에 저장된다.

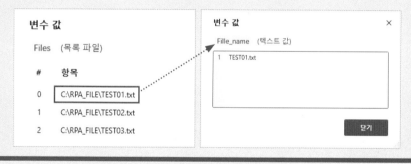

10 파일 이름을 저장할 변수 %File-Name%을 [각각의 경우] 안에 하나 추가하자. 파일 이름 종료 필드에는 변수 %CurrentItem%에는 확장자를 제외한 파일 이름이 저장된 .NameWith-outExtension 속성을 지정한다.

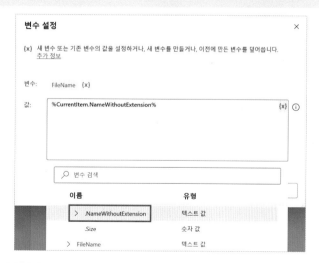

%CurrentItem.NameWithoutExtension%

파일 변수의 세부 속성

파일 변수의 세부 속성을 정리해 보자.

속성	설명
FullName	파일의 전체 경로
Name	파일 이름
Extension	파일 확장자
NameWithoutExtension	확장자를 제외한 파일 이름
Directory	파일이 있는 폴더 경로
RootPath	파일이 있는 최상위 폴더
Size	파일 크기
CreationTime	파일 생성 날짜와 시간
LastModified	파일의 마지막 변경 날짜와 시간
LastAccesed	파일에 마지막으로 접근한 시간
IsHidden	부울 값(파일 숨김 속성 여부)
IsSystem	부울 값(시스템 파일 속성 여부)
IsReadyOnly	부울 값(파일 읽기 전용 속성 여부)
IsArchive	부울 값(파일 압축 여부)
IsEmpty	부울 값(빈 파일 여부)
Exists	부울 값(파일 존재 여부)

11 기존 파일 이름에 '_RPA' 문자열을 추가하고자 10단계의 변수 설정 작업을 다시 열어서 '_RPA' 문자열을 추가로 입력한다.

%CurrentItem.NameWithoutExtension%_RPA

12 (작업) [파일] → [파일 이름 바꾸기] 메뉴를 [변수 설정] 다음에 끌어 놓는다. [파일 이름 바꾸기] 작업의 매개 변수 설정을 정리해 보자.

❶ 이름을 바꿀 파일: **%CurrentItem%**의 Fullname 속성을 입력한다. 사용자가 선택한 폴더 안의 파일 이름이 저장된다. 다음과 같이 폴더 경로와 파일 이름을 모두 포함한다.

C:₩RPA_FILE₩TEST01.txt

❷ 구성표 이름 바꾸기 옵션: **[새 이름 설정]**을 선택한다. 이름 바꾸기 기능에는 여러 가지 옵션이 있다. 예를 들어, 파일 이름에 날짜를 넣고 싶으면 **[날짜/시간 추가]**를 선택하면 된다. 해당 옵션은 각자 테스트하면서 확인해 보자.

❸ 새로운 파일 이름: 변경할 파일 이름을 입력한다.

%SelectedFolder%₩%FileName%%CurrentItem.Extension%

❹ 확장 유지: 여기서는 확장자를 따로 처리하므로 **비활성화한다.** 활성화하면 확장자가 두 번 표시된다.

> **새 이름 설정**
> 텍스트 추가
> 텍스트 제거
> 텍스트 대체
> 확장 변경
> 날짜/시간 추가
> 순차 만들기

이 경로 이름을 차례대로 분석해 보자.

1. **%SelectedFolder%**: 사용자가 선택한 폴더(**C:₩RPA_FILE**)

2. **₩**: 폴더 구분자(C:₩RPA_FILE**₩**)

3. **%FileName%**: 새로운 파일 이름(C:₩RPA_FILE₩**TEST01_RPA**)

4. **%CurrentItem.Extension%**: 파일 확장자(C:₩RPA_FILE₩TEST01_RPA**.txt**)

결론적으로 새로운 파일 이름은 다음과 같이 정해진다.

C:₩RPA_FILE₩TEXT01_RPA.txt

13 흐름을 실행해서 파일 이름이 일괄 변경되는지 확인해 보자. 파일이 있는 폴더를 선택하고 [확인] 버튼을 누르면, 해당 폴더에 존재하는 txt 파일의 이름이 일괄 변경된다.

파일·폴더 개별 작업 기능

파일과 폴더와 관련된 개별 작업의 기능을 정리해 보자.

파일 작업	설명
파일 대기	파일이 생성 또는 삭제될 때까지 흐름 일시 중지
파일이 있는 경우	파일 존재 여부에 따라서 로직 분기
파일 복사	파일을 대상 폴더에 저장하며 덮어쓰기 옵션이 있음
파일 이동	파일을 대상 폴더로 이동하며 덮어쓰기 옵션이 있음
파일 삭제	파일을 삭제함
파일 이름 바꾸기	파일 이름을 바꾸고 이름에 날짜/시간 등을 추가할 수 있음
파일에서 텍스트 읽기	텍스트 파일에서 텍스트 값을 읽음
파일에 텍스트 쓰기	텍스트 파일에서 텍스트 값을 씀. 덮어쓰기와 추가하기 옵션이 있음
CSV 파일에서 읽기	CSV 파일에서 텍스트 값을 읽음. 열 구분 기호 등을 정의할 수 있음
CSV 파일에 쓰기	CSV 파일에서 텍스트 값을 씀. 덮어쓰기와 추가하기 옵션이 있음
파일 경로 부분 가져오기	파일의 정보를 여러 가지 정보로 나누어서 저장함. 루트 폴더, 파일 경로, 확장자 등의 정보를 반환
임시 파일 가져오기	임시 파일을 생성함
파일을 Base64로 변환	파일을 Base64 인코딩 텍스트로 변환(주로 파일을 전송하는 목적)

파일 작업	설명
Base64를 파일로 변환	Base64 인코딩 텍스트를 파일로 변환(주로 파일을 전송하는 목적)
파일을 이진 데이터로 변환	파일을 이진(바이너리) 데이터로 변환
이진 데이터를 파일로 변환	이진(바이너리) 데이터를 파일로 변환

폴더 작업	설명
폴더가 있는 경우	폴더 존재 여부에 따라서 로직 분기
폴더의 파일 가져오기	폴더 안의 파일 목록을 가져옴. - 정렬 기준과 같은 추가 기능은 고급 옵션에서 설정할 수 있음
폴더의 하위 폴더 가져오기	폴더 안의 하위 폴더 목록을 가져옴. - 정렬 기준과 같은 추가 기능은 고급 옵션에서 설정할 수 있음
폴더 만들기	새로운 폴더를 생성함
폴더 삭제	폴더를 삭제함
빈 폴더	폴더 안의 모든 하위 폴더와 파일을 비움(삭제)
폴더 복사	폴더 안의 하위 폴더와 파일을 다른 폴더로 복사함. 단, 두 폴더가 모두 있어야 하고 파일이 있다면 덮어쓰기 가능
폴더 이동	폴더를 다른 폴더로 이동함. 폴더가 있다면 덮어쓰기 가능
폴더 이름 바꾸기	폴더 이름을 변경함
특수 폴더 가져오기	바탕화면, 즐겨찾기 등과 같은 특수 폴더 경로를 가져옴

데스크톱 흐름
실행 모듈화

PAD 초기 버전에는 데스크톱 흐름 간 호출이 지원되지 않았지만, 이후 흐름을 연결하고 값을 주고받는 새로운 기능이 추가되었다. 이제 데스크톱 흐름 호출과 하위 흐름 호출을 함께 사용해서 모듈화 기능을 더 체계적으로 구현할 수 있게 된 것이다.

기존 PAD 사용자층에서 데스크톱 흐름 실행 기능에 대한 요구는 일찍부터 있었다. 여러 단계로 구성된 복잡한 자동화를 구현하려고 하니 작업 라인이 너무 길어져서 성능과 가독성이 떨어지는 문제가 발생한 것이다. 당시에는 해당 기능이 없었기에, 대신에 하위 흐름 호출을 사용해야 한다고 답변했다. 그런데 데스크톱 흐름의 작업을 복사해서 다른 데스크톱 흐름의 하위 흐름에 넣으면 변수 이름이 중복되는 문제가 있다. 왜냐하면, PAD가 자동으로 생성하는 이름(예: %NewVar%)을 변경하지 않고 사용하면 다른 흐름에도 같은 이름의 변수가 존재하기 때문이다. 데스크톱 흐름 실행을 이용하면 이와 같은 문제에서 벗어날 수 있다.

데스크톱 흐름을 생성할 때 입출력 변수를 만들 수 있으므로 데스크톱 흐름을 다른 데스크톱 흐름에서 호출하거나 파워 오토메이트 클라우드에서 데스크톱 흐름을 호출할 때 입출력 변수를 통해서 값을 주고받을 수 있다. 프로그래밍 언어에서는 주고받는 용도의 변수를 파라미터라고 한다.

두 개의 데스크톱 흐름을 생성해서 서로 흐름을 호출하는 방법을 실습해 보자.

01 PAD 콘솔에서 [새 흐름] 버튼을 클릭하고 DesktopFlow_1이라는 이름으로 새 흐름을 생성한다. 그리고 오른쪽 변수 확인 영역에서 ⊕ 아이콘을 클릭하여 입력 변수를 하나 생성한다.

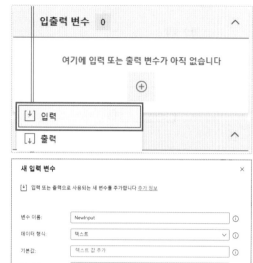

02 [새 입력 변수]를 추가해서 변수 이름과 데이터 형식을 설정하고 [저장] 버튼을 누른다. '선택 사항으로 표시' 옵션을 활성화하면, 해당 입력 변수는 옵션 사항으로 설정된다.

03 1단계의 [출력] 메뉴를 눌러서 출력 변수도 하나 생성한다.

04 입력 변수를 메시지로 출력하고자 [메시지 표시] 작업을 추가한다. 적당한 제목을 입력하고 표시할 메시지에는 1단계에서 만든 %NewInput% 변수를 지정한다.

05 [작업] [변수] → [변수 설정] 메뉴를 추가한다.

❶ 3단계에서 생성한 출력 변수 **%NewOutput%**을 입력한다.

❷ 흐름을 성공적으로 호출했다는 의미로 **Success**를 입력한다.

06 저장(💾) 버튼을 눌러 DesktopFlow_1 흐름을 저장한다.

이번 실습에서는 이해를 돕고자 **Success** 메시지만 출력하지만, 실무에서 사용하려면 성공과 실패에 대한 로직을 적절하게 처리해야 한다.

07 PAD 콘솔에서 [새 흐름] 버튼을 눌러 새로운 데스크톱 흐름 DesktopFlow_2를 하나 더 생성하자.

흐름 이름

DesktopFlow_2

08 [작업] [흐름 실행] → [데스크톱 흐름 실행] 메뉴를 끌어 놓는다. 매개 변수는 다음과 같이 설정한다.

❶ 데스크톱 흐름: 앞서 저장한 데스크톱 흐름 DesktopFlow_1을 선택한다.

❷ NewInput: DesktopFlow_1 흐름에 전달할 값을 입력한다.

❸ 변수 생성됨: DesktopFlow_1 흐름의 출력 값을 저장할 변수를 지정한다. 여기서는 **NewOutput**으로 지정했다.

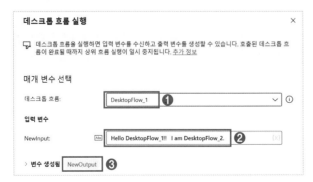

<u>09</u>   [메시지 표시] 작업을 하나 생성해서 DesktopFlow_1 흐름에서 받아온 값을 출력한다.

<u>10</u>   두 번째 흐름을 저장한다. 그러면 2개의 흐름이 생성된 것이 확인된다.

<u>11</u>   DesktopFlow_2 흐름을 실행해서 DesktopFlow_1의 입력 변수에 문자열을 전달하고 결과를 정상적으로 받아오는지 확인해보자.

최근에 생성된 파일 폴더에서 가져오기

웹 사이트 또는 ERP와 같은 응용 프로그램에서 파일을 내려받는 것은 빈번하게 발생하는 작업이다. 문제는 내려받은 파일의 이름이 다르고 일정한 규칙 없이 무작위로 생성될 때이다. 예를 들어, 다음과 같이 파일 이름이 무작위인 파일을 내려받을 수 있다. 이럴 때는 가장 최근에 생성된 파일을 가져오는 것이 하나의 해결책이 될 수 있다.

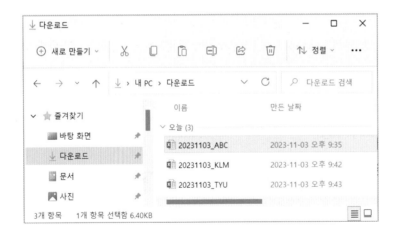

최근에 생성된 파일을 가져오는 방법 중 하나를 알아보자.

01 새로운 흐름을 생성한 후 작업 [폴더] → [폴더의 파일 가져오기] 메뉴를 선택한다.

  ❶ 폴더: 파일을 내려받은 폴더를 선택한다.
  ❷ 파일 필터: 확장자가 xlsx인 모든 파일을 뜻하는 *.xlsx을 입력한다.
  ❸ 정렬 기준: [만든 시간] 기준으로 정렬한다.
  ❹ 내림차순: 비활성화되어 있으면 오름차순이 된다. 이와는 반대로, 활성화하면 내림차순으로 정렬된다.

⑤ 변수 생성됨: 파일 필터에 해당하는 파일 목록을 목록 변수 **%Files%**에 저장한다.

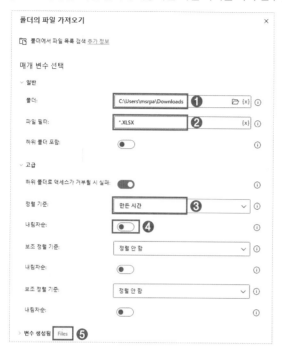

02 흐름을 실행하면 만든 시간 기준으로 오름차순으로 정렬되어 목록 변수에 저장된다. 가장 최근에 생성된 20231103_ABC.xlsx 파일이 첫 번째 항목에 있으므로 %Files[0]% 변수를 이용해서 이 파일을 다른 작업에 활용하면 된다.

03 [메시지 표시] 작업을 추가하고 표시할 메시지 필드에는 %Files[0]%을 입력해 목록 변수의 첫 번째 항목(가장 최근에 생성된 파일)을 화면에 출력한다.

앞서 설명하였듯이, 파일 이름만 가져오려면 파일 변수의 세부 속성을 활용한다.

%Files[0].Name%

파일 대기 작업

파일을 내려받는 과정에서, 다운로드가 완료될 때까지 약간의 시간이 필요하다. 이때는 파일이 생성될 때까지 대기하는 작업을 추가해야 한다. 작업 [파일] → [파일 대기] 메뉴를 이용하면 쉽게 해결할 수 있다.

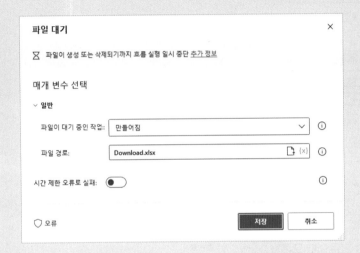

파일 백업 시스템 만들기

특정 일자에 신규로 생성(또는 변경)된 파일을 백업 폴더에 복사하는 자동화 흐름을 만들어 보자. 실습 예제는 C:\TEMP 폴더 내, 오늘 날짜에 생성된 모든 파일을 복사해서 C:\BACKUP 폴더에 복사하는 과정으로 진행한다.

01 새로운 흐름을 생성하고 `작업` [날짜/시간] → [현재 날짜 및 시간 가져오기] 메뉴로 현재 일자를 가져온다. 그리고 `작업` [텍스트] → [텍스트로 날짜/시간 변환] 메뉴를 추가해서 현재 날짜를 텍스트 변수 %CurrDay%에 저장한다.

현재 날짜 및 시간 가져오기

📅 현재 날짜 또는 현재 날짜/시간 검색 <u>추가 정보</u>

매개 변수 선택

∨ **일반**

검색: 현재 날짜 및 시간

표준 시간대: 시스템 표준 시간대

> **변수 생성됨** CurrentDateTime

텍스트로 날짜/시간 변환

🔢 지정된 사용자 지정 형식을 이용해 날짜/시간 값을 텍스트로 변환

변환할 날짜/시간: %CurrentDateTime%

사용할 형식: 표준

표준 형식: 간단한 날짜

샘플 2020-05-19

∨ **변수 생성됨**

⬤ `%CurrDay%` {x}

텍스트 값으로 서식이 지정된 날짜/시간

지역 작업 알아보기

작업 [흐름 제어] → [지역] 메뉴를 이용하면, 여러 개의 작업을 하나의 작업 그룹으로 묶을 수 있다. ❶ 이름을 설정하고 [지역] 작업을 추가하면, 자동으로 End Block인 ❷ [종료 지역]이 추가된다.

1단계에서 추가한 2개의 작업을 [지역]과 [종료 지역] 작업 사이로 드래그 앤 드롭하여 하나의 작업 그룹으로 설정해 보자.

<u>02</u> 앞에서 실습했듯이, **작업** [폴더] → [폴더의 파일 가져오기] 메뉴를 추가한다. C:\TEMP 폴더에서 파일을 가져올 때 고급 옵션의 정렬 기준을 ❶ [만든 시간]으로 설정한다. ❷ 내림차순 옵션은 활성화한다.

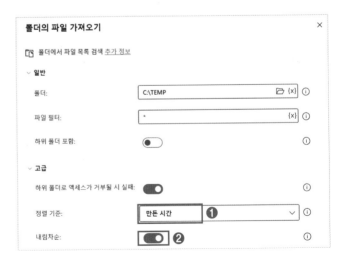

<u>03</u> **작업** [반복] → [각각의 경우] 메뉴를 추가해서, 추출한 파일들을 반복한다.

각각의 경우

🔁 목록, 데이터 테이블, 데이터 행의 항목을 반복하여 작업 블록을 반복적으로 실행합니다. 추가 정보

매개 변수 선택

반복할 값: %Files%   {x}

저장 위치: CurrentItem   {x}

04 [변수 설정] 작업으로 파일의 생성 시간을 저장하는 단계를 추가한다. %CurrentItem% 변수의 생성 시간 정보를 가지고 있는 CreationTime 속성을 가져온다.

변수 설정   ×

{x} 새 변수 또는 기존 변수의 값을 설정하거나, 새 변수를 만들거나, 이전에 만든 변수를 덮어씁니다.
추가 정보

변수: CreatedDate   {x}

값: %CurrentItem.CreationTime%   {x} ⓘ

🔍 변수 검색

이름	유형
> CurrentDateTime	날짜/시간
∨ CurrentItem	파일
∨ .CreationTime	날짜/시간

05 작업 [텍스트] → [텍스트로 날짜/시간 변환] 메뉴를 이용해 파일의 생성 일자를 텍스트로 변환한다. '변수 생성됨' 항목은 변환할 날짜 시간 변수(CreatedDay)를 그대로 사용한다.

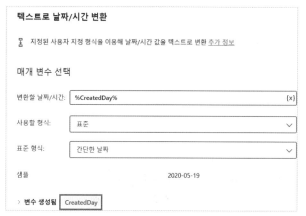

텍스트로 날짜/시간 변환

🔠 지정된 사용자 지정 형식을 이용해 날짜/시간 값을 텍스트로 변환 추가 정보

매개 변수 선택

변환할 날짜/시간: %CreatedDay%   {x}

사용할 형식: 표준   ∨

표준 형식: 간단한 날짜   ∨

샘플   2020-05-19

> 변수 생성됨   CreatedDay

06 작업 [조건] → [만약] 메뉴를 추가한다. ❶ 오늘 일자 변수와 ❷ 파일이 생성된 일자 변수 2개 일자를 비교한다.

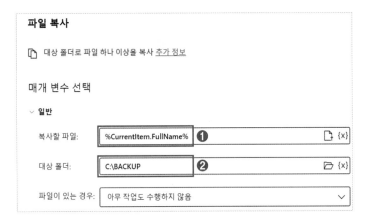

07 만약 이전 단계의 조건이 동일하다면(파일이 생성된 일자=오늘 일자), 파일이 오늘 일자에 생성되었음을 의미한다. 작업 [파일] → [파일 복사] 메뉴를 추가한다. ❶ C:\TEMP 폴더의 파일 %CurrentItem. FullName%을 ❷ 대상 폴더 C:\BACKUP 폴더로 복사한다.

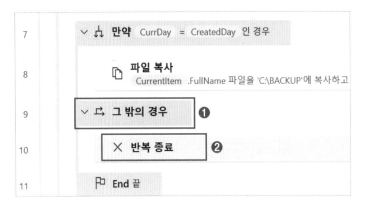

08 두 일자가 다르다면, 파일이 오늘 일자에 생성된 것이 아니기 때문에 ❶ [그 밖의 경우] 작업을 추가하고 ❷ [반복 종류] 작업으로 반복 구문을 빠져나온다.

파일 백업하기

이번 절에서 실습한 예제와 동일한 작업을 수행하는 파워셸 스크립트를 챗GPT에게 요청해서 적용해 보자.

C:\TEMP 폴더에서 오늘 일자에 수정된 파일을 C:\BACKUP 폴더에 복사하는 파워셸 스크립트를 작성해 줘.

___ 3-3 변경된 파일 백업하기

```
$sourcePath = "C:\TEMP"
$destinationPath = "C:\BACKUP"

$today = Get-Date -Format "yyyyMMdd"

$filesToCopy = Get-ChildItem $sourcePath | Where-Object { $_.LastWriteTime.
Date -eq (Get-Date).Date }

foreach ($file in $filesToCopy) {
    $destinationFile = Join-Path -Path $destinationPath -ChildPath $file.
Name
    Copy-Item $file.FullName $destinationFile
}
```

챗GPT가 생성한 스크립트를 [PowerShell 스크립트 실행] 작업에 붙여 넣고 실행하면, 오늘 수정한 모든 파일을 대상 폴더에 일괄 붙여 넣는 것을 볼 수 있다.

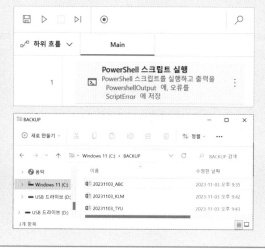

MICROSOFT
POWER
AUTOMATE

사용자 인터페이스(UI) 자동화와 웹(브라우저) 자동화는 RPA 도구의 가장 핵심 기능이다. 자동화 흐름이 사용자의 작업 순서를 기억해서 자동으로 수행한다. 이러한 자동화는 개인 데스크톱에서 실행되는 모든 응용 프로그램에 적용 가능하다. 즉, 개인 PC에서 규칙적으로 반복 수행되는 모든 수작업은 자동화 개선 대상이 될 수 있다는 것의 의미한다. 이 장에서는 PAD가 제공하는 여러 가지 자동화 레코딩 도구를 활용하여 각 작업의 기능과 특성을 이해하고 적절하게 조합해서 자동화를 구현하는 실습을 진행한다.

사용자 인터페이스와 웹 자동화하기

실행 영상 파일
https://cafe.naver.com/msrpa/31010

UI 자동화 기초 다지기

1.1 계산기 실행하기

UI(User Interface, 사용자 인터페이스)는 **입력 칼럼과 버튼 등으로 구성된 시스템 또는 화면**을 의미하며 사용자와 응용 프로그램 간에 상호 작용하도록 설계되었다.

RPA 솔루션 대부분은 이러한 UI를 자동화하는 기능을 포함한다. UI 자동화는 "UI를 자동화한다."라는 표현을 줄인 용어이며 말 그대로 컴퓨터에서 수행되는 응용 애플리케이션을 자동화한다는 것이다. 요컨대 사용자의 작업 순서를 녹화(레코딩)해서 그대로 재현할 수도 있다.

계산기 응용 프로그램을 이용해서 UI 자동화가 어떤 기능을 하는지 알아보자. 계산기 프로그램을 실행한 후에 숫자를 클릭하는 자동화를 만들어본다.

01 흐름을 생성한 후 `작업` [시스템] → [응용 프로그램 실행] 메뉴를 작업 공간에 끌어 놓는다.

❶ 응용 프로그램 경로: 계산기 프로그램 경로를 입력한다.
C:₩Windows₩System32₩calc.exe
또는 실행 파일 이름을 이용해서 calc라고 입력해도 된다.

❷ 명령줄 인수: 응용 프로그램 실행 시 추가 인수를 설정할 수 있다. 예를 들어, notepad.exe 프로그램 실행 시, 명령줄 인수에 대상 파일의 경로를 입력해서 파일을 직접 열 수 있다.

❸ 창 스타일: 프로그램 실행 시 초기 화면 크기를 설정한다. [일반]을 선택한다.
- [일반], [숨김], [최소화됨], [최대화됨] 옵션을 선택할 수 있다.

❹ 응용 프로그램 시작 후: 다음 3가지 조건 중 [즉시 계속]을 선택한다.
- [즉시 계속]: 즉시 실행

- [응용 프로그램 대기]: 실행될 때까지 대기. 프로그램 유형에 따라서 지원하지 않을 수 있음
- [응용 프로그램 완료 대기]: 완료될 때까지 대기

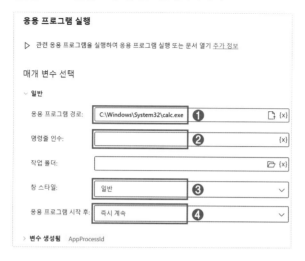

02 작업 [UI 자동화] → [창의 UI 요소 클릭] 메뉴를 작업 공간에 끌어 놓는다. 해당 작업은 PC에서 수행되는 프로그램의 버튼을 클릭하는 작업을 녹화해서 자동으로 실행한다. ❶ 'UI 요소' 필드를 클릭한 후에 ❷ [UI 요소 추가] 버튼을 누른다.

03 [UI 요소 선택기]라는 이름의 팝업 창이 열린다. 그리고 계산기 프로그램으로 이동해서 버튼 또는 입력 칼럼에 마우스 커서를 이동하면 **빨간 박스**로 강조된다. [Ctrl] 키를 누른 상태에서 마우스 좌클릭하면 해당 동작을 녹화한다.

<u>**04**</u> 3단계에서 녹화한 결과가 UI 요소로 저장된다. ❶ ⊗ 아이콘을 누르면, 녹화된 화면 미리보기 팝업이 열린다. ❷ [작업 시뮬레이션] 기능은 클릭하기 전에 UI 요소 위로 마우스 커서를 이동하는 것을 시뮬레이션할지 여부를 지정한다. 이 옵션을 활성화하면 RPA가 클릭하는 행위를 수행하기 전에, UI 요소의 화면을 자동으로 전면으로 가져오지 않는다. 즉, 후면에 프로그램이 존재해도 클릭 작업이 정상으로 동작한다. 작업 시뮬레이션 기능은 왼쪽 클릭 동작에만 적용할 수 있으며, 모든 UI 요소에 적용되지 않을 수 있다.

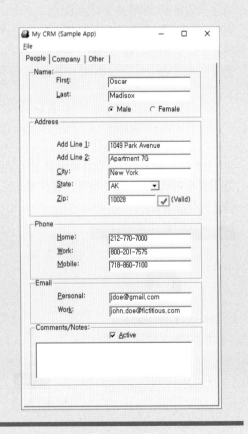

조금 더 알아보기

다양한 UI 요소 알아보기

기업에서 많이 사용하는 ERP와 같은 응용 프로그램은 사용자와 상호(소통)하기 위해 여러 가지 종류의 사용자 인터페이스(UI)를 제공한다. RPA는 다양한 UI 요소를 처리하는 방법을 제공한다. 대표적인 UI 요소를 소개하고, 해당 항목을 자동화하는 RPA 작업에 대해서 알아보자.

1. 텍스트 입력 필드

가장 일반적인 UI 요소인 텍스트 입력 필드는 사용자가 텍스트를 입력하거나 수정하는 데 사용되는 입력 요소이다. 작업 [UI 자동화] → [양식 채우기] → [창에서 텍스트 필드 채우기] 메뉴로 녹화한다.

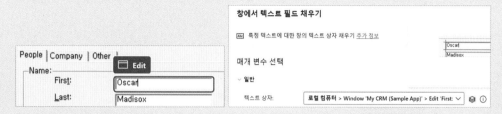

2. 라디오 박스

라디오 박스는 여러 옵션 중 하나를 선택할 수 있는 방법으로 사용되는 UI 요소이다. 라디오 박스는 여러 라디오 버튼으로 구성되어 있으며, 각 버튼은 서로 독립적인 값을 가진다. 사용자는 이 중 하나의 라디오 버튼을 선택하여 해당 옵션을 활성화할 수 있다.

예를 들어, 남성과 여성과 같이 2개의 값 중에서 하나를 선택하는 경우이다. 작업 [UI 자동화] → [양식 채우기] → [창에서 라디오 버튼 선택] 메뉴로 인식할 수 있다.

3. 체크박스

체크박스는 사용자 인터페이스(UI)에서 자주 사용되는 요소 중 하나로, 하나 또는 여러 가지 상자 모양의 항목 중에서 하나 이상을 선택할 수 있는 옵션을 제공한다. 체크박스는 작업 [UI 자동화] → [양식 채우기] → [창의 확인란 상태 설정] 메뉴로 녹화한다.

4. 드롭다운 항목

드롭다운은 여러 개 항목을 리스트 형태로 제공하고, 사용자는 그 중에 하나를 선택할 수 있다. 작업 [UI 자동화] → [양식 채우기] → [창의 드롭다운 목록 값 설정] 메뉴로 드롭다운에 값을 설정할 수 있으며, 다음 3가지 기능을 제공한다.

> 1. 선택된 옵션 지우기
> 2. 이름을 사용하여 옵션 선택
> 3. 색인별 옵션 선택

5. 버튼

버튼은 특정 작업이나 동작을 실행하기 위한 UI 요소로, 사용자가 클릭하거나 터치함으로써 어떤 기능을 수행하도록 하는 데 사용된다. 작업 [UI 자동화] → [양식 채우기] → [창의 버튼 누르기] 메뉴를 이용한다.

<u>05</u> 흐름을 실행하면 계산기 프로그램이 자동으로 실행된다. 그리고 UI 자동화 기능이 계산기의 숫자 '5'를 클릭한다.

06 자동화를 효율적으로 개발하기 위해서는 계산기와 같은 응용 프로그램에서 일정한 패턴이 있는 버튼을 클릭하는 작업은 UI 요소 속성을 변형해서 동적으로 반영하도록 해야 한다. 흐름 디자이너의 오른쪽 메뉴에서 ❶ UI 요소를 선택하고 ❷ [더 보기] 아이콘을 선택한다. ❸ [편집] 메뉴를 눌러서 UI 요소 선택기로 이동한다. 참고로 ❹ [이름 바꾸기] 메뉴로 UI 요소의 이름을 변경할 수 있다.

조금 더 알아보기

사용하지 않는 UI 요소 한 번에 삭제하기

흐름 디자이너 오른쪽에 있는 UI 요소 아이콘(❀)을 클릭하면 흐름에 사용하는 모든 UI 요소를 조회할 수 있다. 전체 UI 요소를 조회한 후에 ❶ [더 보기] 아이콘을 누르고 ❷ [사용되지 않는 UI 요소 제거] 메뉴를 선택하면 흐름 안의 작업에서 사용하지 않는 불필요한 UI 요소를 한 번에 모두 삭제한다.

07 UI 요소 속성을 변경할 수 있는 UI 요소 선택기에서 ❶ 마지막 요소인 5번째 요소를 선택한다. Id 특성이 num5Button인 것을 확인할 수 있다.

num5Button은 계산기의 숫자 버튼 [5]를 의미한다. num과 Button 사이에 있는 숫자 '5'를 '7'과 같은 다른 숫자로 변경하면, 다른 버튼을 누르게 된다. 각자 숫자를 '7'로 변경해서 흐름을 실행해서 확인해 보자.

08 num5Button의 값을 사용자가 입력한 숫자 값으로 변경하도록 적용해 보자. 먼저, [입력 대화 표시] 작업을 추가해서 사용자에게 숫자를 입력 받아야 한다. 사용자가 입력한 값은 변수 %UserInput%에 저장된다.

09 새로운 변수를 생성해서, 사용자가 입력한 숫자를 문자열에 추가한다.

num5Button ⟹ num%UserInput%Button

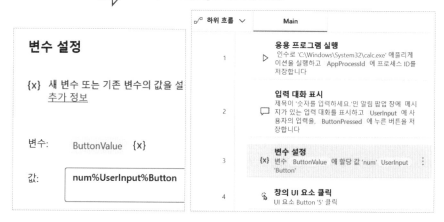

10 다시 UI 요소 선택기를 열어서 특성 값에 앞 단계에서 생성한 변수를 입력한다.

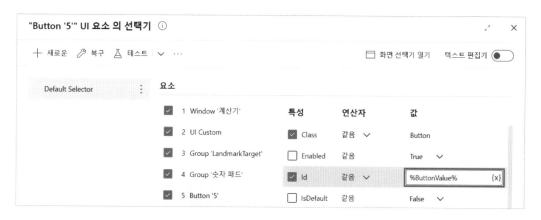

11 흐름을 실행해서, 사용자가 입력한 값의 계산기 버튼이 눌러지는지 확인해보자.

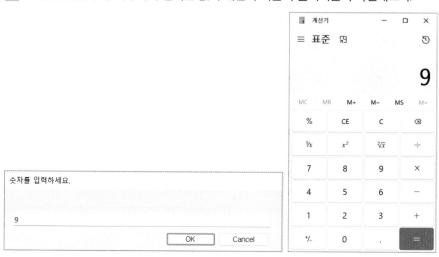

UI 자동화 관련 작업 살펴보기

UI 자동화에는 여러 가지 작업이 있다. 개별 기능은 다양한 비즈니스 케이스에 유용하게 사용될 수 있다.

작업	기능
창의 세부 정보 가져오기	창의 제목, 텍스트, 위치와 크기, 프로세스 이름 가져오기
창에서 텍스트 필드 채우기	창의 텍스트 칼럼에 텍스트 입력
창에서 선택된 확인란 가져오기	응용 프로그램의 체크박스에 설정된 값 가져오기
창에서 선택된 라디오 버튼 가져오기	응용 프로그램의 라디오 버튼 값 가져오기
창에서 데이터 추출	창의 UI 요소에 설정된 값을 추출
UI 요소의 스크린샷 찾기	녹화한 UI 요소의 화면 스크린샷을 클립보드에 저장
창의 텍스트 필드에 포커스 설정	창의 UI 요소에 마우스 커서 포커스 설정
창에서 텍스트 필드 채우기	창의 UI 요소에 텍스트 값 입력하기
창의 버튼 누르기	창의 UI 요소 버튼 클릭하기
창에서 라디오 버튼 선택	창의 UI 요소 라디오 버튼 선택하기
창의 확인란 상태 설정	창의 UI 요소 확인란(체크박스) 선택하기
창의 드롭다운 목록 값 설정	창의 UI 요소 드롭다운 목록에서 순서 또는 값으로 선택하기
창 가져오기	응용 프로그램의 창을 맨 앞으로 가져올 수 있음
창 포커스	실행 중인 응용 프로그램이 제목을 맨 앞으로 포커스 할 수 있음
창 상태 설정	응용 프로그램 창의 최소화/최대화 설정
창 표시 여부 설정	응용 프로그램의 숨김/표시 설정
창 이동	응용 프로그램의 위치 이동
창 크기 조정	창 높이와 넓이를 설정
창 닫기	특정 창 닫기
창 내용 대기	창에서 특정 텍스트 또는 UI 요소 포함 여부 확인될 때까지 대기
창이 내용을 포함하는 경우	창에서 특정 텍스트 또는 UI 요소 포함 여부를 체크
데스크톱 사용	데스크톱 또는 작업 표시줄의 UI 요소 좌클릭, 더블클릭, 우클릭
이미지인 경우	전체 화면 또는 전경창에서 특정 이미지가 포함하는지 체크
이미지 대기	전체 화면 또는 전경창에서 특정 이미지가 나타나거나 사라질 때까지 대기
창에서 탭 선택	창에 있는 여러 개의 탭 중에서 특정 탭을 선택
창에 있는 UI 요소를 마우스로 가리키기	창에 있는 UI 요소에 마우스 커서 이동
창에서 메뉴 옵션 선택	응용 프로그램의 하위 메뉴를 선택
창의 UI 요소 클릭	창의 UI 요소 마우스 좌클릭
창의 UI 요소 끌어 놓기	창의 UI 요소 끌어 놓기 실행(파일을 이동하는 것과 같은 작업 가능)
창에서 펼칠 또는 접을 트리 노드	창의 트리 노드를 펼치거나 접음
창인 경우	창 또는 UI 요소가 포커스 여부(열림 여부)를 체크하여 로직 제어
창 대기	창 또는 UI 요소가 포커스(열림 여부)되거나 잃을 때까지 대기

1.2 계산기 연산하기

사용자 지정 양식 작업은 텍스트, 숫자, 날짜 및 기타 여러 가지 데이터를 입력하는 데 사용된다. 사용자에게 계산할 2개의 값과 연산자(+, -, *, /)를 입력 받아서 계산을 실행하는 자동화 흐름을 만들어 보자.

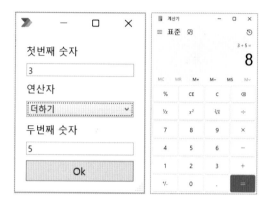

01 새로운 흐름을 생성해서 사용자에게 여러 개의 값을 입력 받기 위해서 [작업] [메시지 상자] → [사용자 지정 양식 표시] 메뉴를 추가한다. 그리고 ❶ [사용자 지정 양식 디자이너] 버튼을 누르면 사용자 지정 양식 디자이너 화면이 열린다. ❷ 변수 생성됨 항목의 %CustomFormData%에 사용자가 입력한 값이 저장된다. ❸ 계산기에 입력할 숫자 값을 입력 받기 위해서 왼쪽 메뉴에서 [숫자 입력] 메뉴를 중앙의 양식 구조 영역으로 끌어서 추가한다

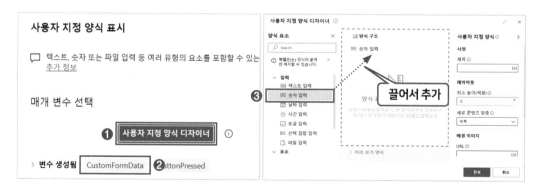

02 첫 번째 입력 항목의 ❶ ID에 이름을 입력하고 ❷ 레이블을 설정한다.

Q 사용자 지정 입력 화면을 계속 화면에 표시하여 값을 입력할 수 있는 방법이 있을까요?

A PAD에서는 사용자 지정 입력 화면을 계속해서 표시하여 값을 입력 받는 기능이 내장되어 있지 않습니다. 만약 사용자에게 반복적으로 값을 입력 받아야 한다면, PAD에서는 [작업] [반복] → [반복] 메뉴를 이용해 일련의 작업을 아주 여러 번 반복하면서, 각각의 반복 구문 내에서 사용자 입력을 요청하는 대화 상자를 표시하는 방식으로 로직을 구현할 수 있습니다.
이보다 더 효율적인 방법은 [작업] [반복] → [반복 조건] 메뉴를 추가해서, 사용자 지정 양식에 특정 버튼을 누를 때까지 반복하게 설정할 수도 있습니다. 다음과 같이 종료 버튼을 추가합니다.

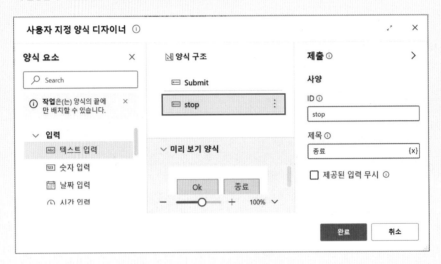

사용자가 [종료] 버튼을 누를 때까지 반복하기 위해서 다음과 같이 반복 조건문을 설정합니다.

[반복 조건] 작업 내에 [사용자 지정 양식 표시]를 넣으면, 사용자가 종료할 때까지 반복적으로 사용자 지정 양식을 표시할 수 있습니다.

03 더하기/빼기 연산자를 사용자가 선택할 수 있도록, 양식 요소에서 ❶ [선택 집합 입력] 메뉴를 추가한다. 그리고 ❷ ID와 레이블을 입력한다. 선택 항목에는 실습의 편의를 위해 2개의 연산자만 추가한다. ❸ 선택 항목은 제목과 값으로 구성되어 있다. 더하기와 plus, 빼기와 minus를 입력한다. 화면의 중앙 하단에 사용자 지정 양식의 미리보기 화면이 제공된다.

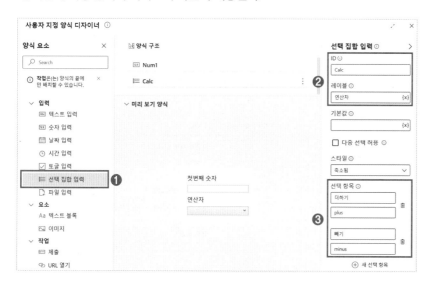

04 사용자에게 두 번째 숫자를 입력 받기 위해서, 숫자 입력 요소를 하나 더 추가하고 ID와 레이블을 설정한다.

05 사용자가 값을 모두 입력했으면, 계산기를 실행하기 위해서 [제출] 버튼을 추가한다. 화면 디자인이 모두 완료되었으면 저장하고 흐름을 실행해 보자.

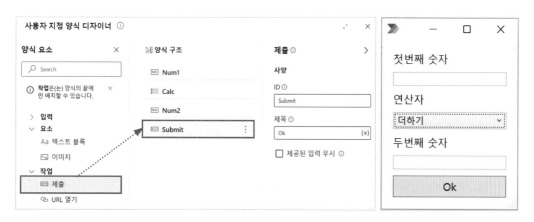

06 앞 절에서 실습했듯이, 계산기를 실행하는 [응용 프로그램 실행] 작업과 숫자 '5'를 누르는 [창의 UI 요소 클릭] 작업을 추가한다. 그리고 UI 요소 선택기 편집기를 열어서 계산기 버튼을 동적으로 누를 수 있도록 변수 작업을 동일하게 적용한다. [사용자 지정 양식]의 변수 %CustomFormData%에 개별 항목을 추출하려면, 다음과 같이 사용할 수 있다.

%CustomFormData.Num1%

사용자 지정 양식에서 첫 번째 값의 ID인 Num1을 변수에 설정한다. 계산기 버튼의 UI 요소 특성 값을 저장할 변수에 다음과 같이 입력하자.

> **TIP** 자동화 흐름은 완성한 후에 테스트하는 것보다 작업 단계별로 테스트하면서 개발하는 것이 효율적이라는 걸 재차 강조한다. 또한, 테스트 단계에서는 중단점을 설정해서 변수 값이 어떻게 변경되는지 확인해야 한다. 프로그램 개발 경험이 없는 사람이 디버깅 사용을 낯설어 하는 것은 당연하다. 하지만, 디버깅은 자동화 구현에서 너무나도 중요하다. 현업 사용자가 자동화 구현을 어려워하면 디버깅하는 방법부터 다시 설명한다.

07 사용자 지정 양식에서 두 번째 값의 ID인 Num2를 계산기에 입력하기 위해서, 흐름의 3번, 4번 라인을 복사해서 붙여 넣는다. 그리고 [변수 설정] 작업에는 2번째 숫자 값을 입력하기 위해서 다음과 같이 변경한다.

num%CustomFormData.Num2%Button

08 이번에는 사용자가 선택한 계산기 연산자 버튼을 누르는 작업을 실행해야 한다. 2번째 숫자 값을 누르기 전에 [+], [-] 버튼을 누르는 [창의 UI 요소 클릭] 작업을 추가하자.

> **TIP** 더하기, 빼기 연산자 버튼도 각각 **plusButton**과 **minus-Button**의 특성 값을 가진다. 해당 특성 값을 변수를 활용하는 방식으로 자동화하는 방법은 각자 실습해 보자.

09 사용자 지정 개체 변수를 확인하면 ❶ Calc 속성에 "plus" 값이 저장되어 있다. ❷ [만약] 작업을 추가해서 사용자가 선택한 연산자가 plus 인지 체크하는 조건을 추가한다.

10 [만약] 작업으로 계산기의 더하기와 빼기 버튼을 누르는 작업을 구성한다. 곱하기와 나누기 연산은 각자 추가해 보자. 그리고 결과 값을 계산하기 위해서 [=] 버튼을 누르는 UI 요소까지 추가한다. 흐름을 실행해서, 의도한 결과대로 자동화 흐름이 실행되는지 확인해 보자.

[UI 요소 클릭]의 고급 기능

[UI 요소 클릭] 고급 기능에는 마우스 위치를 조정하는 옵션이 있다. 응용 프로그램 또는 웹 페이지 화면 유형에 따라서 버튼의 클릭 위치를 조정해야 할 때가 생기기도 한다. 이때, 이 기능을 활용하면 유용하다.

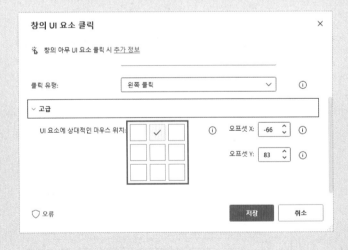

1.3 계산기 연산 결과 추출하기

UI 자동화에는 응용 프로그램 화면에서 텍스트나 이미지를 추출하는 기능을 포함하는데, 스크린에서 데이터를 추출하는 기술을 **스크린 스크래핑**(Screen Scrapping)이라 한다.

계산기 연산 결과를 추출해서 출력하는 작업을 추가해 보자.

__01__ 작업 [UI 자동화] → [데이터 추출] → [창에서 UI 요소의 세부 정보 가져오기] 메뉴를 추가해서, 계산기의 결과 값이 출력되는 영역을 녹화한다. ❶ 추출한 결과 값은 %AttributeValue% 변수에 저장된다. ❷ [맨 앞으로 가져오기] 옵션을 비활성화하면, 계산기 프로그램을 전경으로 가져오지 않는다.

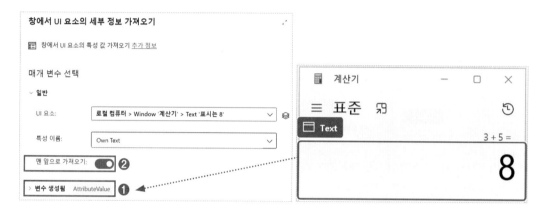

조금 더 알아보기

[창에서 UI 요소의 세부 정보 가져오기]

[창에서 UI 요소의 세부 정보 가져오기] 작업에서 [Own Text]를 선택하면 해당 칼럼의 텍스트를 추출한다. [Own Text] 이외에 다음과 같은 옵션을 선택할 수 있다.

- **[Exists]**: 해당 UI 요소가 있으면 True 반환
- **[Location and Size]**: 해당 UI 요소의 위치와 크기 숫자 반환
- **[Enabled]**: 해당 UI 요소가 활성화되어 있으면 True 반환

<u>02</u> 흐름을 실행해서 계산기 결과 값을 추출해 보자. ❶ 결과에 "표시는"이라는 문자열이 추가되었다. 이 문자열을 제거하는 로직을 넣어보자. 작업 [텍스트] → [텍스트 대체] 메뉴를 끌어 놓는다. 문자열 "표시는"을 공백으로 바꾸어 보자. ❷ 백분율 기호 사이에 작은따옴표 2개를 입력한다.

%''%

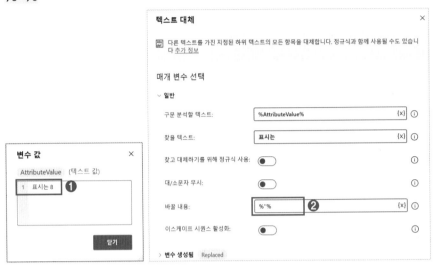

<u>03</u> [메시지 표시] 작업의 표시할 메시지에 2단계에서 생성한 변수 %Replaced%를 입력한다. 흐름을 다시 실행하면 숫자 결과 값만 조회된다.

데스크톱 레코더 자동화

UI 자동화는 화면에 값을 입력하고 추출하는 과정을 단계별로 녹화한다. 레코더를 이용하면 일련의 작업 과정을 연결해서 녹화할 수 있으므로 편리하다. 단, 레코더는 사용자의 마우스 클릭과 키보드 입력을 순서 대로 녹화하기 때문에 도중에 실수하면 다시 녹화해야 한다는 번거로움이 있다. 물론 잘못 녹화한 작업을 삭제하는 기능이 있긴 하지만, 녹화 중에 삭제하고 다시 녹화를 진행하는 것이 그렇게 간단하지는 않다. 레코더를 이용해 단계별로 녹화한 작업들은 UI 자동화의 개별 작업으로 구성된다. 그러므로 레코더와 UI 자동화를 함께 사용하는 것이 좋다. 또한, 레코더로 필요한 UI 요소를 미리 저장하고 UI 자동화 작업에서 이를 활용할 수도 있다. 특히, 레코더 기능은 UI 자동화에서 인식하지 못하는 UI 요소가 있을 경우에 유용 하게 활용할 수 있다. 즉, UI 자동화를 구현할 때는 개별 UI 자동화 작업들로 진행하는 것을 권장하고 UI 요 소 레코딩에 문제가 있을 때는 레코더 기능이 UI 요소를 인식할 수 있는지 확인해보는 것이 좋다. 흐름 디 자이너 상단의 있는 레코더 아이콘(◉)을 클릭하면 레코더를 실행한다.

❶ [레코드] 버튼을 누르면 PC에서 실행하는 모든 사용자 작업 과정이 단계별로 녹화된다. 레코드 작업 중 에 불필요한 액션이 녹화되었으면, ❷ 휴지통 아이콘(🗑)을 클릭하여 삭제할 수 있다. ❸ UI 작업 녹화 중에 마우스 우클릭하면 추가 기능을 선택할 수 있다.

이미지 녹화

데스크톱 레코더 작업 중에 화면 녹화가 동작하지 않을 때가 있다. 이때는 ❶ [이미지 녹음/녹화]를 활성화하면 화면의 이미지를 녹화할 수 있다. 해당 작업은 화면의 녹화된 이미지를 찾아서 클릭과 같은 작업을 수행한다. 메모장의 파일 메뉴를 누르는 작업을 레코딩 한 후에 ❷ 이미지 아이콘(🖼)을 누르면 녹화된 이미지를 미리 볼 수 있다.

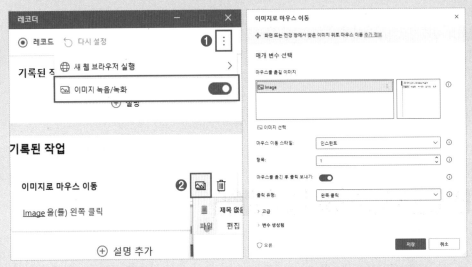

이미지 녹화하기   [마우스 및 키보드] → [이미지로 마우스 이동]

그리고 녹화된 이미지 작업은 해상도가 다른 컴퓨터에서는 동작하지 않을 수 있다. 이때는 작업 [워크스테이션] → [화면 해상도 가져오기], [화면 해상도 설정] 메뉴를 이용해 해상도를 변경해야 한다. [워크스테이션] 작업은 문서 인쇄, 컴퓨터 종료, 스크린샷 촬영 등의 작업을 포함하고 있다.

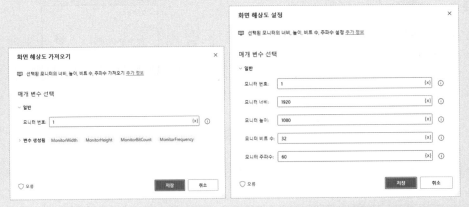

화면 해상도 가져오기   화면 해상도 설정하기

웹 브라우저 자동화 기초 다지기

2.1 웹 브라우저에서 날씨 가져오기

마이크로소프트 엣지나 크롬과 같은 웹 브라우저의 레코딩은 브라우저 자동화(웹 자동화) 기능을 이용한다. 물론 웹도 PC에서 수행되는 응용 프로그램이므로 UI 자동화 작업으로 웹 화면의 일부 기능을 녹화할 수도 있다. 예를 들면, 사용자 확인이 필요한 팝업 화면은 브라우저 자동화로 인식되지 않기 때문에 UI 자동화 작업으로 처리할 수 있다.

먼저, 브라우저 자동화를 사용하려면 브라우저 타입에 맞는 확장 소프트웨어를 별도로 설치해야 한다.

> ⓘ 웹 자동화 작업에 Chrome을 사용하려면 먼저 Power Automate Desktop 확장 프로그램을 설치해야 합니다. <u>추가 정보</u>

PAD를 설치할 때 기본으로 함께 설치되지만, 간혹 확장 소프트웨어가 활성화되어 있지 않거나 오류가 발생할 수 있다. 흐름 디자이너 메뉴에서 [도구] → [브라우저 확장]을 선택해서 주로 사용하거나, 선호하는 웹 브라우저의 확장 프로그램을 설치한다.

예를 들어, 마이크로소프트 엣지 브라우저를 주로 사용한다면 [Microsoft Edge]를 선택하여 추가 기능 내려받기 사이트로 이동한다. [다운로드] 버튼을 눌러서 추가 기능을 설치하자. 이번 실습에서는 크롬 브라우저를 이용할 것이므로 [Google Chrome] 메뉴를 선택하고 구글 웹 스토어 사이트에서 [Chrome에 추가] 버튼을 눌러서 확장 프로그램을 추가한다.

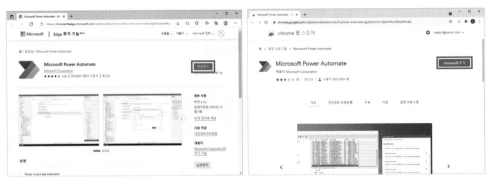

| 엣지 추가 기능 설치 | 크롬 확장 프로그램 설치 |

만약 다음 그림과 같이 확장 프로그램이 사용 중지가 되었을 때는 엣지는 [켜기], 크롬은 [이 항목 사용 설정]을 클릭해서 활성화해야 한다.

브라우저 확장 소프트웨어를 설치한 후에는 컴퓨터를 재부팅하는 것이 좋다. 준비가 끝났다면 네이버에서 오늘의 날씨를 검색하고 결과를 보여주는 자동화 흐름을 만들어 보자.

01 새로운 흐름을 생성한 후 작업 [브라우저 자동화] → [새 Chrome 시작] 메뉴를 선택한다.

❶ 시작 모드: [새 인스턴스 시작]을 선택한다. [실행 중인 인스턴스를 첨부]를 선택하면 추가 설정이 필요하다.

❷ 이니셜 URL: 웹 사이트 주소(https://www.naver.com)를 입력한다.

❸ 창 상태: [기본] 크기를 선택한다. 이외에도 [최소], [최대] 크기를 설정할 수 있다.

❹ 변수 생성됨: 생성된 브라우저 인스턴스는 웹 자동화의 개별 작업에 사용된다.

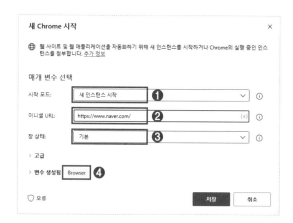

웹 브라우저 시작 고급 옵션

❶ 캐시 정보 지우기(웹 사이트 접속 기록 등의 정보)

❷ 쿠키 정보 지우기(웹 사이트 아이디와 비밀번호 등의 정보)

❸ 활성화하면 웹 페이지가 나타날 때까지 대기한다.

❹ 웹 페이지 로드되는 데 걸리는 시간을 제한한다. 숫자로 입력한다.

❺ 팝업 창을 무시하거나 버튼을 누르는 등의 옵션을 선택할 수 있다.

❻ 브라우저가 실행될 때까지의 대기 시간을 입력한다.

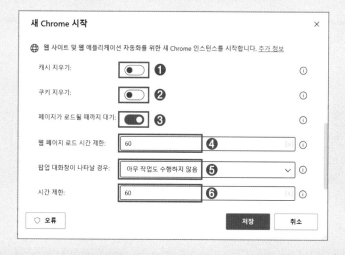

02 날씨를 검색하고자 작업 [브라우저 자동화] → [웹 양식 채우기] → [웹 페이지의 텍스트 필드 채우기] 메뉴를 끌어서 추가한다. UI 자동화에서 레코딩했던 것과 같은 방법으로 [UI 요소 추가]를 작업한다.

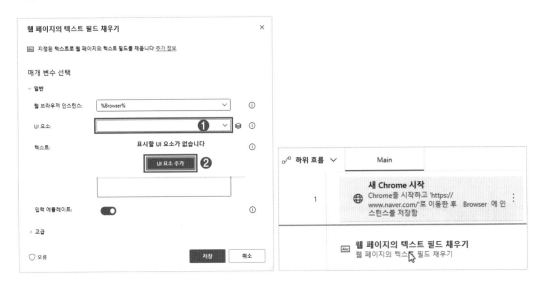

03 앞서 실습한 UI 자동화 녹화와 같은 방법으로 검색 입력란에 커서를 옮기면 빨간색 박스로 강조된다. 이때 [Ctrl] 키를 누른 상태로 마우스 좌클릭한다.

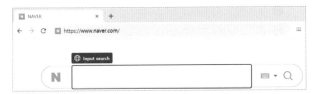

조금 더 알아보기

UI 요소 이름 변경하기

흐름 디자이너의 오른편 UI 요소 목록에서 UI 요소의 [이름 바꾸기] 기능을 실행해 보자. 웹 자동화 기능으로 녹화한 UI 요소 이름은 가독성이 떨어지므로 UI 요소 이름을 변경하는 것도 좋은 방법이다. 변경한 이름은 해당 UI 요소를 사용하는 모든 작업에 일괄 적용된다.

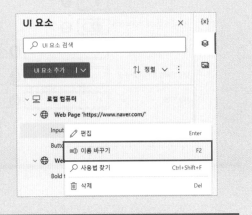

---

04 '텍스트' 입력란에 검색을 원하는 문자열을 입력하고 [저장] 버튼을 누른다. 만약 'UI 요소'가 빈 값이라면 웹 브라우저 확장 프로그램이 실행되지 않았거나 제대로 설치되지 않았을 가능성이 크다. 이럴 때는 확장 프로그램을 재설치하거나 PC를 재부팅한 후에 다시 시도해 보자.

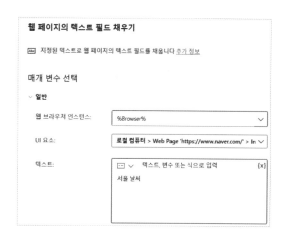

05 작업 [브라우저 자동화] → [웹 양식 채우기] → [웹 페이지 버튼 누르기] 메뉴를 끌어서 추가하고 [검색] 버튼을 클릭하는 액션을 녹화한다.

06 날씨를 검색한 화면에서 기온을 추출하고자 작업 [브라우저 자동화] → [웹 데이터 추출] → [웹 페이지 요소의 세부 정보 가져오기] 메뉴를 선택한다. 기온에 마우스 커서를 옮겨서 UI 요소를 녹화한다. 이때 웹 브라우저에서 추출한 기온 텍스트 값은 변수 %AttributeValue%에 저장된다.

웹에서 다운로드

작업 [HTTP] → [웹에서 다운로드] 메뉴를 이용하면 웹 페이지의 텍스트를 추출하거나 파일을 내 PC로 내려받을 수 있다.

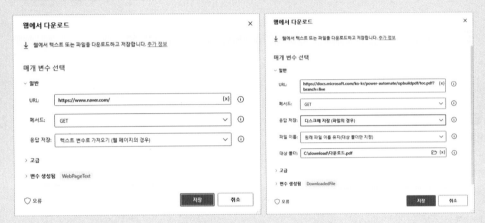

웹에서 다운로드: 텍스트   웹에서 다운로드: 파일 다운로드

그리고 작업 [HTTP] → [웹서비스 호출] 메뉴를 이용하면 API(Application Programming Interface 애플리케이션 프로그래밍 인터페이스) 서비스를 호출할 수 있다. API를 사용하면 웹 레코딩 없이 이종 시스템 간에 데이터를 교환(인터페이스)할 수 있다. API는 뒤에 나올 6장 '07 API 활용 (1): 파파고 번역하기'에서 자세하게 소개한다.

07 흐름을 실행하면 %AttributeValue% 변수에 온도인, '현재 온도8.0°'가 저장된 것을 확인할 수 있다.

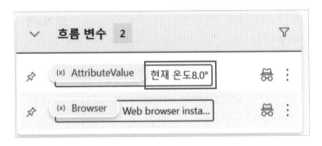

08 [메시지 표시] 메뉴를 선택하여 메시지 박스를 추가한 후에 기온을 출력해 보자.

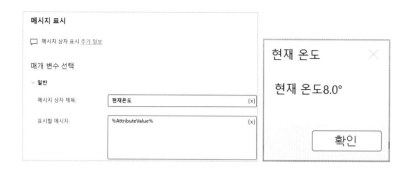

09 웹 브라우저를 실행하고 원하는 작업을 완료했다면 웹 브라우저를 종료하는 작업도 추가해야 한다. 작업 [브라우저 자동화] → [웹 브라우저 닫기] 메뉴를 추가한다. 이후의 실습 과정에서 프로그램 실행 후 종료 작업은 생략될 수 있으므로 필요하면 각자 추가하도록 하자. 지금까지 과정으로 만든 흐름 구성은 다음과 같다.

10 웹 검색 결과를 카카오톡으로 보내는 작업을 계속 진행해 보자. 카카오톡 PC 버전을 실행한 후에 채팅 창을 연다. 그리고 작업 [UI 자동화] → [창] → [창 상태 설정] 메뉴를 추가하자. ❶ '창 모드 찾기' 옵션에서는 [제목 또는 클래스별]을 선택한다. ❷ [창 선택] 버튼을 클릭하고 ❸ 카카오톡 창을 선택한 후에 [Ctrl] 키를 누른 채 마우스 좌클릭한다. 그러면 카카오톡 창 제목과 창 클래스 정보가 자동으로 채워진다.

11 [작업] [UI 자동화] → [양식 채우기] → [창에서 텍스트 필드 채우기]를 추가하고 카카오톡 입력 창에 보낼 내용을 입력한다. UI 자동화를 실행하면, 카카오톡이 타 프로그램 뒤에 있어도 자동으로 전경(포그라운드)으로 전환된다. 그러나 최소화된 상태에서는 동작하지 않기 때문에 10단계에서 [창 상태 설정] 작업을 추가한 것이다.

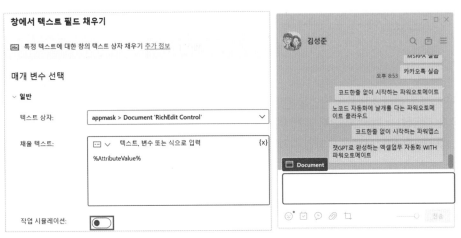

> **TIP**
> 앞서 소개했듯이 [작업 시뮬레이션] 기능을 활성화하면, 프로그램을 전경으로 활성화하지 않고도 동작한다.

12 카카오톡 메시지 창에 텍스트를 입력했으면 [전송] 버튼을 눌러야 한다. 하지만, 해당 버튼은 UI 자동화에서 인식되지 않는 문제가 있으므로 [Enter] 키로 메시지를 전송해야 한다. [작업] [마우스 및 키보드] → [키 보내기] 메뉴를 추가하고 ❶[특수 키 삽입] → [기타] → [Enter]를 선택한다. 그러면 [Enter] 키를 뜻하는 {Return}이 입력된다. ❷[키 보내기] 옵션에는 녹화한 [UI 요소]를 활용할 수도 있다.

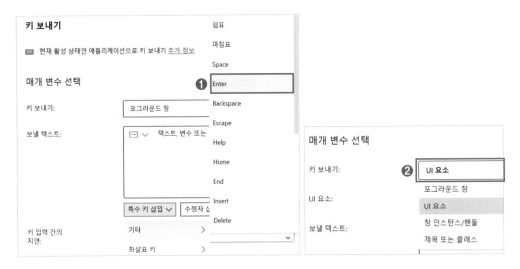

13 이제 흐름을 실행해서 웹 검색 결과가 카카오톡으로 잘 전송되는지 확인해 보자.

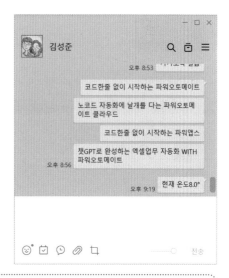

TIP

API는 'Application Programming Interface'의 약자로, 프로그램끼리 소통하는 방법이다. API는 하나의 프로그램이 다른 프로그램과 정보를 주고받을 수 있도록 규칙과 명령이 정해져 있다.
API를 이용하면 PC에서 카카오톡 프로그램을 실행하지 않아도, 인터넷을 연결하여 메시지를 보낼 수 있다. API를 이용해서 나에게 카카오톡을 보내는 방법은 MS RPA 카페의 [교재 보강 자료] 게시판의 자료를 참고하자.

MS RPA 카페: https://cafe.naver.com/MSRPA/152

조 금 더
알아보기

창 포커스와 창 상태 설정

UI 자동화의 창 포커스와 창 상태 설정은 비슷한 기능이지만 한 가지 차이점이 있다.
[작업] [UI 자동화] → [Windows] → [창 포커스], [창 상태 설정] 메뉴를 추가해서 비교해 보자.

창 포커스

창이 열린 상태에서 사용해야 정상으로 동작한다. 즉, 다른 프로그램이 전경에 설정되어서 카카오톡 창이 열려는 있지만 비활성화인 상태를 의미한다.

창 상태 설정

다음과 같이 창을 최소화한 상태에서도 사용할 수 있다.

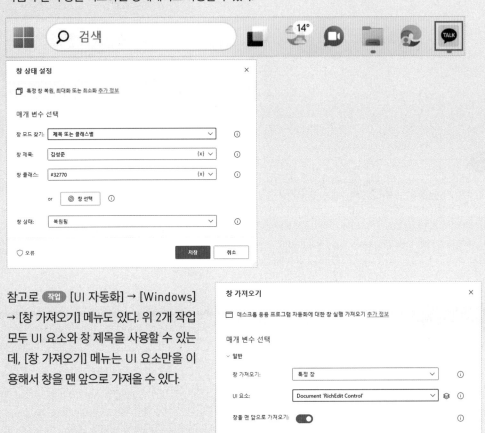

참고로 [작업] [UI 자동화] → [Windows] → [창 가져오기] 메뉴도 있다. 위 2개 작업 모두 UI 요소와 창 제목을 사용할 수 있는데, [창 가져오기] 메뉴는 UI 요소만을 이용해서 창을 맨 앞으로 가져올 수 있다.

2.2 웹 스크래핑: 쇼핑몰 검색 결과 추출하기

웹 사이트에서 특정 정보를 추출하는 것을 **웹 스크래핑(Web Scraping)**이라고 한다. 웹 스크래핑은 업무 자동화에 자주 등장하는 RPA 주요 기술 중의 하나이다. 직원들이 신청할 노트북 모델을 선정하기 위해서, 온라인 쇼핑몰에서 인기 제품 리스트를 추출하는 브라우저 자동화를 구현해 보자. 이번 실습에서는 온라인 쇼핑몰 '쿠팡'에서 제품별 인기 리스트를 추출한 후에 리스트를 CSV 파일로 쓰는 과정으로 진행한다.

01 새로운 흐름을 생성한 후, 쇼핑몰에서 검색할 상품명을 사용자에게 입력 받기 위해 [입력 대화 표시] 작업을 추가한다.

02 쇼핑몰 웹 사이트를 실행하도록 `작업` [브라우저 자동화] → [새 Microsoft Edge 시작] 메뉴를 선택하여 추가한다. '이니셜 URL'에는 쿠팡 URL 주소(https://www.coupang.com)를 입력한다.

03 `작업` [브라우저 자동화] → [웹 양식 채우기] → [웹 페이지의 텍스트 필드 채우기]를 끌어 추가한다. 쿠팡 검색란에 노트북 제조사를 입력하기 위해서 UI 요소를 레코딩한다.

04 [웹 페이지의 텍스트 필드 채우기] 작업의 텍스트 항목에는 1단계에서 사용자에게 입력 받은 변수 %UserInput%을 입력한다.

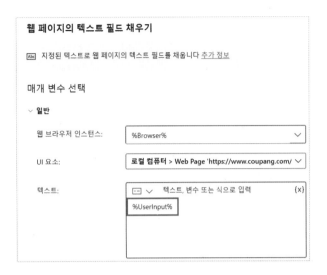

05 검색 버튼을 누르는 동작을 실행하기 위해 작업 [브라우저 자동화] → [웹 양식 채우기] → [웹 페이지 버튼 누르기] 메뉴에 UI 요소를 추가한다.

06 제품 리스트는 기본적으로 랭킹 순서로 조회되기 때문에, 데이터를 추출하면 인기 제품순으로 나열된다. 작업 [브라우저 자동화] → [웹 데이터 추출] → [웹 페이지에서 데이터 추출] 메뉴를 연 상태에서 쿠팡으로 커서를 이동한다. 그러면 [라이브 웹 도우미]라는 기능이 자동으로 활성화된다.

07 첫 번째 제품의 제목에서 마우스 우클릭하여 팝업되는 메뉴에서 [요소 값 추출] → [텍스트]를 선택한다.

08 이번에는 가격에 커서를 두고 마우스 우클릭하여 팝업되는 메뉴에서 [요소 값 추출] → [텍스트]를 선택한다.

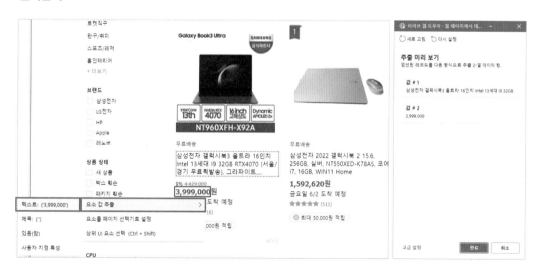

09 두 번째 리스트에 있는 제품의 제목을 ❶ [요소 값 추출]로 텍스트를 추출하는 순간, 페이지에 있는 리스트가 ❷ 테이블 형태로 자동으로 변환된다. 8단계와 9단계의 추출 결과 화면을 비교해보자.

10 검색 결과 리스트는 보통 여러 페이지로 구성되어 있으므로 몇 페이지까지 검색할지 설정하는 것이 좋다. 웹 페이지 아래로 이동하여, 다음 페이지 아이콘(❯)에 커서를 두고 [요소를 페이지 선택기로 설정] 메뉴를 선택한다.

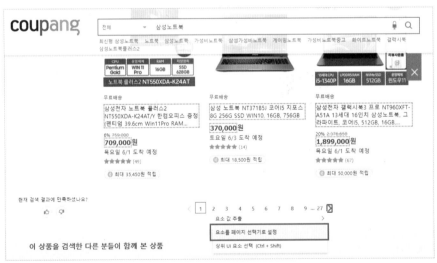

TIP

작업 [브라우저 자동화] → [웹 데이터 추출] → [웹 페이지 요소의 세부 정보 가져오기] 메뉴로 검색 결과의 마지막 페이지(27)를 추출해서, 다음 11단계의 처리할 최대 웹 페이지 수에 해당 변수를 입력하여 마지막 페이지까지 리스트를 추출할 수 있다.

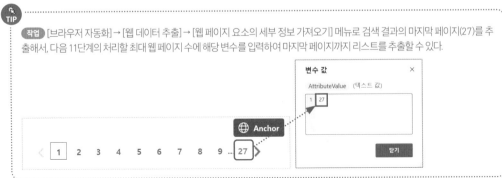

11 라이브 웹 도우미 창에서 ❶ [완료] 버튼을 누르면, [웹 페이지에서 데이터 추출] 작업 화면으로 이동한다. ❷ '처리할 최대 웹 페이지 수'에 페이지 수를 할당하기 위해서 3을 입력한다. 즉, 3페이지까지만 검색하겠다는 의미이다.

조금 더 알아보기

쿠팡에서 제품 URL 주소 가져오기

일부 웹 사이트는 개별 리스트의 URL을 추출하는 것이 동작하지 않는다. 이때는 다음과 같이 11단계의 [고급 설정] 메뉴를 이용해야 한다.

[웹 페이지에서 데이터 추출 - 고급 설정] 팝업 화면이 열리면 ❶ CSS 선택기에 'a'를 입력하고, ❷ 특성에 'Href'를 입력하고 ❸ [확인] 버튼을 눌러 저장한다.

그 결과, 개별 상품의 URL 주소가 추출되는 것을 확인할 수 있다.

12 흐름을 실행하면 사용자가 입력한 상품 리스트를 쿠팡에서 검색하고, 1~3페이지 제품 리스트를 데이터 테이블에 저장한다.

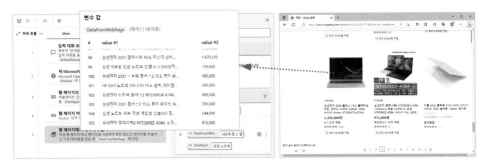

13 추출한 제품 리스트를 CSV 파일로 저장하는 로직을 추가해 보자. 작업 [파일] → [CSV 파일에 쓰기] 메뉴를 끌어서 추가한다.

❶ 웹 페이지 추출 결과 변수 %DataFromWebPage%
❷ 파일 경로와 CSV 파일 이름을 입력한다.

흐름을 실행하면 제품과 가격 2개 열을 가지는 CSV 파일이 생성된다.

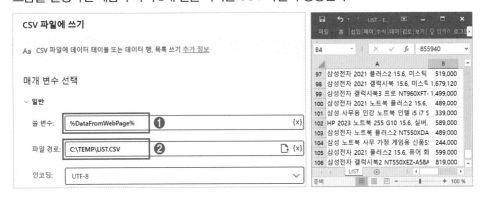

CSV 파일 알아보기

CSV 파일은 다른 응용 프로그램 간에 데이터를 교환할 때 사용된다. 엑셀 파일처럼 각 행은 레코드를 나타내며, 각 열은 해당 레코드의 속성을 정의한다. CSV 파일은 숫자와 문자로 구성된 텍스트 파일로 저장되며, 각 데이터 필드는 쉼표로 구분된다. CSV 파일은 다음과 같은 특성을 가지고 있다.

- **호환성**: 거의 모든 스프레드시트 및 데이터베이스 응용 프로그램에서 CSV 형식을 지원한다.
- **용량 효율성**: CSV 파일은 텍스트 기반 형식이기 때문에 다른 바이너리 형식보다 용량 크기가 작기 때문에 저장 공간을 절약할 수 있다.

웹 레코더 자동화:
드라마 순위를 테이블로 가져오기

브라우저 자동화는 작업 단위별로 녹화하지만 웹 레코더는 모든 작업을 한 번에 레코딩한다. 즉, 웹 레코더를 이용하면 작업을 연속으로 녹화할 수 있기 때문에 효율적이다.

UI 자동화와 데스크톱 레코더의 관계와 마찬가지로 웹 레코더로 녹화한 흐름은 브라우저 자동화의 개별 메뉴를 구성한다. 브라우저 자동화와 웹 레코더는 상황에 따라 조합해서 사용하는 것이 좋다.

> 브라우저 자동화의 개별 메뉴를 사용하면 웹 페이지 유형에 따라서 의도한 대로 녹화되지 않는 경우가 발생하기도 한다. 이때는 웹 레코더로 대체해 보자. UI 속성을 더 정확하게 인식할 수 있다.

RPA는 자동화를 개발하는 도구일 뿐, 자동화 흐름을 자동으로 만들어주는 마법 같은 도구는 아니다. 간혹 사용자 작업 과정을 녹화하고 구현할 때 여러 가지 상황으로 예기치 못한 오류를 만날 수도 있다. 오류에 대한 해결법에는 정답이 있을 수도 있지만 어떤 경우에는 여러 가지 대안 방법을 시도해 봐야 한다. 웹 레코더로 녹화한 작업에 오류가 발생하면 브라우저 자동화의 개별 메뉴로 대체하거나 마우스나 키보드 녹화 기능을 사용해야 할 수도 있다.

웹 레코더를 이용해 다음(daum) 웹 사이트에서 드라마 순위를 검색하고 엑셀로 저장하는 자동화 실습을 진행해 보자.

> 최신 PAD 버전에는 데스크톱 레코더와 웹 레코더는 하나로 통합되었고, 모두 레코더라고 부른다. 이 책에서는 두 가지 기능을 구분하기 위해서 데스크톱 레코더와 웹 레코더라는 용어를 그대로 사용한다.

<u>01</u> 새로운 흐름을 생성하고 나서 흐름 디자이너 위의 레코더 아이콘(◉)을 누른다.

<u>02</u> 레코더 팝업 화면이 열린다. ❶ 추가 작업 아이콘(⋮)을 누르고 ❷ [새 웹 브라우저 실행] 메뉴에서 자주 사용하는 브라우저를 선택한 후에 다음 화면으로 이동한다.

<u>03</u> 웹 브라우저 주소창에 다음 포털 URL(https://www.daum.net)을 입력한다. 레코드 아이콘을 눌러서 브라우저 자동화 녹화를 시작한다.

❶ [레코드] 버튼을 눌러 레코딩을 시작한다. 녹화를 잠시 중단하고 싶은 경우는 [일시 중지] 버튼을 누른다.

❷ 'about:blank(으)로 이동' 작업에 URL 주소가 자동으로 입력된다.

> **TIP**
> 웹 사이트 유형에 따라서 녹화한 UI 요소가 동작하지 않는 경우가 있다. 이러한 경우는 JavaScript 사용을 고려해 볼만하다. 해당 내용은 MS RPA 카페의 [교재 보강 자료] 게시판을 참고하도록 하자.

<u>04</u> 검색 창에 마우스 커서를 옮겨 강조 표시가 나타나면 "드라마 순위"를 입력한다. 레코더 화면에 [웹 페이지의 텍스트 필드 채우기] 작업이 추가된다. 해당 작업은 사용자의 모든 작업 과정을 녹화하므로 버튼을 잘못 눌렀다면 삭제 아이콘(🗑)을 눌러 해당 작업을 삭제한다.

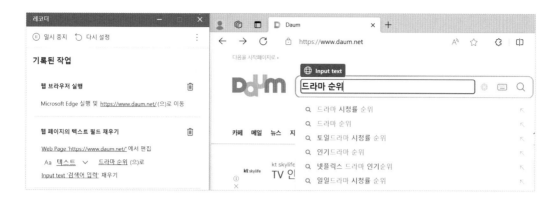

<u>05</u> 이번에는 검색 버튼을 누르는 작업을 녹화한다.

<u>06</u> 드라마 순위 결과는 테이블 표 형태로 제공된다. 결과 리스트에 커서를 옮겨서 마우스 우클릭하여 팝업되는 메뉴에서 ❶ [요소 값 추출] → [전체 HTML 테이블 추출] 메뉴를 선택한다. 레코더 작업 화면에 [데이터 추출] 작업이 추가되면 ❷ [완료] 버튼을 누른다.

<u>07</u> [설명(주석)]을 포함하여 다음 포털에서 검색한 결과를 추출하는 작업이 완성된다. 실행 아이콘을 눌러서 흐름을 생성하면, 브라우저를 실행하고 드라마 순위 데이터를 가져온 후에 %OutputData% 변수에 저장한다. 변수를 더블클릭하면, 데이터 테이블 형태의 구조로 데이터가 저장되어 있는 것을 확인할 수 있다.

08 드라마 순위를 변수 대신에 엑셀 파일로 저장하도록 6번째 라인의 [웹 페이지에서 데이터 추출] 작업을 열어서 '데이터 저장 모드' 옵션을 [Excel 스프레드시트]로 변경하고 저장한다. 그런 후에 흐름을 실행하면, 이번에는 엑셀 파일에 드라마 순위가 저장되는 것을 확인할 수 있다.

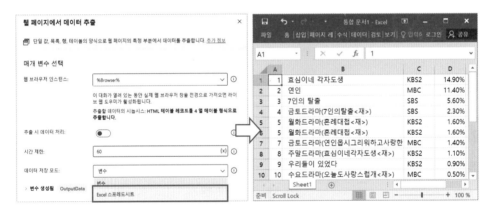

09 엑셀 파일을 저장하기 위해서 작업 [Excel] → [Excel 저장] 메뉴를 끌어 놓는다.

❶ 저장 모드: [다음 형식으로 문서 저장]

❷ 문서 형식: [기본(확장명 사용)]

❸ 문서 경로: 저장하려는 폴더 경로와 파일 이름을 입력한다.

흐름을 실행하면 추출한 데이터를 "드라마순위.xlsx"라는 이름의 엑셀 파일로 저장한다.

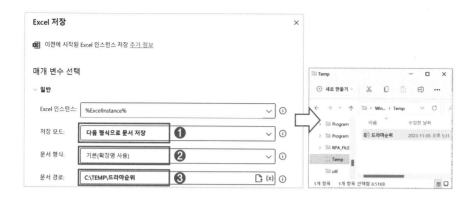

브라우저 자동화 오류 문제

개인 PC의 사양과 환경에 따라서 웹 페이지를 읽을 때 예상치 못한 오류를 만날 수 있다. 예를 들어, 다음 과 같이 웹 페이지를 열고 나서 웹 페이지에 텍스트를 입력할 때 오류가 발생하는 경우이다. 해당 오류에 대한 해결책에는 여러 가지 방법이 있을 수 있다.

브라우저를 시작할 때는 빈 페이지(about:blank)를 연 후에 웹 사이트로 이동하는 작업을 추가하는 방법도 활용할 수 있다. 웹 브라우저의 로딩 작업이 완료될 때까지 대기 시간을 조금 더 확보할 수 있기 때문이다. 웹 페이지 이동 작업은 [브라우저 자동화] → [웹 양식 채우기] → [웹 페이지로 이동] 메뉴를 선택하면 된다.

웹 검색 결과
메일로 전송하기

포털 사이트에서 관심 뉴스 또는 검색 결과를 자동으로 이메일로 받아 볼 수 있다면 좋지 않을까? 그것도 매일 아침 일어나기 전에 로봇 비서가 정리해서 메일을 보내 준다면 금상첨화일 것 같다.

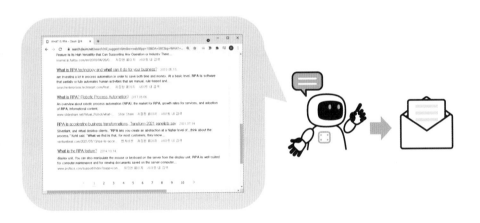

웹에서 검색한 결과는 일반적으로 각 페이지에 리스트 형태로 표시된다. 링크를 포함한 제목과 세부 내용으로 구성된 일종의 게시판 형태이다. PAD는 웹 페이지에 출력된 목록에서 한 행을 추출하면 다른 모든 행의 결과도 자동으로 추출하는 기능을 지원한다.

온라인 서점 yes24(https://yes24.com)에서 RPA와 관련된 서적 정보를 추출해서 메일로 전송하는 실습을 진행해 보자. 물론, 네이버나 다음과 같은 포털 사이트에서 자신이 원하는 검색 결과로 진행해도 좋다. 기본적인 추출 원리는 동일하기 때문이다.

실습에 들어가기 전에 웹 사이트의 페이지 추출 시 주의할 점에 대해서 알아보자.

웹 사이트마다 페이지 설정 및 다음 페이지로 이동하는 방법은 다를 수 있다. 앞서 실습한 [2.2 웹 스크래핑: 쇼핑몰 검색 결과 추출하기]에서는 [페이지 선택기]를 활용하여 검색 결과를 한 페이지씩 이동하면서 추출했다.

반면에, 온라인 서점 yes24에서 다음 페이지 아이콘(❯)을 누르면 10페이지씩 이동한다. 다른 웹 사이트는 페이지 이동 자체가 동작하지 않는 경우도 있다. 이런 경우에는 한 페이지씩 결과를 추출하려면 페이지를 이동하는 로직을 적용해야 한다.

<u>01</u> 새로운 흐름을 생성한 후 [작업] [브라우저 자동화] → [새 Chrome 시작] 메뉴를 추가하고, 웹 사이트 주소(https://www.yes24.com)를 입력한다. 이외 [웹 페이지의 텍스트 필드 채우기] 작업으로 'RPA'를 입력하고, [웹 페이지 버튼 누르기] 작업으로 검색 버튼을 누르는 작업은 이전 실습을 참고하여 각자 추가하자.

<u>02</u> [웹 페이지에서 데이터 추출] 작업을 추가하여, 첫 번째 검색 결과 목록에 마우스 커서를 두고 마우스 우클릭하여 팝업된 메뉴에서 ❶ [요소 값 추출] → [텍스트] 메뉴를 선택한다. 그리고 ❷ 해당 도서의 URL 주소인 Href 속성도 추출한다.

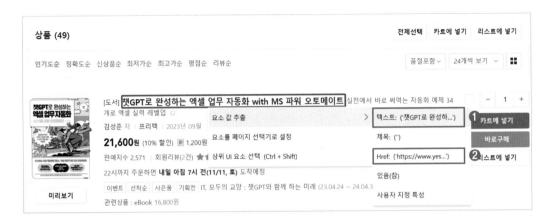

03 두 번째 검색 결과 목록에 마우스 커서를 두고 2단계와 같은 방법으로 텍스트를 추출한다. 그 결과, 2단계에서 기록된 [웹 페이지 요소 세부정보 가져오기] 작업이 '데이터 행'에서 '데이터 테이블' 추출 작업으로 자동 변환된다.

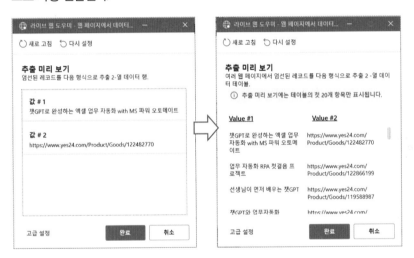

04 웹 레코딩 작업을 완료하고 흐름을 실행해 보자. 2단계와 3단계에서 검색 결과 중 2개 목록만 추출했지만, 웹 페이지 내의 모든 리스트가 자동으로 추출된 것을 볼 수 있다. 즉, 웹 검색 결과가 목록으로 조회되는 형태는 [웹 페이지에서 데이터 추출] 작업을 이용하면 페이지 단위로 목록 전체를 자동으로 가져온다. 웹 검색 결과는 제목과 URL 주소가 함께 제공되면 정보를 접근하는 데 더욱 유용하다. 흐름을 실행하면 해당 도서의 URL 주소도 데이터 테이블로 추출했음을 알 수 있다.

05 첫 페이지 검색 결과가 추출되었다. 웹 사이트 하단으로 이동하여, 2페이지 버튼을 누르면 웹 페이지 주소 마지막에 page=2라는 값이 조회되는 것을 확인할 수 있다. 대부분의 웹 사이트는 이와 같이 페이지를 구분할 때 page 파라미터를 이용하기 때문에 각 페이지를 1, 2, 3과 같이 증가하면서 이동할 수 있다. 해당 주소를 복사하자.

https://www.yes24.com/생략&page=2

06 작업 [브라우저 자동화] → [웹 페이지로 이동] 메뉴를 [웹 페이지에서 데이터 추출] 작업을 앞으로 추가하고, URL 주소를 붙여 넣는다. 이때 '잘못된 값'이라는 오류 메시지가 조회되는데, 백분율 기호(%)는 PAD에서 변수를 정의하는 특수문자이므로 발생한 오류이다. % 기호를 %%로 모두 변경한 후에 다시 입력하면 오류 메시지가 사라진다.

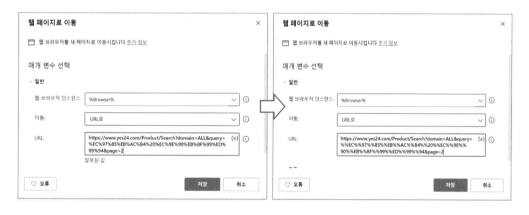

07 원하는 페이지만큼 반복하기 위해서 ❶ [반복] 작업을 [웹 페이지로 이동] 작업 앞으로 끌어 놓는다. ❷ 시작은 첫 페이지 1, 끝은 마지막 페이지 3, 증가는 1을 입력한다. ❸ [반복] 작업에서 생성되는 현재 반복 순번을 저장하고 있는 변수 %LoopIndex%는 뒤이어 나올 9단계에서 페이지로 이동하는 역할을 한다.

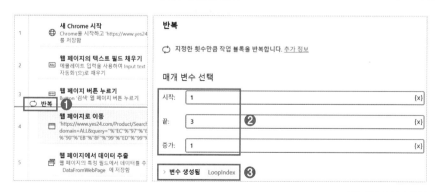

08 [반복] 작업 내에서 [웹 페이지로 이동]하고, [웹 페이지에서 데이터 추출]을 수행하기 위해서 [End] 끝 작업을 2개 작업 아래로 이동한다.

09 앞서 추가한 [웹 페이지로 이동] 작업을 열어서 페이지 2 숫자를 [반복] 작업의 현재 반복 순번은 %LoopIndex%로 변경한다.

page=2 ⟹ **page=%LoopIndex%**

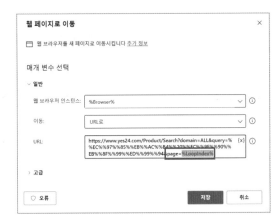

이제 도서 제목과 URL 정보를 메일로 보내는 작업을 구현해 보자.

01 먼저, 도서 제목과 URL을 저장할 목록 변수를 생성한다. `작업` [변수] → [새 목록 만들기] 메뉴를 선택하고, [반복] 작업 이전에 끌어 놓는다.

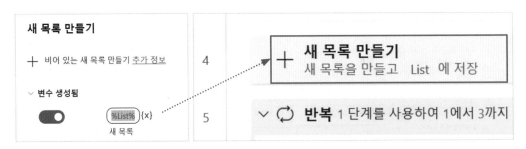

02 이번에는 다음과 같이 도서 제목과 연결된 URL 주소를 제목 바로 밑에 추가하는 작업을 진행해 보자.

List　(목록 텍스트 값)

#	항목
0	챗GPT로 완성하는 엑셀 업무 자동화 with MS 파워 오토메이트
1	https://www.yes24.com/Product/Goods/122482770
2	업무 자동화 RPA 첫걸음 프로젝트
3	https://www.yes24.com/Product/Goods/122866199

웹 페이지에서 추출한 %DataFromWebPage% 데이터 테이블을 반복하면서, 한 줄씩 추출하면서 목록에 저장해야 한다. [각각의 경우] 작업을 [웹 페이지에서 데이터 추출] 작업 다음으로 추가하자.

03 [목록에 항목 추가] 작업 2개를 반복문 안에 추가해서, 제목과 URL 주소를 목록에 삽입한다.

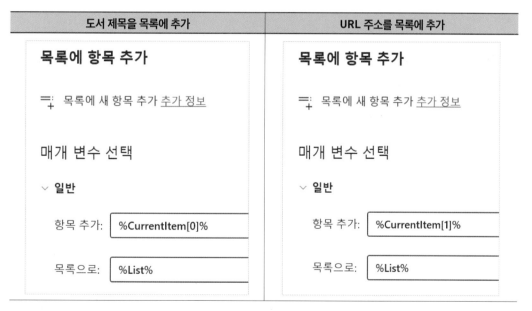

04 흐름을 실행하면, 목록 변수 %List%에 도서 제목과 URL 주소가 차례대로 추가된 것을 확인할 수 있다.

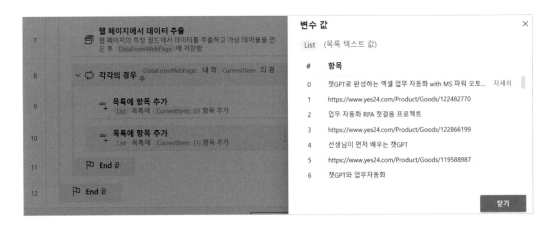

지금부터 살펴볼 내용은 브라우저 자동화 작업이 아니라, 검색 결과를 메일로 보내고자 **메일 서버 정보를 확인하는 절차**이다.

<u>05</u> 먼저 네이버와 같은 이메일 서비스에 접속해서 환경 설정 메뉴로 이동한다. 회사에서 별도로 이메일 서버를 구축한 경우에는 시스템 관리자에게 해당 정보를 확인해야 한다.

❶ 네이버 메일은 [내 메일함] 메뉴에 있는 [환경설정]을 누르면 메일 환경을 설정하는 화면으로 이동한다.
❷ 환경 설정 화면에서 [POP3/IMAP 설정] 메뉴를 선택한다.
❸ POP3/SMTP 사용: [사용함]으로 설정한다.
❹ 원본 저장: [네이버 메일에 원본 저장]을 선택한다.

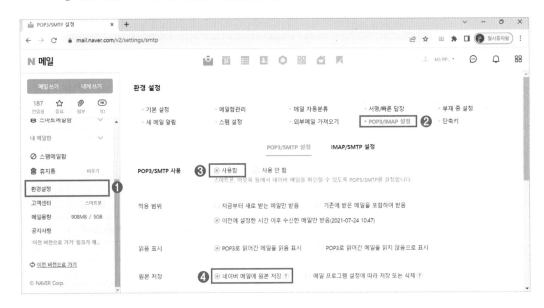

<u>06</u> [저장]을 눌러 설정을 완료한 후에 스크롤을 내려 [메일 프로그램 환경 설정 안내]란에서 SMTP 서버명과 SMTP 포트를 복사한다.

❶ SMTP 서버명: smtp.naver.com, SMTP 서버는 메일을 보내는 역할을 한다.

❷ SMTP 포트: 465로, 메일을 보낼 때 사용하는 포트 번호이다.

07 (작업) [이메일] → [이메일 보내기] 메뉴를 끌어 놓고 [이메일 보내기] 작업의 매개 변수를 설정한다.

❶ SMTP 서버: 6단계에서 복사한 SMTP
서버명을 붙여 넣는다.

❷ 서버 포트: 6단계에서 복사한 SMTP 포
트 번호를 입력한다.

❸ [SSL 사용]을 활성화한다.

❹ [SMTP 서버에 인증 필요]를 활성화
한다.

❺ 사용자 이름과 암호: 본인의 네이버 아
이디와 비밀번호를 입력하고 저장한다.

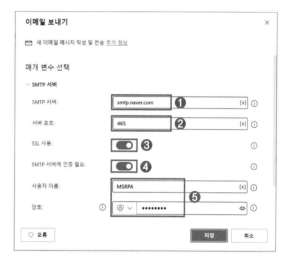

TIP

Microsoft 메일 계정을 사용하는 경우는 다음과 같이 설정하면 된다.

- **SMTP 서버명: smtp.office365.com**
- **SMTP 포트 번호: 25**
- **사용자 이름: msrpa**(본인의 아이디)**@outlook.com**(도메인 주소를 포함)

08 일반 옵션을 펼친 후에 메일 전송과 관련된 정보를 입력한다.

❶ 메일 정보 세부 입력 기능 펼치기

❷ 보낸 사람: 메일을 보낸 사람의 주소 입력(즉, 발신자의 이메일 주소)

❸ 발신자 표시 이름: 메일 보낸 사람 이름

❹ 받는 사람: 메일을 받을 사람의 주소 입력

❺ 제목: 메일 제목 입력(메일 제목 뒤에 날짜를 넣는 것도 좋다)

❻ 본문: 메일 내용(검색 결과 제목과 URL 주소를 저장한 목록 변수 **%List%**를 입력)

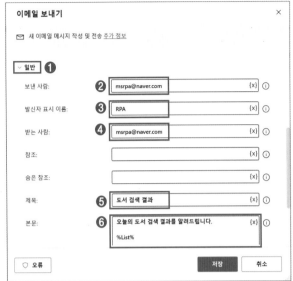

이외에도 첨부 파일을 추가할 수도 있다.

09 흐름을 실행하면, 도서 제목과 URL 주소 리스트가 포함된 메일이 정상적으로 발송된 것을 확인할 수 있다.

텍스트에 URL 링크 연결하기

기본적인 HTML 태그를 적용하면 텍스트에 URL 링크를 연결할 수 있다. HTML 태그를 설명한 글은 인터넷에서 쉽게 검색할 수 있으므로 기본적인 내용은 스스로 학습하기로 하자.

텍스트에 URL 링크를 추가하는 HTML 태그는 다음과 같다. 이해를 돕고자 다음으로 연결하는 코드를 예로 들어보자.

링크 HTML 문법	다음 접속 HTML 예제
<a href="URL">텍스트</a>	<a href="https://daum.net">다음 접속</a>

이번 실습의 3단계(메일 발송 자동화)를 하나의 작업으로 통합하고, 채용 제목에 해당 URL 링크를 포함하도록 HTML로 만든다.

<a href="%CurrentItem[1]%">%CurrentItem[0]%</a>

그리고 3단계의 이메일 발송 작업에서 [본문이 HTML임] 옵션을 활성화한다.

흐름을 실행하면 도서 제목 제목에 링크를 추가한 HTML이 포함되어 메일이 전송된다.

도서 제목이 한 줄로 나오는 문제를 해결하고자 HTML 줄 바꿈 태그인
을 맨 앞에 추가한다.

드디어 도서 제목 텍스트에 URL 링크가 연결된 메일을 수신한 것을 확인할 수 있다.

HTML 콘텐츠 만들기

작업 [텍스트] → [HTML 콘텐츠 만들기] 메뉴를 이용하면, 앞서 소개한 것과 같이 도서 제목에 URL 링크를 설정하거나 이메일 본문 내용의 폰트 크기와 색상을 변경하여 HTML 콘텐츠를 쉽게 생성할 수 있다. [텍스트 편집기] 옵션을 활성화하면 HTML 코드 수정이 가능하다.

나라장터에서
전자 입찰 정보 검색하기

정부가 운영하는 나라장터(G2B.go.kr)는 공공 구매 및 조달 정보를 제공하는 웹 포털이다. 나라장터에 매일 신규로 등록되는 공공 입찰 정보를 검색하는 업무 자동화를 구현해 보자. 이때, 드롭다운 리스트와 라디오 박스와 같은 다양한 웹 UI 요소를 자동화하는 방법에 대해서 소개한다.

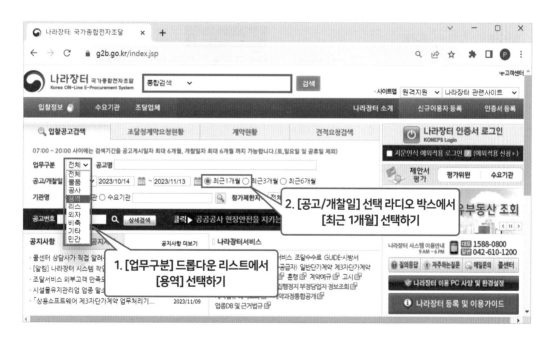

01 신규 흐름을 생성하고, 나라장터(https://www.g2b.go.kr/) 사이트를 여는 [새 Chrome 시작] 작업을 추가한다. 그리고 [업무구분] 드롭다운 리스트에서 [용역]을 선택하기 위해서, 작업 [브라우저 자동화] → [웹 양식 채우기] → [웹 페이지 드롭다운 목록 값 설정] 메뉴를 삽입한다. [UI 요소 추가] 버튼을 눌러서 업무구분 항목을 녹화한다. 이때, '작업' 중 ❶[이름을 사용하여 옵션 선택]은 리스트의 이름을 직접 입력해야 한다. ❷[색인별 옵션 선택]은 리스트의 순번을 입력하면 된다.

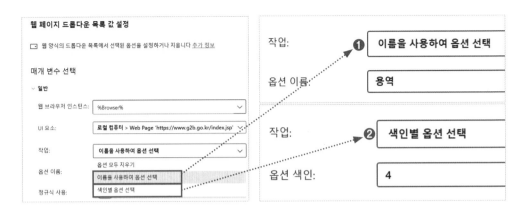

02 [공고/개찰일]에서 [최근1개월]을 선택하기 위해서, 작업 [브라우저 자동화] → [웹 양식 채우기] → [웹 페이지 라디오 버튼 선택] 메뉴를 삽입한다. [UI 요소 추가] 버튼을 눌러서, [최근 1개월] 라디오 버튼 동작을 녹화한다.

03 공고명에 검색하려는 "정보 시스템"은 ❶ [웹 페이지의 텍스트 필드 채우기] 작업으로 구현한다. 그리고 검색 버튼을 누르는 액션은 ❷ [웹 페이지에서 링크 클릭] 작업으로 녹화한다.

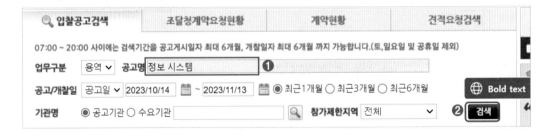

04 리스트 검색은 [2.2 웹 스크래핑: 쇼핑몰 검색 결과 추출하기] 절에서 실습했던 것처럼 [웹 페이지에서 데이터 추출] 작업으로 ❶ [전체 HTML 테이블 추출]을 선택한다. ❷ 데이터 저장 모드는 [Excel 스프레드시트]로 설정하자.

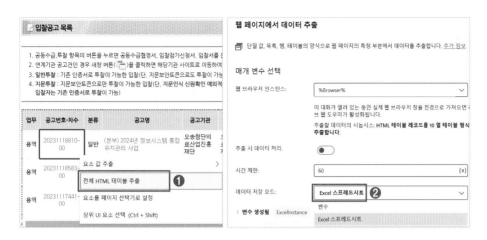

05 흐름을 실행하면 입찰 조건에 해당하는 리스트를 조회한 후에 검색 결과를 엑셀 파일에 저장하는 것을 확인할 수 있다.

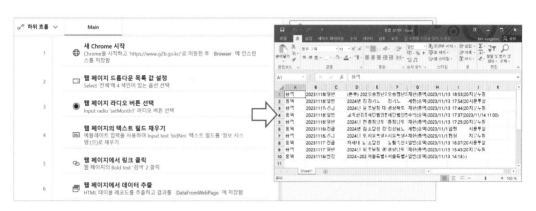

06 엑셀 파일을 저장하기 위해서 작업 [Excel] → [Excel 저장] 또는 [Excel 닫기] 메뉴를 추가한다. 매개 변수의 ❶ 저장 모드는 [다음 형식으로 문서 저장], ❷ 문서 형식은 [기본(확장명 사용)](기본 확장명은 xlsx 파일을 의미함)을 선택하고 ❸ 문서 경로는 파일을 저장할 경로와 파일명을 입력하고 저장하면 된다.

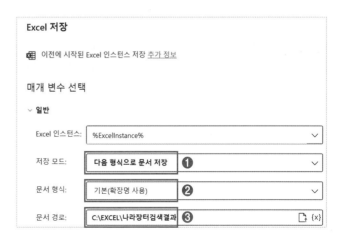

나라장터에서 여러 페이지의 검색 결과 추출하기

나라장터에서 여러 페이지를 추출하려면, [+ 더보기] 아이콘을 눌러서 다음 페이지로 이동해야 한다.

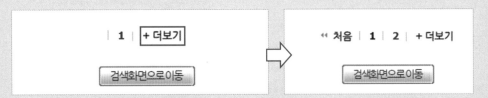

즉, 1~3페이지를 추출하려면 [반복] 작업을 추가해서 3번 반복하면서 [+ 더보기] 아이콘을 누르고 [웹 페이지에서 데이터 추출] 작업으로 검색 리스트를 추출할 수 있다. 해당 기능은 앞서 학습한 내용을 기반으로 각자 구현해 보도록 하자.

마우스·키보드 작업 자동화:
영어 번역 자동화

명절이면 매크로를 이용한 불법적인 방법으로 기차표가 대략 예약된다는 뉴스를 접하곤 한다. 이런 매크로도 일종의 자동화 프로그램이라고 할 수 있다. 이때 매크로는 마우스를 이용해 PC에서 수행하는 작업을 자동으로 반복 실행한다. 오토클릭과 같이 무료로 공개되는 매크로 소프트웨어도 있다. 간단한 마우스 반복 클릭 작업은 매크로 프로그램을 활용하는 것이 효과적이다. 또한, 스마트폰에서도 무료 버전의 이러한 반복 작업 자동화 앱을 설치할 수 있다.

RPA 도구는 마우스 작업과 키보드 자동 입력 기능을 기본으로 포함한다. 특히, 은행 웹 사이트와 같이 인증서 암호를 입력해야 하는 경우에는 UI 또는 브라우저 자동화가 인식되지 않는다. 그 대신에 마우스와 키보드 자동화를 활용할 수 있다.

마우스와 키보드 작업 자동화를 위해서는 아주 중요한 선행 작업이 있다. 그것은 사용자가 자동화의 흐름을 방해하지 않도록 입력 수단을 차단하는 것이다. 즉, 마우스와 키보드를 이용한 흐름이 실행되는 동안 사용자가 마우스 커서를 움직이거나 키보드에 값을 입력할 수 없도록 해서 자동화에 영향을 미치지 않도록 해야 한다. UI 자동화 작업도 마찬가지이다. 사용자의 마우스 조작과 키보드 입력에 순간적으로 영향을 받는다. UI 요소를 클릭하는 등의 작업을 시작하기 전에는 입력 차단을 설정하고 클릭 작업을 수행한 후에 입력 차단을 해제하는 것이 좋다.

자동화가 실행되는 동안에 PC에서 다른 작업을 병행하고 싶다는 요구사항을 종종 접하게 된다. UI, 브라우저 자동화와 마우스·키보드 자동화는 필연적으로 사용자 작업에 영향을 받을 수밖에 없다. 즉, 하나의 PC에서 여러 작업을 수행하는 것은 사실상 어렵다. 이럴 때, 여러분은 잠시 휴식을 취하면서 창의적인 상상을 하는 시간을 갖길 권장한다. 그럴 여유가 없을 정도로 바쁘다면 여분의 컴퓨터를 활용하는 것도 좋다. 더 좋은 방법은 자동화 작업 전용으로 가상머신(Virtual Machine)을 설치하는 것이다.

흔하진 않지만, RPA 자동화로 작업을 마치는 데 소요되는 시간과 사람이 손수 작업하는 데 소요되는 시간이 크게 차이가 나지 않는 경우도 있다. 그러나 시간 측면에서 개선 효과가 없더라도 사람의 수작업을 RPA가 대체할 수 있다는 것만으로도 충분한 가치가 있다. 업무 자동화의 편리함을 경험한 후에는 예전의 수작업 방식으로 다시는 돌아가고 싶지 않을 것이다.

본격적인 마우스·키보드 작업 자동화 실습 전에, 아주 중요한 선행 작업인 입력 차단을 설정하자. PAD를 관리자 모드로 실행한 후 작업 [마우스 및 키보드] → [입력 차단] 메뉴를 추가하면 흐름이 실행되는 동안 사용자의 마우스 움직임과 키보드 입력이 잠긴다. 흐름 실행 도중에 사용자가 값을 입력해야 한다면 입력 차단을 비활성화하는 단계를 다시 넣을 수 있다.

입력 차단 설정하기   입력 차단 해제하기

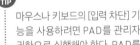

마우스나 키보드의 [입력 차단] 기능을 사용하려면 PAD를 관리자 권한으로 실행해야 한다. PAD를 관리자 권한으로 실행하는 방법은 두 가지가 있다.

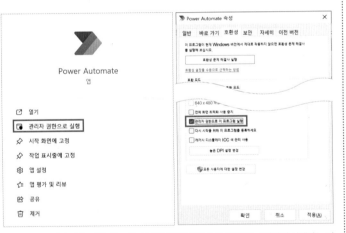

첫 번째 방법은 PAD 아이콘을 선택하고 마우스 우클릭한 다음, 팝업되는 메뉴에서 [관리자 권한으로 실행]을 클릭하여 실행하는 것이다. 그러나 이 방법은 PAD를 실행할 때마다 메뉴를 선택해야 한다는 번거로움이 있다. 따라서 두 번째 방법을 추천한다.

두 번째 방법은 프로그램 속성을 변경하는 것이다. PAD 아이콘을 선택하여 마우스 우클릭하여 팝업되는 메뉴에서 [속성]을 클릭한다. [호환성] 탭을 선택한 후, 하단의 [관리자 권한으로 프로그램 실행]을 체크한다. 프로그램 속성을 변경한 후에는 바로 가기 아이콘을 삭제하고 다시 생성하는 것이 좋다. 그리고 PAD를 관리자 모드로 실행하면 "이 앱이 디바이스를 변경할 수 있도록 허용하시겠어요?"라고 묻는 팝업이 열리는데 [예]를 누르고 진행하면 된다. 입력 차단 기능이 제대로 동작하지 않으면 PC를 재부팅하거나 관리자 권한을 가진 새로운 계정을 생성한 후에 시도해야 할 수도 있다.

이제 중요한 사전 작업도 확인했으니, 마우스와 키보드 작업으로 번역 사이트에서 한글을 영문으로 번역하여 출력하는 자동화를 구현해 보자. 실습 단계에서 마우스와 키보드 입력 차단 작업은 생략하므로 해당 기능은 각자 실습하는 것으로 한다. 단, 주의할 점이 하나 있다. **입력 차단을 설정하고 해제하지 않으면 마우스와 키보드를 조작할 수 없으므로 컴퓨터를 재부팅해야 할 수도 있다.**

번역 사이트는 파파고(https://papago.naver.com)를 이용해서 실습해 보자. 편의상 브라우저를 실행한 상태에서 자동화를 구현한다.

01 새로운 흐름을 생성한 후 <작업> [UI 자동화] → [창] → [창 포커스] 메뉴를 추가하자. ❶ '창 모드 찾기' 옵션에서는 [제목 또는 클래스별]을 선택한다. ❷ [창 선택] 버튼을 누르고, ❸ 파파고가 실행 중인 크롬 브라우저를 선택하고 [Ctrl] 키를 누른 채 마우스 좌클릭하면 Papago-Chrome이 전경으로 설정된다.

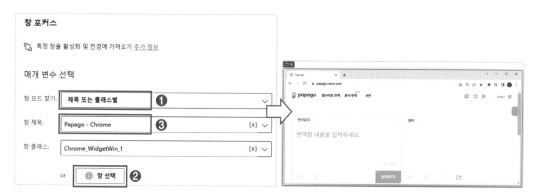

02 파파고에 번역할 내용을 입력하고자 <작업> [마우스 및 키보드] → [마우스 클릭 보내기] 메뉴를 끌어놓는다. 그리고 [마우스 이동] 옵션을 선택해서 활성화한다. (참고로, 다음 그림은 비활성화된 상태임). [마우스 클릭 보내기] 작업은 흐름 안에서 자주 사용하므로 복사 후 붙여 넣는 것이 효율적이다.

창 이동 작업

작업 [UI 자동화] → [창] → [창 이동] 작업을 이용하면 창을 고정된 위치로 이동할 수 있다. 예를 들어, UI 자동화나 브라우저 자동화에서 공인 인증서를 선택하고 패스워드를 입력하는 팝업창이 감지되지 않는 경우가 있다. 이런 경우는 마우스 및 키보내기 작업으로 자동화를 구현한다. 먼저, 팝업창을 화면 왼쪽 상단 등의 고정된 위치로 이동한 후에 화면의 좌표를 이용해서 마우스 커서를 이동하고 [키 보내기] 작업으로 값을 입력한다.

03 [마우스 클릭 보내기] 작업의 X와 Y 필드는 PC 화면의 좌표를 뜻한다. 브라우저에서 번역할 내용을 입력하는 창에 마우스 커서를 옮기고 [Ctrl]+[Shift] 키를 누른 상태에서 마우스 좌클릭한다. 그러면 자동으로 X와 Y 좌표 값이 설정된다.

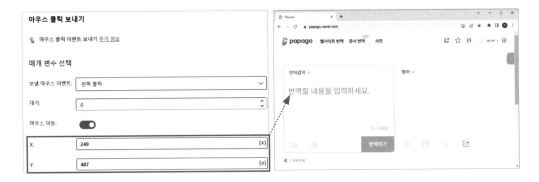

마우스 좌표에 변수를 사용해서 동적으로 적용하기

[마우스 클릭 보내기] 작업의 X와 Y 좌표에 변수를 입력하면 일정한 간격을 두고 클릭을 반복할 수 있다. 다음과 같이 X 좌표를 저장하는 변수 %xpos%와 Y 좌표를 저장하는 %ypos% 변수를 생성한 후에, 반복하면서 값을 증가하면 일정한 간격을 두고 원하는 위치를 클릭할 수 있다.

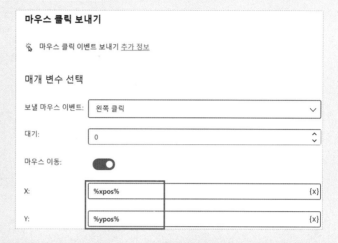

04 번역할 내용을 사용자가 입력할 수 있도록 작업 [메시지 상자] → [입력 대화 표시] 작업을 추가한다.

05 [키 보내기] 작업을 추가하고 ❶ '키 보내기' 매개 변수의 4가지 옵션 중에서 [포그라운드 창]을 선택한다. 옵션 중 [UI 요소]는 UI 요소를 녹화해서 활용한다. ❷ '보낼 텍스트'에는 사용자가 입력한 값(%UserInput%)을 입력한다.

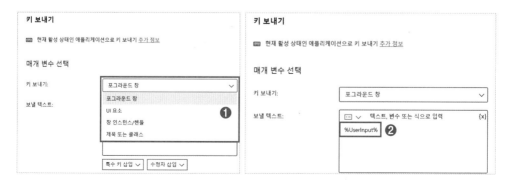

[키 보내기] 작업 살펴보기

[키 보내기] 작업으로 [Ctrl]+[A](모두 선택하기)와 [Ctrl]+[C](복사하기) 등의 윈도우 단축키를 입력할 수 있다.

다음과 같이 입력하면 화면의 데이터를 모두 선택한 후에 클립보드로 복사하는 기능을 수행한다.

{Control}({A})

{Control}({C})

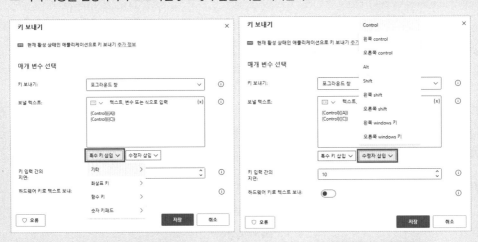

[키 보내기] 작업에는 [특수 키 삽입]과 [수정자 삽입] 두 가지 옵션이 있다. 다양하게 키를 입력하면서 각자 테스트해 보자. 특수 키는 [Enter]와 같은 특수한 기능을 하는 키이며, 수정자는 다른 키와 함께 사용되어 그 키의 기능을 변형하거나 보조하는 [Ctrl]과 같은 키를 의미한다.

[특수 키 삽입]　　　　　　　　　　　[수정자 삽입]

06 파파고의 [번역하기] 버튼을 누르는 [마우스 클릭 보내기] 작업을 추가한다.

07 [복사하기] 아이콘을 누르는 [마우스 클릭 보내기] 작업을 하나 더 추가한다.

08 [복사하기] 아이콘으로 복사한 텍스트 값은 클립보드에 저장된다. 작업 [클립보드] → [클립보드 텍스트 가져오기] 메뉴를 추가해서, 클립보드에 저장된 값을 변수로 가져온다.

09 메시지 박스를 추가해서 번역 결과를 보여주자. 8단계에서 클립보드에서 가져온 텍스트를 저장한 변수 %ClipboardText%를 입력한다.

10 흐름을 실행해서 번역할 내용을 입력하고 번역된 결과를 확인해 본다. 번역 결과에 빈값이 출력된다면 번역을 수행하기 전에 복사 아이콘을 눌렀기 때문이다.

11 대기 시간을 1초로 설정하는 작업을 7단계 작업 앞에 추가해서 다시 실행해 보자. 대기 시간은 다음과 같은 방법으로 추가할 수 있다.

❶ **작업** [흐름 제어] → [대기] 메뉴를 추가하고 '기간' 필드에 1초를 뜻하는 1을 입력한다.

❷ 7단계 [마우스 클릭 보내기] 작업의 '대기' 시간에 1000을 입력한다. 마우스를 클릭하기 전에 지연 시간을 1초를 설정하겠다는 의미이다. 시간 단위는 밀리 초(1/1000)이다.

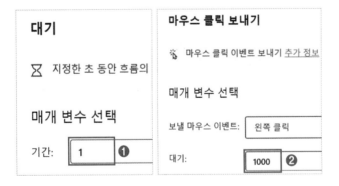

12 이제 흐름을 실행하면 번역 결과가 메시지 창으로 출력되는 것을 확인할 수 있다.

[이미지로 마우스 이동]

화면에서 찾은 이미지 위로 마우스를 이동
해서 클릭하는 방법에 대해서 알아보자.
작업 [마우스 및 키보드] → [이미지로 마우
스 이동] 메뉴를 추가하고 ❶ [이미지 선택]
버튼을 누른다. 그리고, ❷ [이미지 캡처] 버
튼을 누르거나 오른쪽 화살표를 누른 후에
❸ [지연으로 이미지 캡처] 버튼을 선택하고
찾을 이미지 영역을 드래그하여 해당 이미
지 영역을 녹화한다.

[지연으로 이미지 캡처] 버튼을 누르면 대기 팝업 화면이 열리고
이미지 캡처를 하기 전에 일정 시간 동안 대기한다.

이후 마우스를 이미지로 위로 이동한 후 클릭 기능 등을 추가하면 된다.

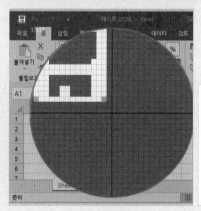

고급 옵션에는 유용한 기능이 있다. '다음에서 이미지 검색' 영역을 [전경 창만]으로 선택하자. 이렇게 자동
화 대상 엑셀 파일만 전경 창으로 나오게 설정하면 다른 엑셀 파일이 열려 있더라도(똑같은 [저장] 버튼이 여
러 개라도) 전경 창에서만 이미지를 찾으므로 간섭을 받지 않는다.

엑셀 파일을 전경 창으로 설정하는 방법은 <mark>작업</mark> [UI 자동화] → [Windows] → [창 상태 설정] 메뉴를 이용하면 된다. 이와 같이 마우스 동적 클릭 기능과 이미지로 마우스 이동 작업을 조합하면 단순 반복 작업을 효율적으로 자동화할 수 있다.

UI 자동화
더 알아보기

7.1 UI 자동화 세부 속성 변경하기

UI 자동화로 녹화한 UI 요소는 **프로그램 창 제목까지 저장**한다. 날짜나 시간이 프로그램 창 제목에 포함되면 창 이름이 매번 달라지기 때문에 자동화 실행 시 오류가 발생할 수 있다. 즉, 문제없이 잘 동작하던 데스크톱 자동화 흐름이 어떤 경우에는 동작하지 않는다는 것이다.

RPA 자동화는 매일 실행되는 작업이 대다수이므로 엑셀 파일명 뒤에 날짜가 붙는 경우가 많다. 예를 들어, 다음 엑셀 파일은 날짜를 포함해서 '테스트_0727'이라는 이름으로 저장되었다. 이 엑셀 파일의 저장 버튼(🖫)을 누르는 UI 요소를 추가했다고 가정하자. 녹화된 UI 요소 이름에는 '테스트_0727'이라는 엑셀 파일 이름이 포함된다.

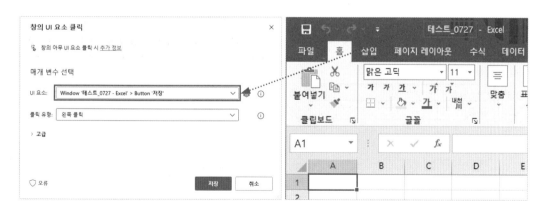

그런데 다음 날 자동화 흐름을 실행하려면 '테스트_0728.xlsx'이라는 파일을 열어서 작업해야 한다.

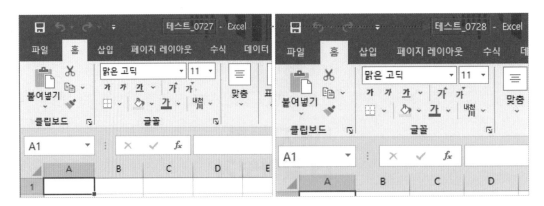

| 7월 27일 날짜가 포함된 엑셀 파일 | 7월 28일 날짜가 포함된 엑셀 파일 |

파일을 여는 작업까지는 문제가 없는데, 저장 버튼을 누르는 UI 요소 작업에서 오류가 발생한다.

그 이유는 바로, 파일 이름에 포함된 날짜와 녹화된 UI 요소 이름의 날짜가 다르기 때문이다.

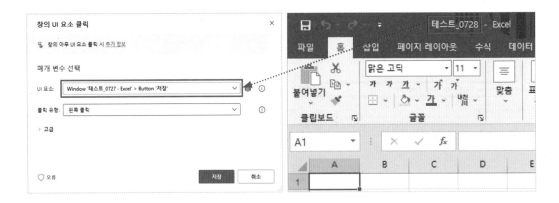

원인을 알면 간단한 문제이지만, 자동화 실행 중 이와 같은 오류를 접하면 자동화에 대한 불신이 생길 수 있다. 더군다나 실무자는 바쁜 업무로 해결책을 찾아볼 시간과 동기가 부족하다. IT 부서의 적절한 지원이 없으면 사용자는 자동화 구현을 주저하게 된다. 나 역시, 해당 문제에 처음 직면했을 때 자동화의 안정성에 대한 의문이 들었다. 해결하지 못하면 자동화 확산에 큰 걸림돌이 될 것이라는 생각마저 들었다. UI 요소 이름 문제가 다른 RPA 도구에도 공통으로 발생하는지 궁금해서 타사의 RPA로 동일하게 테스트해 보았다. 데스크톱 레코딩이라는 개념은 비슷하므로 다른 RPA 도구도 마찬가지 문제가 있었다.

UI 요소 이름과 관련된 문제는 모든 응용 프로그램에서 공통으로 발생한다. 예를 들어, SAP ERP에서 자재 코드 특성을 조회할 때 다른 자재 코드를 입력하면 창 이름이 달라진다. 그러므로 첫 번째 자재 코드로 녹화한 UI 요소는 다른 자재 코드로 조회하면 동작하지 않는다.

자재 코드에 따라 달라진 창 이름

이와 같은 UI 요소 이름 문제를 근본적으로 어떻게 해결할 수 있는지 함께 알아보자.

01 새로운 흐름을 생성한 후 엑셀 파일의 [저장] 버튼을 누르는 액션을 UI 요소로 추가하자. 다음 3가지 방법을 사용할 수 있다.

1. 데스크톱 레코더로 녹화하기
2. 작업 [UI 자동화] → [양식 채우기] → [창의 단추 누르기] 메뉴 이용하기
3. 작업 [UI 자동화] → [창의 UI 요소 클릭] 메뉴 이용하기

[창의 단추 누르기]와 [창의 UI 요소 클릭]은 비슷한 기능을 수행하는데, [창의 UI 요소 클릭] 메뉴가 더 다양한 클릭 유형을 제공하는 등 기능과 범위가 넓다는 정도로 이해하는 것이 좋다.

<u>02</u> PAD 흐름 디자이너 오른쪽 변수 확인 창에서 UI 요소 전체 목록을 확인하고자 ❶ UI 요소 아이콘 (◈)을 누른다. UI 요소 이름에 포함된 '0727'이라는 텍스트를 삭제해서 '0728'이라는 엑셀 파일에도 동작하게 하려 한다. ❷ UI 요소 리스트를 선택하면 나타나는 ⋮ 버튼을 클릭하고 나서 ❸ [편집] 메뉴를 선택하자.

TIP
UI 요소 유형에 따라서는 Window 하위의 개별 UI 요소 속성도 변경해야 할 수 있다.

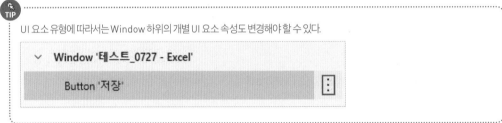

<u>03</u> 'Name'의 특성 필드 값에 엑셀 파일 이름이 저장된다.

❶ 'Excel' 문자열만 남기고 나머지 텍스트는 지운다.

❷ 연산자는 [포함]을 선택한다. 연산자의 다른 옵션도 각자 확인해 보자.

❸ [미리 보기 선택기]에서 window 속성 Name이 'Excel'로 저장된 것이 확인된다.

❹ 텍스트 편집기를 활성화하면 UI 요소 선택기를 직접 편집할 수 있다.

<u>04</u> UI 요소의 Name 속성은 변경되었다. 이제 데스크톱 흐름을 실행해 보자. 그러면 'Excel' 문자가 포함된 다른 엑셀 파일의 UI 요소 작업([저장] 버튼 누르기)도 문제없이 동작하는 것을 확인할 수 있다.

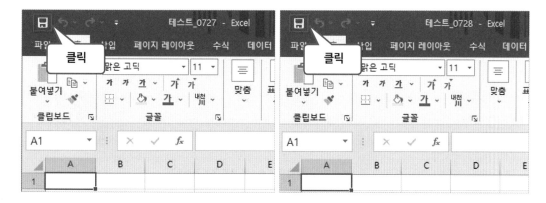

<u>05</u> UI 요소 이름을 변경하려면 UI 요소 속성에서 [이름 바꾸기] 메뉴를 이용해서 이름을 변경하면 된다.

06 다음과 같이 UI 요소 이름이 'Excel'로 변경된다.

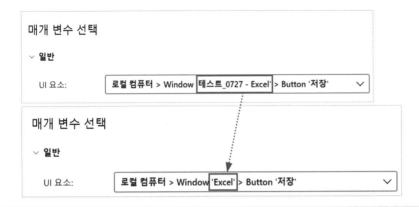

조금 더 알아보기

핸들로 윈도우 창 식별하기

핸들을 이용해 윈도우 창의 상태를 식별할 수 있다. [작업] [UI자동화] → [데이터 추출] → [창에서 UI 요소의 세부 정보 가져오기] 메뉴를 추가한다. 고급 옵션은 기본 4개의 속성이 조회된다.

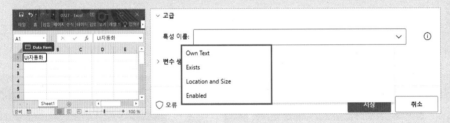

이외 더 많은 특성은 직접 입력할 수 있다. 전체 특성 리스트는 PAD 설명서 사이트를 참고하도록 하자.

(URL) **https://docs.microsoft.com/ko-kr/power-automate/desktop-flows/how-to/extract-attributes-window-elements**

UI 요소가 속하는 윈도우 창의 핸들 정보를 가져오려면 다음 특성을 입력해야 한다.

parentwindowhandle

해당 작업이 수행되면 핸들 번호가 %AttributeValue% 변수에 저장된다. 그리고 이 핸들 번호를 이용해 해당 윈도우 창의 상태를 관리할 수 있다. `작업` [UI 자동화] → [Windows] → [창 포커스] 메뉴를 추가한 후에 '창 모드 찾기' 속성에서 [창 인스턴스/핸들별]을 선택한다. 그리고 '창 인스턴스'에 변수 %AttributeValue%를 입력한다.

엑셀 프로그램을 최소화한 후에 흐름을 실행하면 핸들 번호를 이용해 윈도우 창이 포커스되는 것을 확인할 수 있다.

7.2 UI 요소 이름 동적으로 변경하기

앞서 UI 요소 이름과 연산자를 이용해서 UI 요소 이름을 정적으로 변경하는 방법을 알아보았다. 다음과 같이 이름에 규칙이 있는 여러 개의 파일을 자동화 대상으로 처리할 때는 **UI 요소 이름을 동적으로 변경**하는 방법을 적용할 수 있다.

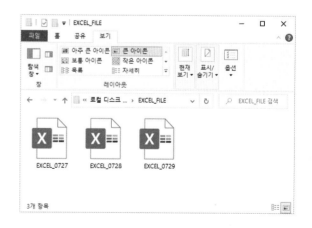

'0727', '0728', '0729'처럼 파일 이름에 일정한 패턴의 날짜를 포함할 때는 UI 이름에 변수를 넣어서 동적으로 UI 속성을 변경할 수 있다. 앞 절의 실습처럼 [창의 단추 누르기]로 엑셀 저장 버튼을 누르는 작업을 녹화하고 3단계 [선택기 작성기] 과정에서 본 ❶ [텍스트 편집기] 옵션을 활성화한다. 그러면 사용자가 직접 UI 요소를 변경할 수 있는 ❷ [텍스트 편집기] 화면으로 전환되는데, 해당 이름에 변수를 입력해서 UI 요소 이름을 설정할 수 있다.

UI 요소 이름에서 날짜 부분을 변수로 대체한다.

:desktop > window[Name="테스트_0727 - Excel"][Process="EXCEL"]

⬇

:desktop > window[Name="테스트_%exc_date% - Excel"][Process="EXCEL"]

변수 %exc_date%를 생성하고 0727 또
는 %'0727'% 값을 입력해서 흐름을 실
행해 보자.

데스크톱 흐름을 실행하면 해당 날짜의 엑셀 파일 저장 버튼을 누른다. 즉, 변수를 사용해서 UI 요
소 이름을 동적으로 변경할 수 있다는 것을 알 수 있다. 그리고 이는 **UI 자동화의 범위를 더욱 확장**할
가능성을 열어준다.

이제, 다음 날짜(0728)를 가져오는 로직을 추가해서 일자에 맞게 UI 요소 이름을 동적으로 변경해보
자. 실습에 앞서, 현재 날짜 기준으로 일자를 더한 엑셀 파일 여러 개를 생성하자.

01 새 흐름을 생성한 후에 작업 [날짜/시간]
→ [현재 날짜 및 시간 가져오기] 메뉴를 끌어
놓는다.

<u>02</u> 작업 [날짜/시간] → [날짜/시간에 추가] 메뉴로 현재 일자에서 하루를 더한 익일을 계산한다.

<u>03</u> 날짜 타입 변수에서 월과 날짜만 가져오도록 [텍스트로 날짜/시간 변환] 작업을 추가한다.

❶ 사용할 형식: [사용자 지정]을 선택한다.

❷ 사용자 지정 형식: MMdd를 입력해서 월과 날짜(0727)만 가져온다.

❸ 샘플: 2자리 월과 2자리 날짜를 미리 볼 수 있다.

❹ 변수 생성됨: UI 요소 이름에 사용할 변수 이름 **%exc_date%**를 입력한다.

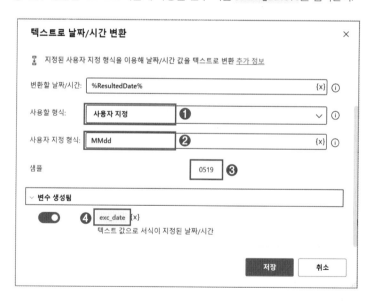

<u>04</u> 변수를 추가한 동적 UI 요소 이름이 잘 동작하는지 확인해 보자. 흐름을 실행하면 이름이 다른 2개의 엑셀 파일이 있지만, 0728을 포함한 두 번째 파일의 저장 버튼만 누른다.

이와 같은 방법으로 여러 개의 엑셀 프로그램이 열렸더라도 각각의 엑셀 파일 이름을 변수로 할당해 개별로 처리할 수 있다.

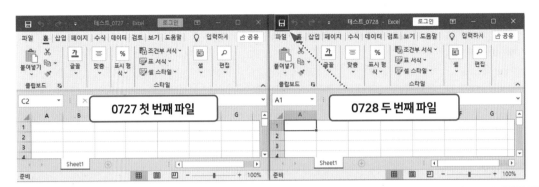

자동화 작업 오류 처리하기

사용자 작업을 녹화하는 것은 자동화 구현에서 상당 부분을 차지한다. 그런데 레코딩 작업에는 주의해야 할 중요한 문제가 있다. 이는 UI 또는 웹 자동화 실행 시 사용자의 PC 상황에 따라 프로그램 로딩에 시간 차이가 발생할 수 있다는 것이다. 버튼을 눌러야 하는 자동화 작업을 실행할 때, 애플리케이션 구동이 지연되면 UI 요소 클릭 작업이 실패하게 된다. 이외에도 다양한 상황에서 UI 요소 작업은 오류를 마주할 수 있다.

프로그램 지연과 같은 문제를 해결하기 위해 다양한 대기 작업을 활용할 수 있다. 가장 간단한 해결책으로는 **작업** [흐름 제어] → [대기] 메뉴를 추가해서 프로그램이 구동되기까지 일정 시간(초 단위)을 기다리게 하면 된다. 그리고 개별 작업이 실패하면 오류 처리 기능으로 해당 작업을 다시 시도할 수도 있다. 오류 처리는 모든 작업에서 공통으로 활용되는 중요한 기능이다. 특히 UI 자동화 작업에서는 오류 처리 기능을 적극적으로 사용하는 것이 권장된다. 오류 발생 시 재시도 기능은 설정하는 것은 최소한의 조치이다. 이번 실습 과정의 UI 요소와 관련된 작업에서 창 하단의 [오류] 버튼을 클릭하여 오류 처리 화면으로 이동해 보자.

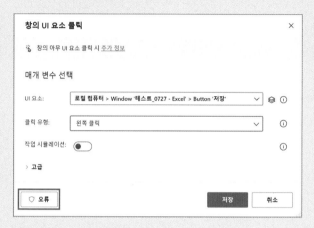

오류 처리 화면의 ❶ 재시도 정책을 [고정]으로 선택하고, 오류 발생 시 작업을 반복할 ❷ 횟수 3과 ❸ 간격 2초를 입력한다.

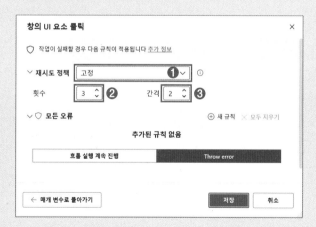

오류 처리를 저장하면 흐름 디자이너의 작업 순번 왼쪽에 오류 처리 아이콘(🛡)이 표시된다. 흐름을 실행하면 엑셀 프로그램이 로딩되어서 해당 버튼이 조회될 때까지 3번 재시도한다.

오류 처리에는 오류가 발생해도 무시하고 흐름을 계속 실행하게 하는 [흐름 실행 계속 진행] 기능이 있다. 이 기능을 클릭하면, 다음 작업으로 이동하거나 작업을 반복하는 등의 옵션을 선택할 수 있다.

예외 처리 모드에서 [레이블로 이동]을 선택하면 해당 레이블 작업으로 건너뛰어서 작업이 가능하다. 레이블은 작업 [흐름 제어] → [레이블] 메뉴를 이용해서 추가할 수 있다.

오류 처리에서 [새 규칙] 메뉴를 선택하면 변수에 오류 값을 입력하거나, 오류 발생 시 하위 흐름을 실행할 수 있다. 더 자세한 사항은 6장의 [05 자동화 작업 오류 처리하기]절을 참고하자.

∨ 🛡 **모든 오류**   ⊕ 새 규칙 ✕ 모두 지우기

변수   NewVar {x} 종료   ⬚⬚⬚⬚⬚⬚⬚⬚⬚⬚⬚   {x} 변수 설정

▷ 하위 흐름 실행

추가로, [대기] 에는 여러 가지 작업이 있다. 각 작업의 기능에 대해서 정리해 보자.

작업	기능
웹 페이지 콘텐츠 기다리기	웹 페이지에 UI 요소나 텍스트가 나타날 때까지 흐름을 대기
창 내용 대기	특정 텍스트 또는 UI 요소가 화면에 나타날 때까지 대기
파일 대기	파일이 생성 또는 삭제될 때까지 흐름을 대기
화면에서 텍스트 대기(OCR)	OCR을 이용해 화면에 텍스트나 이미지가 나타날 때까지 대기
이미지 대기	특정 이미지가 화면에 나타날 때까지 흐름을 대기
창 대기	특정 창을 열기 또는 닫기, 가져오기, 포커스를 잃을 때까지 흐름 대기
마우스 대기	마우스 포인터가 변경될 때까지 흐름 대기
대기	지정된 시간(초) 동안 대기
프로세스 대기	프로세스 시작 또는 중지될 때까지 흐름을 대기
서비스 대기	컴퓨터에서 서비스가 실행, 일시 중지 또는 중지될 때까지 흐름을 대기

MICROSOFT
POWER
AUTOMATE

엑셀은 업무 현장에서 가장 많이 사용하는 프로그램이다. PAD 기본 이론을 바탕으로 엑셀 자동화를 위한 필수 작업인 데이터 읽기, 생성 및 변경에 대한 기능을 소개한다. 엑셀 파일과 데이터 테이블의 관계를 이해하고, 반복문으로 데이터를 처리하는 기본적인 실습 단계로 진행한다. 파워 오토메이트를 처음 접할 때, 각각의 메뉴가 낯설 수 있다. 노코드 환경이지만, 파워 오토메이트는 코드 기반의 프로그래밍과 유사한 원리로 작동하기 때문이다. 책에서 제시하는 단계를 따라가면서 엑셀 자동화에 친숙해지는 과정이 필요하다. 또한, 스스로 다른 방법을 시도하면서 다양한 경험을 쌓는 것도 중요하다. PAD 역시 MS 제품이므로, 같은 MS 프로그램인 엑셀의 다양한 기능을 지원한다.

엑셀 업무
자동화하기

실행 영상 파일
https://cafe.naver.com/msrpa/31011

엑셀 프로그램 실행하고 닫기

1.1 순서도 작성하기

엑셀은 업무뿐만 아니라 실생활에서도 많이 사용하는 오피스 프로그램이다. 엑셀에서 데이터를 처리하는 작업은 사용자별로 그 사용법이 천차만별이라 다양한 시각으로 접근해야 한다. 자동화 대상을 선정할 때는 논리적인 흐름으로 구현할 수 있는지 검토하는 것이 좋다. 먼저, 작업의 순서를 정리해서 순서도(Flow Chart)를 작성해 볼 것을 권장한다. 순서도 양식은 중요하지 않다. 전체 흐름을 논리적인 순서로 설명하는 수준이면 충분하다. 순서도를 쉽게 작성하도록 돕는 소프트웨어의 도움을 받을 수도 있다.

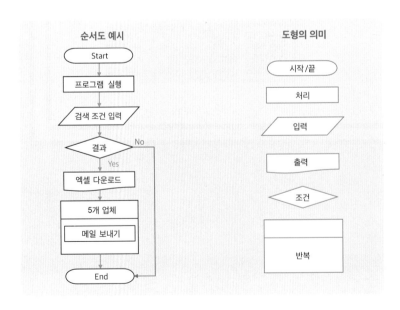

무료 소프트웨어로 순서도 작성하기

무료로 순서도를 작성할 수 있는 2가지 방법에 대해서 알아보자.

1. 비지오(Visio)

마이크로소프트 비지오는 데이터 흐름의
시각적 표현을 위해 다이어그램, 플로우 차
트, 조직도 등을 생성하는 데 사용한다. 비
지오는 다양한 도구와 템플릿을 사용하여
다이어그램을 생성하고 편집할 수 있다. 본
인의 업무 프로세스를 구조적으로 그릴 수
있어야, 업무 자동화도 구현이 가능하다.
비지오를 활용하여 흐름의 순서도를 미리
스케치할 수 있다. 자동화를 만들기 전에
비지오를 이용하여 간단한 자동화 흐름 순
서를 디자인해 보자. 다음 URL을 통해 비
지오에 접속하여 직접 사용해 보길 바란다.

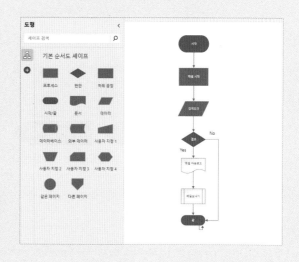

URL **https://www.office.com/launch/visio**

2. draw.io

draw.io는 순서도 작성 프로그램을 무료로 제공한다. 데스크톱용으로 프로그램을 설치하거나, 웹에서 바
로 실행할 수 있다. 드래그 앤 드롭으로 다이어그램을 연결하기 때문에 순서도를 아주 쉽게 작성할 수 있다.

URL **https://app.diagrams.net/**

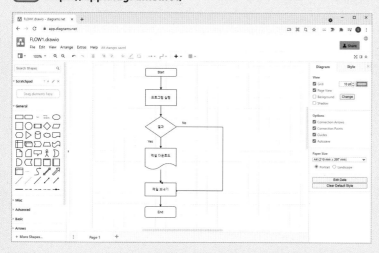

일반적인 엑셀 업무의 유형은 ERP와 같은 응용 프로그램에서 데이터를 내려받은 후에 다른 템플릿 엑셀 파일에 붙여 넣는 작업이다. 그 과정에서 엑셀 데이터와 포맷을 변경하기도 한다. 이렇게 여러 엑셀 파일에서 작업하는 이유 중 하나는 해당 파일을 다른 응용 프로그램으로 올려야 하기 때문이다. 디지털 시대에는 다양한 IT 시스템이 업무에 활용된다. 그리고 개별 시스템에서 사용하는 엑셀 양식은 가지각색이다. 사무직원들은 불가피하게 여러 개의 엑셀 파일에서 데이터를 필터링하고 정렬하고 복사한 후 다른 파일에 붙여 넣는 수작업을 해야 한다.

이러한 수작업 형태가 많은 사무직원에게서 공통으로 발견되었고, RPA 자동화의 과반수 이상은 엑셀 자동화를 포함하고 있음을 확인할 수 있었다.

ERP를 실행하고 파일로 내려받고 엑셀 데이터를 수정한다. 그리고 해당 엑셀 파일을 다시 다른 업무 시스템에 올린다. 연속적인 마우스 클릭과 키보드 입력이 이어지는 반복 작업이다. 엑셀 단축키를 잘 사용하는 숙련된 직원의 스킬은 마치 피아니스트가 건반을 치듯 현란하다. 최고의 성과와 생산성을 가진 직원임을 뽐내듯이 그 손놀림에는 자신감과 자부심이 느껴질 정도이다. RPA 프로젝트를 진행해 보니 단축키를 외워서 업무를 빠르게 처리하려는 직원은 업무 자동화에도 적극적인 열의를 보였고 교육 성과도 좋았다.

RPA를 접한 이후, 예전의 시각과는 조금 달라졌다. 단축키를 잘 사용해서 업무를 빠르게 처리하더라도, 같은 업무를 매일 같은 시간에 반복하는 것은 낮은 효율의 노동 집약적 반복 업무에 지나지 않는다. 몇 분마다 1대씩 자동차가 만들어지는 생산 라인에서는 컨베이어가 작업 속도를 결정한다(최근 스마트 팩토리 구현으로 생산 현장도 혁신적으로 변모하고 있으며 컨베이어 대신 모듈식 생산 방식이 도입되고 있다). 하지만, 사무직원은 정해진 시간과 업무 속도의 틀을 벗어날 필요가 있다. 새로운 업무 방식, 업무 효율 개선 그리고 디지털 전환 등 더 나은 내일을 위해 고민하고 준비하는 시간을 남겨두어야 한다.

엑셀 수작업은 여러 선진 IT 프로그램과 병행되기 때문에 당연히 수반되어야 하는 과정으로 받아들이기도 한다. 반복 업무에 익숙해지면 개선 방법을 찾아볼 생각조차 못하게 될 수 있다. 이미 많은 단축키로 최대한의 업무 생산성을 발휘하고 있다는 자기 합리화에 빠져 있을 수 있기 때문이다. 또한, 그 이면에는 프로그램 수정 요청 과정이 복잡하고 요청이 접수되더라도 개발이 완료되기까지는 시간이 오래 걸리는 문제도 있다. 특히, ERP 프로그램은 기업의 핵심 프로세스와 깊이 연관되어 있기 때문에 개선을 요구한 뒤, 프로그램에 반영되는 데까지는 많은 자원과 시간이 소요된다.

인사팀 담당자에게 RPA 사내 교육 과정의 필요성을 피력하고자 급하게 개선한 자동화 사례를 설명해 보려 한다. 해당 직원은 매일 ERP에서 데이터를 내려받아서 업로드용 엑셀 템플릿에 붙여 넣는 작업을 수행한다. 데이터 포맷과 날짜를 변경한 후에 웹 시스템에 올리는 전형적인 수작업 형태이다. 해당 과제는 RPA 버튼을 한 번만 클릭하면 수행되도록 완전한 자동화를 구현하는 데 성공했다.

인사팀 직원도 단축키를 아주 잘 사용하였으며 다른 직원이라면 1시간이 걸렸을 작업을 30분 이내로 처리하는 것으로 보였다. 단순 반복 작업을 동료에게 부탁하는 것이 힘들어 휴가를 내기도 쉽지 않다고 하소연했다. 자동화를 구현하면서 서로 손뼉을 치고 "와!"하면서 감탄했던 장면이 또렷이 떠오른다.

이후, 첫 번째 RPA 사내 교육 과정이 공식적으로 개설되었다. 그리고 1년이 지난 후, 업무 자동화에 관심 있는 각 부서의 직원들을 선정하여 디지털 전환을 위한 파워 플랫폼을 교육하고 업무 자동화가 정착될 수 있도록 DEX(Digital Employee Experience) 커뮤니티를 구성했다. 디지털 전환은 직원들의 업무에 내재화되어야 하고, 기업 문화의 일부로 자리 잡아야 한다. 성공적인 디지털 전환을 달성하기 위해서는, 조직 내 모든 이해관계자와 열린 커뮤니케이션을 진행하고, 함께 목표를 정하고 전략을 수립하는 등 지속적으로 상호 협력해야 한다. 물론, 디지털 전환을 완성하기 위한 자동화 도구들에 대한 반복적인 학습은 필수이다. 열정적으로 참여하는 DEX 구성원들과 함께 흥미로운 디지털 여정 지도를 그리고 있다. 디지털 전환의 성공도 중요하지만, 중도에 멈추지 않는 것이 더 큰 가치가 있음을 항상 기억해야 한다.

다음 장표는 해당 개선 사례를 한 장으로 정리한 문서이다. 일부 정보를 숨김 처리한 점 양해를 구한다. 하나의 자동화 개선 사례를 여러 장의 리포트로 상세하게 만들기도 하지만, 필자는 한 장으로 정리하는 것을 선호한다. 문서 작성 시간을 절감할 수 있으며 누가 보더라도 한눈에 파악할 수 있기 때문이다. 자동화 개선을 발표할 때는 정적인 문서보다는 자동화 단계를 현실감 있게 표현할 수 있는 동영상을 이용하는 것이 훨씬 효과적이다.

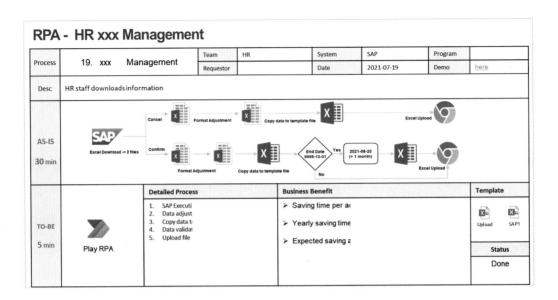

이번 개선 사례에서 배운 교훈은 처음 ERP에서 엑셀을 내려받는 문제부터 분석할 필요가 있었다는 것이다. SAP는 필요한 칼럼만 내려받는 기능을 기본으로 제공한다. 그런데 담당자는 조회한 모든 데이터를 내려받아서 대상 칼럼을 찾아서 복사하고 있었다. 즉, 출발점부터 불필요한 낭비 요소가 발생한 것이다. 사소하지만 매일 하는 작업이기 때문에 티끌이 모이면 큰 시간이 될 수 있다.

필요한 데이터만 내려받도록 설정하니 템플릿 엑셀 파일에 붙여 넣는 작업도 한결 간단하고 가벼워졌다. 당연히 엑셀 파일을 내려받는 시간도 줄어든다. 업무 자동화 프로젝트에는 자동화라는 목적도 있지만, 비효율적인 업무 방식을 세밀하게 들여다보고 개선하는 작업 역시 병행해야 한다. 왜 이렇게 하는지에 대해서 반복해서 서로에게 질문하고 답하는 과정을 거쳐야 한다.

즉, "왜?"를 5번 질문하면 문제의 근본 원인을 찾을 수 있다는 **5 WHY 분석법**을 항상 고민하는 자세가 필요하다. 지금 정리하면서 생각해보니 내려받은 "파일을 바로 수정해서(템플릿 파일을 사용하지 않고) 웹 시스템에 올리는 것이 더 효율적이었겠구나!"라는 아쉬움이 남는다. 처음 내려받은 엑셀 파일에 칼럼이 너무 많았기 때문에 칼럼 수를 줄인 것만으로도 개선 결과를 달성했다는 만족감에 사로잡혔던 것 같다.

서론이 너무 길었다. 그만큼 엑셀은 실무에서 많이 애용하는 단골 소프트웨어라는 것을 강조하고 싶다. 그리고 업무 자동화는 불규칙한 패턴을 보이는 엑셀과 외다리에서 만날 수밖에 없는 숙명이라는 것으로 결론지으려고 한다.

1.3 간단한 예제로 직접 실습하기

이제 엑셀과 관련된 난해한 숙제를 어떻게 해결했는지 알아보자. 실무 자동화 개선 사례보다 더 간결한 예제로 쉽게 이해할 수 있도록 설명하겠다. 엑셀 파일의 데이터 건수도 실습이 가능한 최소한의 수준으로 정했다. 다음과 같이 학생 성적을 관리하는 엑셀 파일을 열고 닫는 작업부터 실습한다.

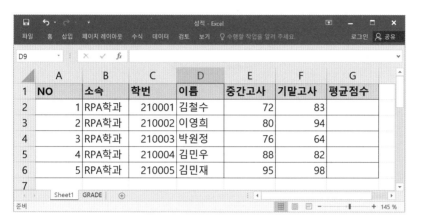

> **TIP**
> 엑셀 파일 양식은 간단하므로 직접 만들거나, 네이버 카페의 [교재 관련 자료] 게시판에서 내려받자.
>
> **URL** https://cafe.naver.com/MSRPA/5

01 새로운 흐름을 생성한 후 ❶ 작업 [Excel] → [Excel 시작] 메뉴를 끌어 놓는다. 'Excel 시작' 옵션에서는 [및 다음 문서 열기]를 선택한다. ❷ 파일 선택 아이콘(🗋)을 눌러 엑셀 파일을 선택한다. ❸ [인스턴스 표시]는 엑셀 프로그램을 직접 화면에 보여줄지, 화면에 보이지 않고 백그라운드에서 실행할지 설정하는 항목이다. 활성화하면 엑셀 프로그램을 직접 화면에 보여준다. ❹ 엑셀 프로그램이 실행되는 인스턴스 변수가 자동 생성된다. PAD에서 여러 개의 엑셀 파일을 조작해야 하는 경우에는 파일 이름을 구분하기 쉽도록 인스턴스 변수 이름을 변경할 수 있다.

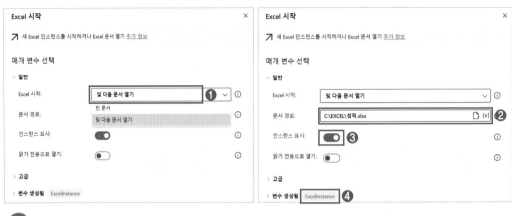

[고급] 탭을 클릭하면 보호 기능이 설정된 문서의 암호를 입력하거나, 새로운 엑셀 프로세스로 실행하는 등의 옵션을 설정할 수 있다.

∨ 고급		
새 Excel 프로세스에 포함:		⬤
읽기 보호 암호:	①	🔒 ∨
쓰기 보호 암호:	①	🔒 ∨

조금 더 알아보기

[실행 중인 Excel에 첨부]

PAD에서 엑셀 파일의 데이터를 읽거나 쓰려면 반드시 PAD 흐름 안에서 해당 엑셀 파일을 열어야 한다. SAP 시스템에서는 데이터를 엑셀로 내려받으면 해당 파일이 자동으로 열린다. 즉, 파일이 이미 열려 있기 때문에 PAD에서 해당 파일을 다시 열 수가 없다. 물론, PAD의 작업을 이용해 해당 파일을 닫은 후에 다시 열 수는 있다. 이렇게 사용자 또는 다른 프로그램에 의해 열려 있는 상태의 엑셀 파일을 PAD에서 사용하려면 작업 [Excel] → [실행 중인 Excel에 첨부] 메뉴를 사용하면 된다.

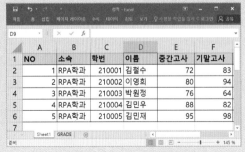

엑셀 파일이 이미 열려 있는 상태

열려 있는 파일을 PAD 흐름 인스턴스로 생성

<u>02</u> 엑셀 파일을 열었으니 이후 실습에 사용할 워크시트를 하나 생성해 보자. 작업 [Excel] → [새 워크시트 추가] 메뉴를 끌어 놓는다.

❶ Excel 인스턴스: 1단계에서 생성한 엑셀 인스턴스 이름을 입력한다(%ExcelInstance%).

❷ 새 워크시트 이름: 생성할 워크시트 이름을 입력한다.

❸ 다른 이름으로 워크시트 추가: [마지막 워크시트]를 선택한다.

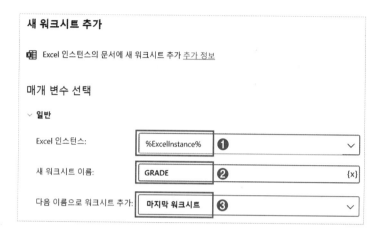

Q **Excel 인스턴스가 무엇인가요?**

A PAD에서 Excel 파일을 인식하여 자동화하기 위해서, Excel 파일을 PAD 내의 작업 메모리 영역으로 가져오는 것이라고 이해할 수 있습니다. Excel 파일 이름을 참고하여, Excel 인스턴스 이름을 쉽게 변경하는 것도 좋습니다.

<u>03</u> 엑셀 파일을 닫기 위해서 작업 [Excel] → [Excel 닫기] 메뉴를 추가한다. ❶ 'Excel을 닫기 전' 매개 변수에서 엑셀을 닫기 전에 저장 여부를 선택할 수 있다. ❷ [다음 형식으로 문서 저장] 옵션을 선택하면, 이름을 변경하거나 다른 확장명으로 저장할 수 있다.

<u>04</u> 흐름을 실행해서 엑셀 파일에 새로운 워크시트가 생성되는지 확인한다.

	하위 흐름 ∨	Main
1	↗ Excel 시작 Excel을 시작하고 'C:\EXCEL\성적.xlsx' 문서 열기	
2	▦ 새 워크시트 추가 ExcelInstance 인스턴스의 Excel 문서에 이름이 'GRADE'인 새 워크시트 추가	
3	↙ Excel 닫기 Excel 문서를 저장하고 Excel 인스턴스 ExcelInstance 닫기	

TIP

원고 편집 시, 다양한 업무 유형과 관련된 엑셀 파일을 소개하는 것이 필요하다는 의견이 있었다. 엑셀 양식이 복잡하고 데이터가 많으면 파일 구조를 이해하는 데도 시간이 많이 소요된다. 초반에 도서명을 《Easy Bot(이지 봇)》이라고 정하려고 했던 초심을 생각하며 RPA의 기능을 쉽게 이해할 수 있게 하는 데 중점을 두기로 결정했다. 잡은 고기를 가져다주기보다는, 직접 고기를 잡는 방법을 가르치고 스스로 익히는 것이 본질이다. 어떠한 종류의 고기를 잡을 것인가는 부차적인 문제이다. 엑셀 업무 자동화를 좀 더 깊이 있게 학습하고 다양한 예제를 경험하고자 한다면, 필자의 다른 도서 《챗GPT로 완성하는 엑셀 업무 자동화 with MS 파워 오토메이트 (2023년 프리렉 출판)》라는 책을 참고해 보자.

조금 더 알아보기

사용자에게 엑셀 파일 입력 받기

사용자가 파일을 직접 선택하도록 하는 방식도 좋다. 작업 [메시지 상자] → [파일 선택 대화 표시] 메뉴를 선택한다. 그리고 사용자가 선택한 파일 경로를 저장한 변수 %SelectedFile%를 1단계의 '문서 경로'에 입력하면 된다.

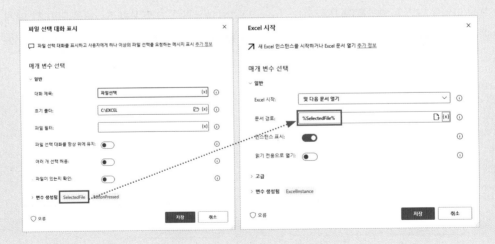

엑셀 데이터 읽기

4장 UI 자동화에서 소개했듯이, 드라마 순위와 같은 테이블 구조의 웹 검색 결과는 데이터 테이블에 저장된다. 데이터 테이블은 엑셀 데이터처럼 행과 열로 구성된다.

순위	열 프로그램명	채널	시청률
1	효심이네 각자도생	KBS2	**15.5%**
2	연인	MBC	**11.6%**
3	고려 거란 전쟁	KBS2	**5.5%**

엑셀 연동 부분에서도 데이터 테이블은 필수로 등장한다. 엑셀은 행과 열로 이루어져 있다. 데이터를 담는 데이터 테이블도 엑셀의 구조를 그대로 이어받는다. 데이터베이스 시스템의 테이블과 유사한 구조이므로 PAD에서는 이를 **데이터 테이블**(Data Table)이라 정의한 것이다. 심지어 엑셀 데이터를 데이터베이스의 테이블 형태로 전환해서 SQL 구문으로 데이터를 읽고 변경할 수도 있다.

엑셀 파일과 PAD의 데이터 테이블 구조는 다음 그림을 통해 살펴보자.

엑셀 파일	PAD의 데이터 테이블

엑셀 파일

	A	B	C	D	E
1	NO	소속	학번	이름	중간고사
2	1	RPA학과	210001	김철수	72
3	2	RPA학과	210002	이영희	
4	3	RPA학과	210003	박원정	76
5	4	RPA학과	210004	김민우	88
6	5	RPA학과	210005	김민재	95
7					

변수 값

ExcelData (데이터 테이블)

#	NO	소속	학번	이름	중간
0	1	RPA학과	210001	김철수	72
1	2	RPA학과	210002	이영희	
2	3	RPA학과	210003	박원정	76
3	4	RPA학과	210004	김민우	88
4	5	RPA학과	210005	김민재	95

성적 엑셀 파일에서 D열의 3번째 행에 존재하는 학생의 이름 '이영희'를 가져오려면 엑셀 수식 입력 줄에 **=D3**라고 기술해야 한다. 한편, PAD의 데이터 테이블에서 '이영희' 이름을 가져오려면 1번째 행의 3번째 열 번호를 이용한다. 데이터 테이블은 순번(인덱스)이 0부터 시작하는 걸 기억하길 바란다. 엑셀의 첫 번째 행을 헤더로 가져왔기 때문에 실제 엑셀 파일과 데이터 테이블의 행 번호는 2의 차이가 발생한다. **%ExcelData%** 변수에 행과 열의 번호를 대괄호를 이용해서 기술하면, 해당 셀 정보를 가져올 수 있다.

엑셀 파일을 열어서 데이터를 읽고 데이터 테이블로 담는 과정을 실습해 보자. 엑셀 파일에서 학번을 입력하면 해당 학생의 중간고사 시험 결과를 메시지로 출력하는 기능을 구현하려고 한다.

01 새로운 흐름을 생성한 후 **작업** [Excel] → [Excel 시작] 작업을 추가한다. 'Excel 시작' 옵션은 [및 다음 문서 열기]를 선택하고 '문서 경로'에는 열 엑셀 파일을 지정한다.

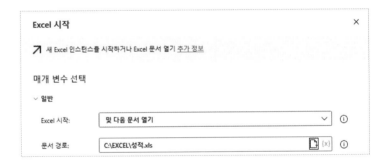

02 앞 절에서 새로운 시트를 생성했기 때문에, 엑셀 파일을 열면 GRADE 시트가 기본으로 열린다. **작업** [Excel] → [활성 Excel 워크시트 설정] 메뉴를 추가해서 데이터를 담은 Sheet1 시트를 활성화한다. '다음 워크시트 활성화' 옵션에는 [색인(순서)]과 [이름] 2가지가 있다.

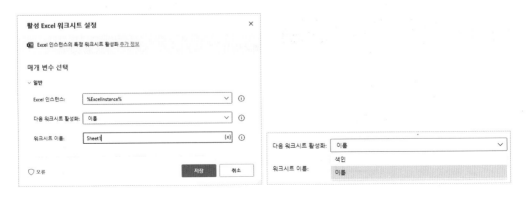

03 엑셀의 Sheet1 시트가 활성화되었다면 데이터를 읽어서 PAD에서 사용할 수 있도록 데이터 테이블에 저장한다. 먼저, 엑셀에서 데이터를 읽으려면 내용(데이터)이 있는 행과 열의 번호를 가져와야 한다. 해당 엑셀 파일에서 첫 번째 빈 행은 7행이고 첫 번째 빈 열은 8열(H)이다. 즉, 성적 엑셀 파일에서 데이터를 읽으려면 1~6번 행까지, 1~7번 열(G)까지의 범위 값을 가져오면 된다.

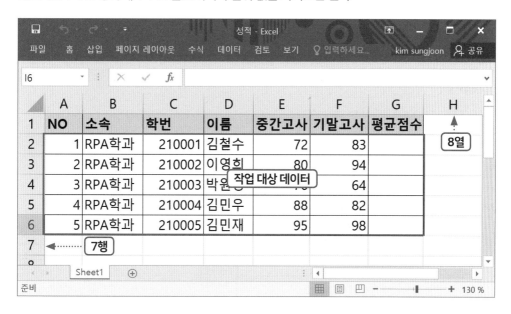

04 3단계의 엑셀에서 내용이 있는 값만 가져오고자 [작업] [Excel] → [Excel 워크시트에서 첫 번째 빈 열/행 가져오기] 메뉴를 선택한다.

첫 번째 빈 행과 빈 열의 순번은 각각 %FirstFreeColumn%, %FirstFreeRow%에 저장된다. 변수 이름이 너무 길다면 짧게 바꾸는 것도 좋다.

05 이제 엑셀에서 데이터 테이블에 저장할 데이터를 얻고자 [작업] [Excel] → [Excel 워크시트에서 읽기] 메뉴를 추가한다.

    ❶ 검색: 여러 행의 값을 가져오고자 [셀 범위 값]을 선택한다. 이 외, 다른 옵션은 다음과 같다.
    - [단일 셀의 값]: 시작 열과 시작 행의 셀 값

- [선택한 셀의 값]: 현재 선택된 셀의 값

- [워크시트의 사용 가능한 모든 값]: 워크시트에 존재하는 모든 값을 한번에 읽는다.

- [명명된 셀의 값]: 엑셀에서 [수식] 탭 → [이름 정의] 메뉴로 이름을 정의한 대상 블록

❷ 시작 열과 시작 행: 각각 **1**을 입력한다.

❸ 끝 열과 끝 행: 첫 번째 빈 행과 빈 열의 변수에 -1을 한 값을 입력한다.

%FirstFreeColumn-1%   %FirstFreeRow-1%

❹ 변수 생성됨: 엑셀에서 읽은 데이터가 **%ExcelData%** 변수에 저장된다.

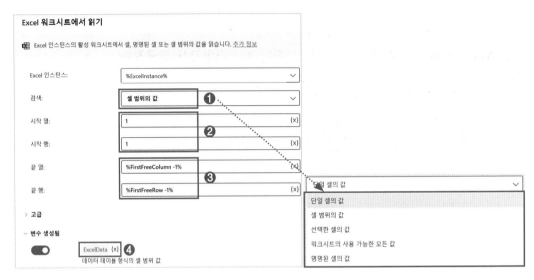

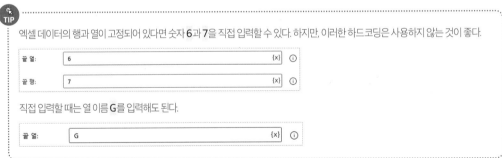

엑셀 데이터의 행과 열이 고정되어 있다면 숫자 **6**과 **7**을 직접 입력할 수 있다. 하지만, 이러한 하드코딩은 사용하지 않는 것이 좋다.

직접 입력할 때는 열 이름 **G**를 입력해도 된다.

Q **[Excel 워크시트에서 읽기]** 작업의 열 항목에 알파벳과 숫자를 입력하는 것 중, 어느 것이 더 효율적인가요?

A 열 항목에 알파벳 A와 같은 문자 또는 숫자 1을 입력하는 데는 큰 차이가 없습니다. 다만, 자동화 작업에서 열을 동적으로 처리해야 할 경우, 변수에 숫자를 저장해서 활용하는 것이 더 효율적입니다.

[목록으로 데이터 테이블 열 검색]

작업 [변수] → [목록으로 데이터 테이블 열 검색] 메뉴를 이용하면 데이터 테이블의 한 열을 빼내서 목록 변수로 저장할 수 있다. 5단계에서 생성한 데이터 테이블 %ExcelData%의 첫 번째 칼럼을 목록 변수로 생성해 보자.

01 [목록으로 데이터 테이블 열 검색] 작업을 추가한다. 엑셀에서 읽은 데이터 학번 칼럼만 목록으로 별도로 저장하려고 한다.

❶ 데이터 테이블: %ExcelData%를 입력한다.

❷ 열 이름 또는 색인: 학번 또는 열의 순번을 입력한다.

❸ 변수 생성됨: %ColumnAsList% 목록 변수가 생성된다.

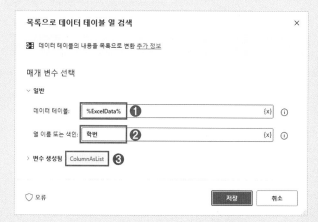

02 흐름을 실행하면 엑셀 데이터의 학번 칼럼만 추출하여 새로운 목록 변수에 저장한다.

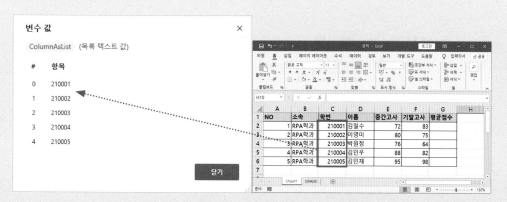

그리고 엑셀에서 2개 열을 추출해서 값을 서로 비교해야 할 경우에는 다음 작업을 이용하면 효율적이다.

- **작업** [변수] → [공동 목록 항목 찾기]: 2개 목록을 비교해서 공통으로 존재하는 값을 새 목록으로 추출
- **작업** [변수] → [목록 빼기]: 2개 목록을 비교해서 첫 번째 목록에만 있고 두 번째 목록에는 없는 값을 새 목록으로 추출

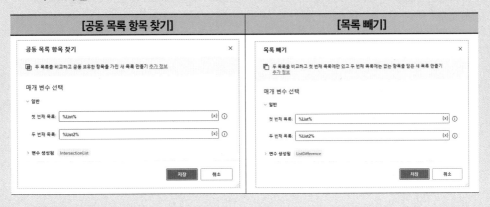

___

06 **[Excel 워크시트에서 읽기]의 고급 옵션 2가지 기능을 알아보자.**

❶ [텍스트로 셀 내용 가져오기] 활성화: 예를 들어, 엑셀의 날짜 타입 포맷을 텍스트로 읽는다.

❷ [범위의 첫 번째 행을 열 이름으로 사용] 활성화: 엑셀의 첫 행을 열 이름으로 사용한다. 처음으로 엑셀 자동화를 PAD로 구현할 때, 해당 옵션을 설정하지 않아서 원하는 결과 값이 나오지 않는다는 질문을 종종 받는다. 대부분의 엑셀 자동화는 이 옵션을 기본으로 활성화해야 한다.

[텍스트로 셀 내용 가져오기] 옵션

[Excel 워크시트에서 읽기]에서 [텍스트로 셀 내용 가져오기] 옵션은 엑셀 파일 내에 있는 날짜 타입 데이터나 1000단위 구분 기호를 포함한 숫자 타입의 변수를 텍스트 형태로 읽어오는 기능이다. 예로, 날짜 타입의 데이터를 읽을 때 해당 데이터를 그대로 텍스트로 가져오거나 7,799와 같은 값의 1000단위 구분 기호(쉼표)를 유지한 채로 읽어올 수 있다. 엑셀 파일의 날짜 타입을 PAD에서 읽으면 다음과 같이 날짜 타입 데이터를 텍스트 형태로 읽어온다. 그리고 엑셀의 7,799와 같은 숫자 타입 변수를 읽을 때도 1000단위 구분 기호인 쉼표 기호를 그대로 가져온다.

ExcelData (데이터 테이블)

#	사번	부서	직책	이름	메일주소	입사일자	근무일수
0	1001	전산	상무	김철수	msrpa@naver.com	2002-03-05 오전 12:00:00	7799
1	1002	전산	과장	이영희	sapjoy@naver.com	2023-01-04 오전 12:00:00	189
2	1003	재무	부장	조영수	jvs@nvaer.com	2015-05-06 오전 12:00:00	2989

ExcelData (데이터 테이블)

[텍스트로 셀 내용 가져오기] 활성화

#	사번	부서	직책	이름	메일주소	입사일자	근무일수
0	1001	전산	상무	김철수	msrpa@naver.com	2002-03-05	7,799
1	1002	전산	과장	이영희	sapjoy@naver.com	2023-01-04	189
2	1003	재무	부장	조영수	jys@nvaer.com	2015-05-06	2,989

07 흐름을 실행해 엑셀 데이터가 어떻게 저장되는지 확인해 보자. 흐름 디자이너의 오른쪽 변수 확인 창에서 %ExcelData%를 더블클릭하면 상세 데이터를 조회하는 변수 값 뷰어 화면이 열린다. 6단계에서 첫 행을 열 이름으로 사용한 것과 하지 않은 것의 차이점은 다음 그림으로 확인할 수 있다. 첫 행을 열 이름으로 사용하면 첫 행을 데이터 테이블의 칼럼 이름으로 설정한다. 그렇지 않으면 첫 행도 일반 데이터처럼 인식한다. 이번 실습은 첫 행을 열로 인식하는 방법으로 진행한다.

변수 값
ExcelData (데이터 테이블)

#	NO	소속	학번	이름	중간고사	기말고사	평균점수
0	1	RPA학과	210001	김철수	72	83	
1	2	RPA학과	210002	이영미	80	75	
2	3	RPA학과	210003	박원정	76	64	
3	4	RPA학과	210004	김민우	88	82	
4	5	RPA학과	210005	김민재	95	98	

변수 값
ExcelData (데이터 테이블)

#	Column1	Column2	Column3	Column4	Column5	Column6	Column7
0	NO	소속	학번	이름	중간고사	기말고사	평균점수
1	1	RPA학과	210001	김철수	72	83	
2	2	RPA학과	210002	이영미	80	75	
3	3	RPA학과	210003	박원정	76	64	
4	4	RPA학과	210004	김민우	88	82	
5	5	RPA학과	210005	김민재	95	98	

첫 행을 열 이름으로 사용 O   첫 행을 열 이름으로 사용 X

A 네, 가능합니다. 데이터 테이블의 헤더 열만 추출해서 데이터 행으로 저장할 수 있습니다. 앞서 소개했듯이, 대부분의 변수는 세부 속성을 제공합니다. %ExcelData% 변수의 세부 속성에서 ColumnHeadersRow 속성을 [변수 설정] 작업에 다음과 같이 입력하면 됩니다.

%ExcelData.ColumnHeadersRow%

흐름을 실행하면, 데이터 테이블에서 헤더만 추출해서 데이터 행 변수에 저장합니다.

추가로, 엑셀의 데이터 건수를 알고 싶으면 RowsCount 속성을 활용하면 됩니다.

---

08 (작업) [메시지 상자] → [메시지 표시]를 추가해서 첫 번째 학생의 중간고사 성적을 화면에 표시해 보자. 데이터 테이블의 값을 읽으려면 행과 열의 번호를 이용한다. 다음 변수는 데이터 테이블의 0번째 행과 4번째 열의 데이터를 가리킨다.

%ExcelData[0][4]%

이 변수는 첫 행을 열 이름으로 사용하는지에 따라서 각각 다음 값을 가진다.

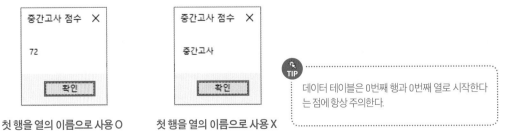

첫 행을 열의 이름으로 사용 O   첫 행을 열의 이름으로 사용 X

> TIP 데이터 테이블은 0번째 행과 0번째 열로 시작한다는 점에 항상 주의한다.

데이터 테이블 열 이름 사용하기

데이터 테이블의 값을 읽을 때 열 순번 대신에 열 이름을 사용할 수 있다. 엑셀 자동화 유형에 따라서 다르지만, 대체로 엑셀에서 정해진 열의 데이터를 읽을 때는 열 순번보다는 열 이름을 사용하는 것이 효율적이다. 왜냐하면 엑셀 파일에 새로운 칼럼이 추가되면, 열 순번이 변경되기 때문이다.

실습에 사용한 엑셀의 4번째 열 이름은 '중간고사'이다. 작은따옴표(' ')를 이용해 열 이름을 입력하면 열 순번을 입력한 것과 같은 효과를 나타낸다.

%ExcelData[0]['중간고사']%

만약, [첫 행을 열의 이름으로 사용하지 않음]을 선택했다면 중간고사 열은 다음과 같이 사용해야 한다.

%ExcelData[1]['Column5']%

[첫 행을 열의 이름으로 사용] O   [첫 행을 열의 이름으로 사용] X

09 데이터 테이블은 여러 행으로 구성된다. 그러므로 반복문 내에서 현재 반복 중인 순번을 이용해서 데이터 테이블의 행을 차례대로 읽을 수 있다.
%FirstFreeRow% 변수는 7의 값을 갖는다. 7은 빈 행이기 때문에 엑셀의 마지막 데이터가 있는 행은 6이다. 데이터 테이블은 0부터 시작하므로 데이터 테이블의 마지막 행 번호는 5이다. 즉, %FirstFree-Row% 변수에 -2를 해야 엑셀에 있는 데이터를 전부 읽을 수 있다.
%FirstFreeRow-2% = 7-2 = 5

그런데, 첫 행은 열 이름을 사용하기로 설정했기 때문에 1을 한 번 더 빼야 한다.

%FirstFreeRow-3% = 7-3 = 4

> **TIP** 일반적으로 작업 [반복] → [각각의 경우]를 이용해서 엑셀 데이터를 처리한다. [반복] 구문을 이용해서 엑셀 데이터를 처리하는 방법에 대한 이해를 돕기 위해서, [반복] 구문을 먼저 다룬다.

10 반복문 안에 [메시지 표시] 작업을 추가해서 5개 행의 중간고사 점수를 확인해보자.

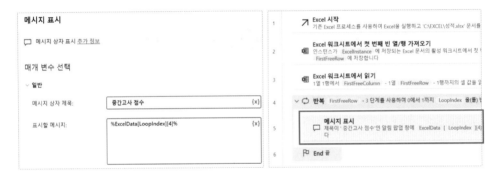

변수 내에 다른 변수를 사용할 때는 백분율 기호(%)를 한 번만 입력한다.

올바른 사용법	잘못된 사용법
%ExcelData[LoopIndex][4]%	%ExcelData[%LoopIndex%][4]%

> **TIP** 열을 순서대로 처리해야 하는 엑셀 자동화는 다음과 같이 열에도 변수를 사용하여 동적으로 적용할 수 있다.
> %ExcelData[LoopIndex1][LoopIndex2]%

LoopIndex는 반복문에서 생성된 변수로, 현재 반복 중인 횟수를 저장한다.

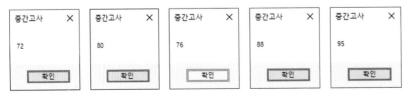

11 이제 사용자가 학번을 입력하면 해당 학생의 중간고사 값을 출력해 보자. `작업` [메시지] → [입력 대화 표시] 메뉴를 [반복] 앞으로 끌어 놓는다.

12 사용자가 입력한 학번과 엑셀의 학번을 비교하는 조건문을 추가한다. `작업` [조건] → [만약] 메뉴를 [반복] 작업 안으로 끌어 놓고 [메시지 표시]는 [만약] 안으로 옮긴다. 다음 변수는 엑셀의 학번 값이다.

%ExcelData[LoopIndex][2]%

13 이제 흐름을 실행하고 학번을 입력해서 결과를 확인해 보자.

14 사용자가 입력한 학번을 찾았으면 더는 반복문을 수행할 필요가 없다. `작업` [반복] → [반복 종료] 메뉴를 추가해서 반복문을 빠져나온다.

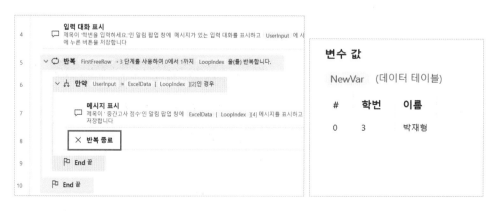

PAD로 셰어포인트에 등록한 엑셀 파일 열기

셰어포인트(SharePoint)는 마이크로소프트 오피스 서버 제품군의 웹 애플리케이션 플랫폼으로, 여러 사람과 문서 등을 공유하는 목적으로 많이 활용한다. 셰어포인트에 등록한 엑셀 파일을 PAD에서 열어서 작업하는 방법이 있다. 단, 개인 계정은 프리미엄으로 업그레이드하거나 학교 또는 조직 계정으로 로그인해야 한다.

01 셰어포인트에 등록한 파일의 URL 경로를 확인하고자 파일 오른쪽의 **⋮** 버튼을 누른 후에 [세부 정보] 메뉴를 선택한다. '경로' 부분의 📄 아이콘을 눌러서 PAD에서 열고자 하는 엑셀 파일 경로를 복사한다.

02 PAD에서 데스크톱 흐름을 생성한다. 변수를 추가해서 앞서 복사한 엑셀 파일의 경로를 백분율 기호와 작은따옴표 기호 사이 붙여 넣는다(%'복사한 경로'%).

03 [작업] [Excel] → [Excel 시작] 메뉴를 끌어 놓고 '문서 경로'에 앞서 생성한 %Sharepoint% 변수를 입력하고 저장한다. 그런 다음, 흐름을 실행하면 엑셀 파일이 정상적으로 열린다.

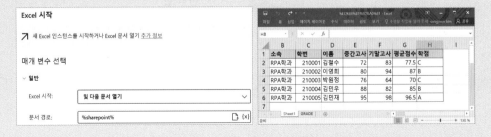

엑셀에 값 쓰기 (1):
평균 계산하고 쓰기

앞서 실습한 성적 파일을 열어서 학생별로 중간고사와 기말고사의 평균 점수를 계산해서 엑셀에 쓰는 자동화 흐름을 만들어 보자.

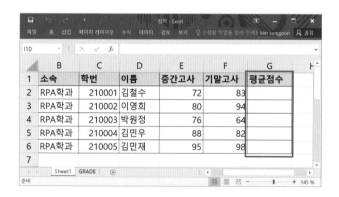

평균을 구하려면 먼저 각 학생의 중간고사와 기말고사 성적을 가져와야 한다. 엑셀 파일에서 데이터를 읽는 방법은 다음 2가지가 있다. 이번 실습에서는 엑셀 자동화에 주로 사용하는 작업 [반복] → [각각의 경우] 메뉴를 이용한다.

조금 더 알아보기

1. 반복(Loop 반복문)을 이용해서 엑셀 데이터 읽기

반복문 내에서 현재 반복 횟수를 데이터 테이블의 행 번호로 사용해서 데이터를 차례대로 읽는다. 다음 구문은 2번 행의 3번 열을 읽는다.

%데이터 테이블[2][3]%

참고로, 데이터 테이블에 행 번호만 기술하면 데이터 행 변수를 정의한다.
다음 구문은 데이터 테이블에 존재하는 2번 행(레코드)의 값을 갖는다.

%데이터 테이블[2]% => 데이터 행

2. 각각의 경우(For 반복문)을 이용해서 엑셀 데이터 읽기

반복문 내에서 데이터 테이블을 데이터 행 변수에 한 행씩 순서대로 복사하면서 데이터를 읽는다. 다음 구문은 반복되는 현재 데이터 행의 3번째 열을 읽는다. 열 번호 대신에 열 이름을 사용할 수도 있다.

열 번호 사용	열 이름 사용
%데이터 행[3]%	%데이터 행['열 이름']%

데이터 테이블은 [각각의 경우] 반복문 안에서 현재 반복되는 행을 하나씩 가져와 데이터 행 변수에 저장한다. **데이터 행은 데이터 테이블과 동일한 구조를 가지지만, 하나의 행만 저장할 수 있는 변수** 타입이다.

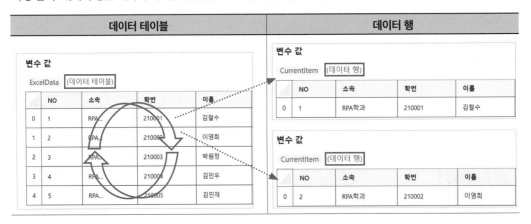

<u>01</u> 새로운 흐름을 생성한 후 [Excel 시작]과 [Excel 워크시트에서 읽기] 작업을 추가한다. ❶ [Excel 워크시트에서 읽기] 작업의 '검색' 매개 변수는 [워크시트의 사용 가능한 모든 값]을 선택한다. 그러면, [Excel 워크시트에서 첫 번째 빈 열/행 가져오기] 작업은 추가하지 않아도 된다. 그리고, ❷ 작업 [반복] → [각각의 경우] 메뉴를 선택한다. 엑셀 데이터(데이터 테이블)를 처리할 때는 각각의 경우(For each) 반복문을

사용하는 것이 일반적이다. 앞서 설명했듯이 For 반복문은 목록 변숫값을 읽을 때도 사용한다. 반복할 값에는 엑셀에서 읽은 데이터를 담은 데이터 테이블 %ExcelData%를 입력한다. 데이터 테이블을 반복 수행하면서 각 행을 %CurrentItem% 변수에 복사한다.

02 중간고사 점수를 저장할 변수(%MidExam%)를 [각각의 경우] 안에 선언하고 데이터 행 변수의 중간고사 열을 '값' 필드에 입력하자.

%CurrentItem['중간고사']%

앞 절에서 데이터 테이블을 읽을 때는 행과 열을 모두 사용했다. [각각의 경우] For 반복문은 데이터 테이블을 데이터 행에 하나씩 복사하므로 행 번호를 사용하지 않는다. 즉, 데이터 행 변수는 칼럼 이름만 기술한다.

Loop 반복문	For 반복문
%데이터 테이블[0]['중간고사']%	%데이터 행['중간고사']%

03 2단계와 마찬가지로 기말고사 변수(%FinExam%)도 생성해서 데이터 행의 '기말고사' 칼럼 이름을 넣는다.

%CurrentItem['기말고사']%

또는 기말고사 칼럼의 순번을 사용할 수도 있다.

%CurrentItem[5]%

04 2단계와 3단계의 중간고사와 기말고사는 텍스트로 저장되므로 숫자 타입으로 변환하는 작업을 추가한다. 작업 [텍스트] → [텍스트를 숫자로 변환] 메뉴를 선택하고 숫자로 변환한 다음 원래 변수 이름 (%MidExam%, %FinExam%)으로 저장한다.

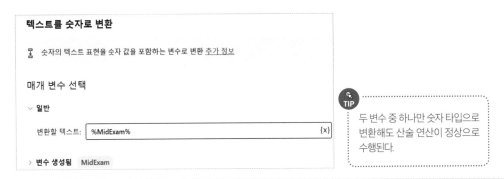

TIP 두 변수 중 하나만 숫자 타입으로 변환해도 산술 연산이 정상으로 수행된다.

조금 더
알아보기

변수 타입 체크하기

변수가 숫자인지 문자인지 확인하는 방법에 대해서 알아보자. 변수에 문자가 포함되어 있는지 체크하려면 [텍스트를 숫자로 변환] 작업의 오류 기능을 사용하면 된다.

01 다음과 같이 ❶ 문자와 숫자를 모두 포함하는 변수를 하나 생성하자. 그리고 숫자로 변환하기 위해 ❷ 작업 [텍스트] → [텍스트를 숫자로 변환] 메뉴를 추가한다.

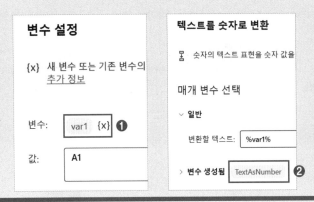

<u>02</u> 흐름을 실행하면 "텍
스트를 유효한 숫자로 변
환할 수 없습니다." 라는
오류가 발생한다. 즉, 해당
오류가 발생했다는 것은
변수가 숫자 타입이 아니
라는 것을 반증한다.

<u>03</u> [텍스트를 숫자로 변환] 작업의 ♡오류 버튼을 눌러서 다음과 같이 설정해 보자. 문자가 포함
된 변수를 숫자로 변환할 때 오류가 발생하면, ❶ [새 규칙] 버튼을 눌러서 ❷ %IsNumber% 변수
에 'X' 값을 저장하고 ❸ [흐름 실행 계속 진행]을 선택하고 저장한다.

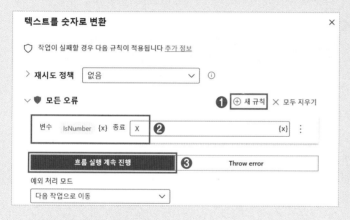

<u>04</u> 그리고 [만약] 작업을
추가해서 %IsNumber%
변수가 'X'인지 체크해서
적절한 로직을 추가하면
된다.

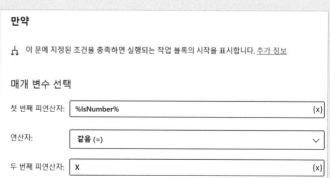

05 평균 점수를 저장할 변수를 생성한다. 중간고사와 기말고사 점수를 합산한 후에 2로 나누어 평균을 구하는 산술식을 입력한다.

%(MidExam + FinExam) / 2%

> **변수 설정**
>
> {x} 새 변수 또는 기존 변수의 값을 설정하거나, 새 변수를 만들거나, 이전에 만든 변수를 덮어씁니다.
> 추가 정보
>
> 변수: avg {x}
>
> 값: %(MidExam + FinExam) / 2% {x}

Q 엑셀 프로그램에서 AVERAGE와 같은 함수를 이용하면 엑셀 자동화를 할 수 있는데, 왜 PAD를 사용하나요?

A PAD는 엑셀 자동화뿐만 아니라, 다른 시스템과 연결된 업무 자동화도 가능합니다. 또한, 엑셀의 어려운 함수를 모르더라도 조건문이나 반복문과 같은 로직 처리가 가능하기 때문에 다양하게 엑셀 자동화를 활용할 수 있습니다. 이는 ERP에서 데이터를 내려받고, 해당 데이터를 엑셀 파일에 입력하여 웹 시스템에 자동으로 업로드하거나 이메일로 엑셀 파일을 전송하는 등의 업무를 자동화할 수 있습니다. 특히, 여러 개의 엑셀 파일을 처리할 때나 엑셀 수식으로 구현하기 어려운 복잡한 시나리오도 PAD를 활용하여 자동화할 수 있습니다.

---

06 구한 평균을 엑셀에 쓰고자 `작업` [Excel] → [Excel 워크시트에 쓰기] 메뉴를 끌어 놓는다.

❶ 쓸 값: 평균을 계산한 변수 **%avg%**를 선택한다.

❷ 쓰기 모드: [지정된 셀에 쓰기]를 선택한다. 쓰기 모드에는 2가지 옵션이 있다.

- [지정된 셀에 쓰기]: 열과 행을 입력한다.

- [현재 활성 상태인 셀에 쓰기]: 현재 활성화되어 있는 셀에 쓰는 작업이다. `작업` [Excel] → [고급] → [Excel 워크시트에서 셀 활성화] 작업이 선행되어야 한다.

❸ 열: 평균 점수 열은 7번째 칼럼이므로 **7**을 입력한다.

❹ 행: 엑셀의 행 번호를 입력한다. 7단계에서 변수 **%idx%**를 생성한다. 작업을 저장하기 위해서, 임시로 숫자 2를 입력하고 저장한 후에 7단계를 진행한 후에 변수를 입력한다.

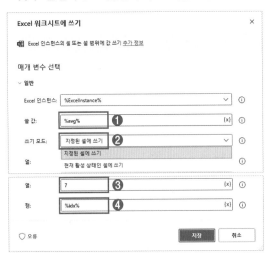

> **Excel 워크시트에 쓰기** ×
>
> Excel 인스턴스의 셀 또는 셀 범위에 값 쓰기 추가 정보
>
> 매개 변수 선택
>
> ˅ 일반
>
> Excel 인스턴스: %ExcelInstance% ˅ ⓘ
>
> 쓸 값: %avg% ❶ {x} ⓘ
>
> 쓰기 모드: 지정된 셀에 쓰기 ❷ ˅ ⓘ
>   지정된 셀에 쓰기
>
> 열: 현재 활성 상태인 셀에 쓰기
>
> 열: 7 ❸ {x} ⓘ
>
> 행: %idx% ❹ {x} ⓘ
>
> ♡ 오류   저장   취소

데이터 테이블과 엑셀 작업의 순번 비교

행과 열의 순번은 엑셀 관련 자동화를 구현할 때마다 헷갈린다. 엑셀에서 값을 읽은 값이 저장되는 데이터 테이블에는 행과 열이 0부터 시작하고 엑셀 파일에 값을 읽거나 쓸 때는 행과 열이 1부터 시작한다.

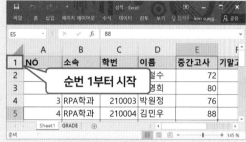

데이터 테이블 순번: 0부터 시작   엑셀 파일 쓰기 순번: 1부터 시작

---

07 반복문 안에서 현재 행의 번호를 저장할 변수 %idx%를 반복문 앞에 생성한다. '값' 필드에는 1을 입력한다.

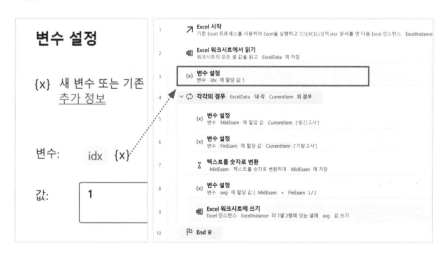

08 반복문 안에서 변수 %idx%에 1을 더하는 작업(%idx + 1%)을 추가한다. 엑셀의 행 번호를 증가시키면서 값을 쓰기 위한 목적이다.

<u>09</u> 흐름을 실행해서 엑셀 파일의 평균 점수가 업데이트되는지 확인해 보자. 평균 점수 입력이 완료되었으면 마지막으로 작업 [Excel] → [Excel 저장] 메뉴를 추가해서 엑셀 파일을 저장한다.

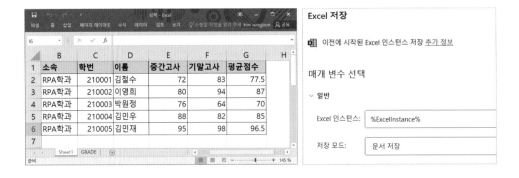

데이터 행 변수를 [각각의 경우] 작업으로 반복하기

데이터 행 변수를 [각각의 경우] 반복문에 입력하면, 개별 열의 값을 차례대로 출력할 수 있다. 앞서 수행했던 4단계의 [반복]을 [각각의 경우] 작업으로 변경해서 적용해 보자. ❶ 데이터 행 변수 %CurrentItem%의 열을 반복하면서 ❷ %EachItem% 변수에 개별 열의 값을 저장한다.

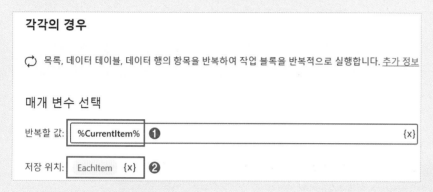

[메시지 표시] 작업의 표시할 메시지 항목에 %EachItem% 변수를 입력한다. 그리고, 흐름을 실행하면 엑셀의 개별 셀 값을 반복하면서 출력한다.

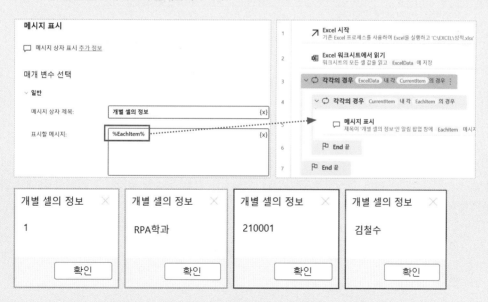

엑셀에 값 쓰기 (2): 학점 계산하고 쓰기

평균 점수에 따라서 학점을 입력하는 작업을 실습한다. 90점 이상의 점수는 A 학점, 89~80점은 B 학점, 79~70점은 C 학점으로 정의한다. 먼저, 엑셀 파일을 열어서 '학점' 칼럼을 추가하고 저장하자.

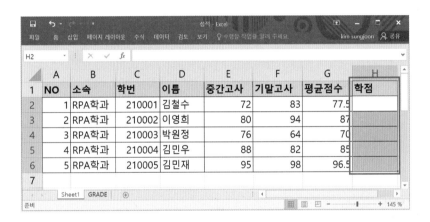

01 새로운 흐름을 생성한 후 앞서 실습한 흐름에서 엑셀 값을 읽는 작업과 [변수 설정] 작업을 복사해서 붙여 넣거나, 신규로 추가한다. 그리고 작업 [반복] → [각각의 경우] 메뉴를 추가하고 '반복할 값'에는 읽어 온 엑셀 데이터 %ExcelData%를 입력한다.

02 변수 %avg%를 [각각의 경우] 안에 생성해서 엑셀 파일의 '평균점수' 칼럼 값 %CurrentItem['평균점수']%를 저장한다.

03 평균 점수에 해당하는 학점을 매기기 위해, ❶ 작업 [조건] → [만약] 메뉴를 [변수 설정] 다음에 끌어 놓은 다음 A 학점에 해당하는 90점 이상의 조건을 입력한다. 그리고 ❷ 새로운 변수 %grade%를 [만약] 안에 만들고 A 값을 입력한다. ❸ 작업 [조건] → [그렇지 않다면] 메뉴를 추가해서 B 학점과 C 학점에 대한 조건문을 추가한다.

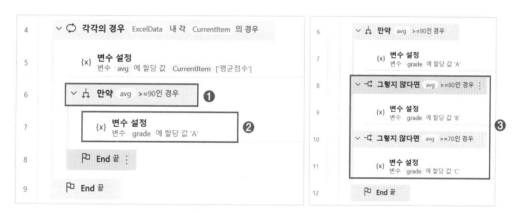

04 [End 끝] 작업 다음에 변수 %idx%에 1을 더하는 작업(%idx + 1%)을 추가한다. 엑셀의 행을 증가하면서 값을 쓰기 위한 목적이다.

05 엑셀 파일에 쓰는 작업을 추가하고자 작업 [Excel] → [Excel 워크시트에 쓰기] 작업을 [변수 설정] 작업 다음에 끌어 놓는다. 마지막으로 [Excel 닫기] 작업으로 엑셀 파일을 저장하고 닫는다.

① 쓸 값: 학점을 저장할 변수 **%grade%**를 입력한다.

② 열: 새로 추가한 학점 칼럼 순번인 **8**을 입력한다.

③ 행: 엑셀의 행 번호를 저장할 변수 **%idx%**를 입력한다.

흐름을 실행해서 학점이 올바르게 입력되는지 확인해 보자.

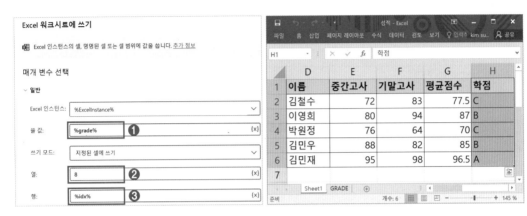

Q [Excel 쓰기]에서 '행' 항목에 %idx% 변수를 사용한 것처럼 '열' 항목에도 변수를 이용해서 열을 증가하면서 값을 쓸 수 있 나요?

A 네, 열도 행 변수처럼 변수를 활용하여 동적으로 열을 증가하면서 값을 쓸 수 있습니다. PAD에서 {x} 기호로 표시되는 모든 항 목은 변수를 사용할 수 있기 때문에, 원하는 로직의 결괏값을 변수에 할당하고 필요에 따라 활용할 수 있습니다. 이를 통해 유 연하고 동적인 작업 흐름을 구성할 수 있습니다.

엑셀 파일에 배경색 설정하기

PAD에는 엑셀 데이터에 색상을 설정하는 기능이 없기 때문에, 챗GPT에게 색상을 설정하는 Pow-erShell 또는 VBScript 코드 작성을 요청해서 적용할 수 있다.

👤 [C:\EXCEL\성적.xlsx] 엑셀 파일의 [H] 열이 "A"이면 녹색, "B"이면 보라색, "C"이면 파란색을 배경 색으로 설정하는 PowerShell 코드를 작성해 줘.

⬡ ───── 5-4 학점별 배경색 설정하기

```
# 엑셀 애플리케이션을 시작
$excel = New-Object -ComObject Excel.Application

# 엑셀 파일 열기
$workbook = $excel.Workbooks.Open("C:\EXCEL\성적.xlsx")
$worksheet = $workbook.Worksheets.Item(1)

# 마지막 행과 열 찾기
$lastRow = $worksheet.UsedRange.Rows.Count
$lastColumn = $worksheet.UsedRange.Columns.Count

# H열을 확인하고 배경색 설정
for ($rowIndex = 1; $rowIndex -le $lastRow; $rowIndex++) {
  $cellValue = $worksheet.Cells.Item($rowIndex, "H").Text

  # 조건에 따라 배경색 설정
  switch ($cellValue) {
    "A" { $worksheet.Cells.Item($rowIndex, "H").Interior.Color = 65280 }  # Green
    "B" { $worksheet.Cells.Item($rowIndex, "H").Interior.Color = 8388736 } # Purple
    "C" { $worksheet.Cells.Item($rowIndex, "H").Interior.Color = 16711680 }# Blue
    default { $worksheet.Cells.Item($rowIndex, "H").Interior.Color = -4142 } #
White
  }
}

# 변경사항 저장하고 Excel 종료
$workbook.Save( )
$excel.Quit( )
```

챗GPT가 생성한 코드를 PAD에 적용해 보자. 작업 [스크립팅] → [PowerShell 스크립트 실행]을 추가해서 코드를 붙여 넣는다. 흐름을 실행하면 학점별로 배경색이 설정된다.

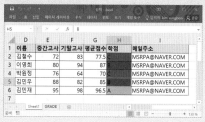

엑셀에 값 쓰기 (3): 값을 읽어 다른 파일에 쓰기

여러 엑셀 파일을 열어서 한 파일에서 값을 복사한 후 다른 파일에 입력하는 방법을 알아보자.

대학생은 군입대, 어학연수 등을 이유로 학기 중에 갑작스럽게 휴학할 수 있다. 성적을 관리하는 엑셀 파일이 있다면 학생의 재학 상태를 관리하는 엑셀 파일도 있다. 그리고 학생의 전화번호, 주소 등과 같은 개인정보를 관리하는 파일도 별도로 있을 것이다.

실제 대학교 현장에서는 학사 정보 시스템으로 학생 관련 정보를 관리한다. 다른 성격의 데이터가 개별 테이블에 분산 저장되고 학번과 같이 유일한 값을 기준으로 서로 연결된다. 이렇게 서로 연결된 테이블 구조를 **관계형 데이터베이스**라 한다. 엑셀 프로그램으로도 관계형 테이블 구조를 충분히 구현해 낼 수 있다. 물론 뒤에서 RPA와 엑셀을 데이터베이스로 연결하는 방법도 소개한다.

학생 성적과 수강 상태를 관리하는 2개의 엑셀 파일이 있다고 하자. 2개 파일은 학번으로 연결되어 있다. 두 번째 수강 상태 파일에서 개별 학생의 '수강상태'를 참조해서 첫 번째 성적 관리 파일을 업데이트하는 실습을 해보자.

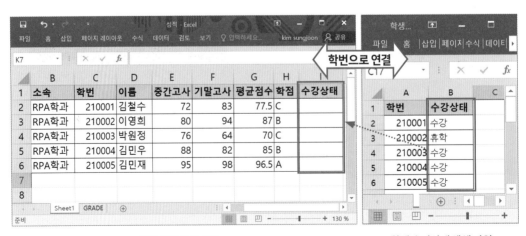

성적 관리 엑셀 파일   학생 수강상태 엑셀 파일

01 새로운 흐름을 생성한 후 엑셀 파일 2개를 여는 작업을 추가한다. 2번째 파일의 인스턴스 이름은 %ExcelInstance2%이다. 이외 작업도 모두 첫 번째 파일 작업에서 사용하는 변수 이름과 다르게 설정한다. 여기서는 변수 이름 뒤에 2를 붙여 구분했다. 하위 흐름을 생성해서 각 파일에 대한 작업을 별도로 관리하는 것도 좋다.

02 첫 번째 엑셀에서 읽은 데이터 테이블의 반복문 안에 두 번째 엑셀 데이터 테이블을 읽는 ❶[각각의 경우] 반복문을 추가한다. 앞 절과 마찬가지로 ❷ 첫 번째 [각각의 경우] 안과 밖에 각각 1을 입력한 %idx% 변수와 %idx + 1%을 입력한 %idx% 변수를 추가한다. 다음 그림에서 오른쪽을 참고하자.

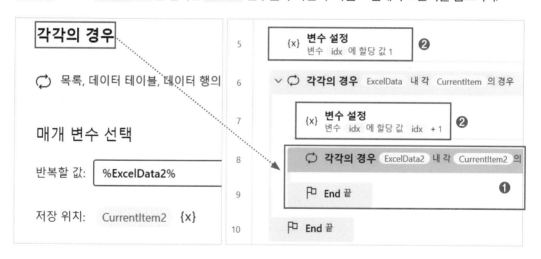

03 첫 번째 파일의 학번과 두 번째 파일의 학번이 같다면 두 번째 파일에서 해당 학번의 수강상태를 읽어오면 된다. 두 엑셀 파일의 학번을 비교하는 조건문을 추가하자.

만약

└ 이 문에 지정된 조건을 충족하면 실행되는 작업 블록의 시작을 표시합니다. 추가 정보

매개 변수 선택

첫 번째 피연산자: %CurrentItem['학번']%   {x}

연산자: 같음 (=)   ∨

두 번째 피연산자: %CurrentItem2['학번']%   {x}

04 두 번째 엑셀 파일에서 읽은 수강 상태를 첫 번째 성적 파일의 9번째 칼럼에 쓰는 작업을 추가한다. ❶ 'Excel 인스턴스'는 첫 번째 "성적.xlsx"파일인 %ExcelInstance%를 선택한다. ❷ '쓸 값'은 두 번째 파일의 수강상태 칼럼이므로 %CurrentItem2['수강상태']%로 입력해야 한다.

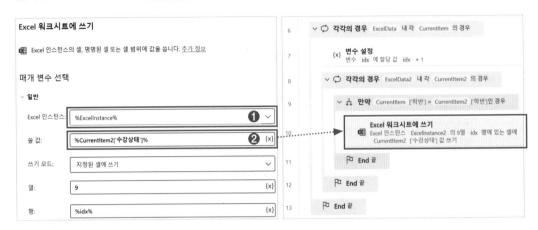

데이터 테이블, 목록 변수, 데이터 행 엑셀에 한 번에 쓰기

4단계 작업의 [매개 변수 선택] 작업의 '쓸 값'에 데이터 테이블, 목록 변수, 데이터 행을 입력하면 한 번에 여러 데이터를 쓸 수 있다.

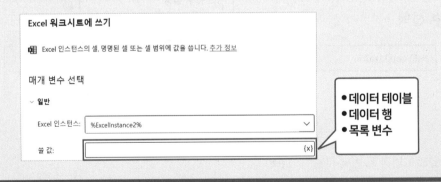

05 이미 두 번째 상태 파일에서 학생 정보를 찾았기 때문에 더는 검색할 필요가 없다. 반복문을 종료하는 작업을 추가하자. 작업 [반복] → [반복 종료] 메뉴를 [Excel 워크시트에 쓰기] 작업 뒤에 끌어 놓는다. 흐름을 실행해서 수강상태가 변경되는지 확인해 보자.

엑셀 함수 VLOOKUP 사용하기

엑셀에서 많이 사용하는 기능 중 하나는 VLOOKUP 함수이다. 엑셀 매크로를 잘 사용하는 담당자의 질문도 PAD에서 VLOOKUP을 구현하는 방법에 관한 것이었다.

두 번째 파일에서 수강상태를 가져와서 첫 번째 파일을 업데이트하려면 다음과 같이 VLOOKUP 수식을 입력한다. 두 파일에서 같은 학번을 비교해서 상태 값을 읽는다.

=VLOOKUP(C2, [학생수강상태.xlsx]Sheet1!$A$2:$B$6, 2, 0)

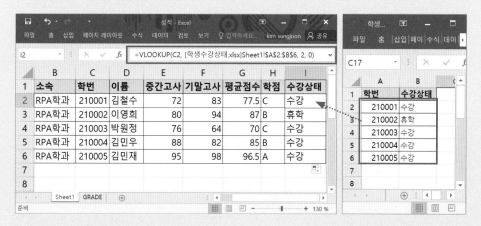

PAD 흐름에서 성적 파일의 수강상태를 입력할 때 VLOOKUP 값을 그대로 입력하면 앞에서 실습한 것과 똑같은 효과를 구현할 수 있다.

새로운 흐름을 생성해서 VLOOKUP을 셀에 쓰는 실습을 해보자. 엑셀 파일의 각 행에 쓸 때는 학번 칼럼 C는 같지만 행 순번은 2에서 6까지 늘어나야 한다. 그래서 다음과 같이 C열 다음에 현재의 행 번호를 가지는 변수 %idx%를 입력한다.

=VLOOKUP(C%idx%, [학생수강상태.xlsx]Sheet1!$A$2:$B$6, 2, 0)

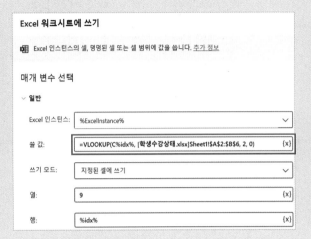

VLOOKUP 함수를 사용한 흐름은 다음과 같은 작업으로 구성되어 있다.

신규 파일에 헤더 행 작성하기

신규로 생성한 파일이나 워크시트에 헤더 열을 삽입하는 다양한 방법을 알아보자.

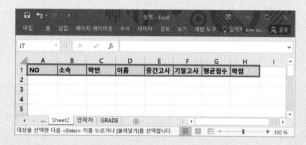

1. [Excel 워크시트에서 읽기]와 데이터 테이블 활용하기

[Excel 워크시트 읽기] 작업에서 시작 행과 끝 행을 모두 '1'로 입력하면, 데이터 테이블에 헤더 행만 저장된다. 이렇게 저장된 해당 값을 신규 워크시트에 쓰기 하면 된다. 당연히 끝 열은 [Excel 워크시트에서 첫 번째 빈 열/행 가져오기] 작업으로 처리해야 한다.

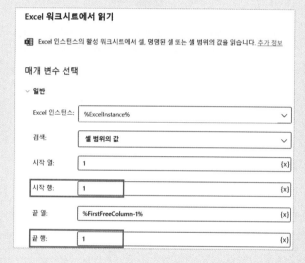

엑셀의 헤더 열만 데이터 테이블에 저장된다.

변수 값

ExcelData (데이터 테이블)

#	Column1	Column2	Column3	Column4	Column5	Column6	Column7	Column8
0	NO	소속	학번	이름	중간고사	기말고사	평균점수	학점

2. [Excel] & [고급] 기능 활용하기

`작업` [Excel] → [고급] → [Excel 워크시트에서 셀 복사], [Excel 워크시트에서 셀 붙여넣기] 메뉴를 활용하면 엑셀의 서식까지 그대로 복사해서 대상 워크시트에 붙여 넣을 수 있다.

3. 데이터 행 변수 활용하기

전체 Excel 데이터를 읽을 때
[범위 첫 번째 행을 열 이름으로
사용] 옵션을 해제하면 헤더 행
까지 데이터 테이블에 저장한다.

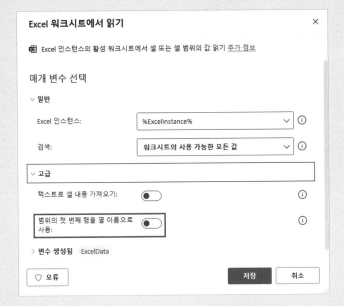

그런 후에 반복 구문 안에서 첫 번째 반복을 수행할 때 데이터 행 변수를 대상 워크시트에서 쓰기 하는 로
직을 구현하면 된다.

4. 데이터 테이블 세부 속성 활용하기

앞서 소개하였듯이, 데이터 테이블의 헤
더 행을 저장하고 있는 ColumnHead-
ersRow 속성을 활용하면 헤더 행을 쉽
게 가져올 수 있다.

엑셀 고급 기능 알아보기:
값 복사해서 다른 시트에 쓰기

PAD의 엑셀 고급 기능을 알아보자. 성적 엑셀 파일에서 '학번'과 '학점' 두 개의 칼럼을 복사해서 미리 만든 GRADE 워크시트로 붙여 넣는 실습을 진행한다.

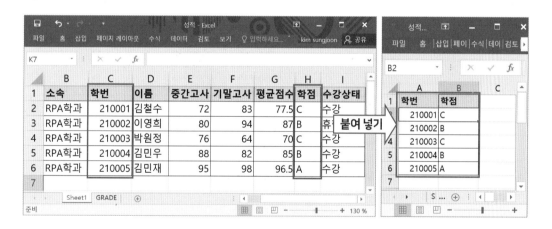

01 새로운 흐름을 생성한 후 엑셀 파일을 열고자 ❶ [Excel 시작] 작업을 끌어 놓는다. 엑셀 파일의 Sheet1이 활성화되어 있어야 한다. 그렇지 않다면 작업 [Excel] → [활성 Excel 워크시트 설정] 메뉴를 추가해서 Sheet1을 활성화한다. 엑셀 파일에서 '학번' 칼럼의 첫 번째 빈 행을 가져오려고 한다. ❷ 작업 [Excel] → [고급] → [Excel 워크시트에서 열의 첫 번째 빈 행 가져오기] 메뉴를 끌어 놓자. '열'에는 열 C 이름 또는 색인 3을 입력한다. 흐름을 실행하면 변수 %FirstFreeRowOnColumn%에 빈 행 번호 7이 저장된다.

02 C열의 1행부터 6행(1단계의 빈 행 -1)까지 셀 범위를 지정한다. 작업 [Excel] → [고급] → [Excel 워크시트에서 셀 선택] 메뉴를 끌어 놓는다. 열과 행을 입력하고 저장하자.

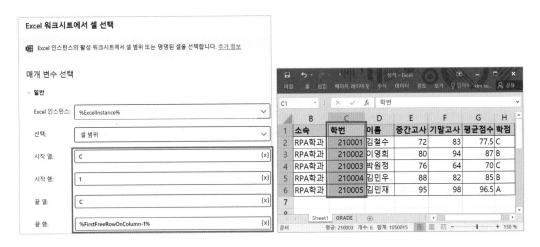

03 2단계에서 선택한 셀 값을 복사한다. 작업 [Excel] → [고급] → [Excel 워크시트에서 셀 복사] 메뉴를 추가한다. '복사 모드'로는 [선택한 셀의 값]을 선택한다. 이외에도 다양한 '복사 모드' 옵션이 존재한다.

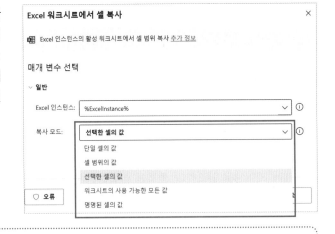

> **TIP**
>
> 엑셀 자동화에서 실행 시간이 많이 소요되는 부분 중 하나는 데이터를 읽는 [Excel 워크시트에서 읽기] 작업이다. [Excel 워크시트에서 셀 복사] 작업은 엑셀 데이터를 클립보드로 저장한다. 셀 복사 작업은 데이터 테이블에 값을 저장하는 [Excel 워크시트에서 읽기] 작업보다 훨씬 빠르다는 장점이 있다.

04 엑셀 워크시트 GRADE를 활성화한다. ❶ 작업 [Excel] → [활성 Excel 워크시트 설정] 메뉴를 추가하고 워크시트 이름에 **GRADE**를 입력한다. 그리고, GRADE 워크시트의 첫 번째 열과 행을 활성화하고자 ❷ 작업 [Excel] → [고급] → [Excel 워크시트에서 셀 활성화] 메뉴를 선택한다.

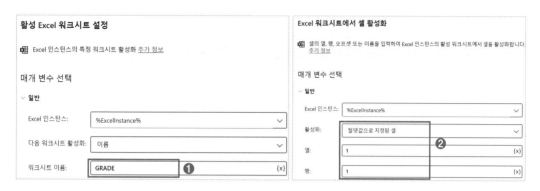

05 작업 [Excel] → [고급] → [Excel 워크시트에 셀 붙여넣기] 메뉴를 추가하고 ❶ '붙여넣기 모드'에서 [현재 활성 상태인 셀에 쓰기]를 선택한다. [지정된 셀에 쓰기]를 선택하면 4단계의 [Excel 워크시트에서 셀 활성화] 작업을 생략할 수 있다. [명명된 셀]은 엑셀에서 이름을 정의한 블록을 의미한다. ❷ 흐름을 실행하면 GRADE 워크시트에 학번 정보가 입력된다. 마찬가지 과정으로 학점도 복사해서 GRADE 시트에 붙여 넣기 작업을 완성해보자. 작업 [Excel] → [활성 Excel 워크시트 설정] 메뉴를 추가해서 Sheet1을 다시 활성화한 후에 [Excel 워크시트에서 셀 복사] 작업으로 데이터를 복사한다. GRADE 시트를 활성화하고 [Excel 워크시트에 셀 붙여넣기] 작업으로 붙여 넣는다.

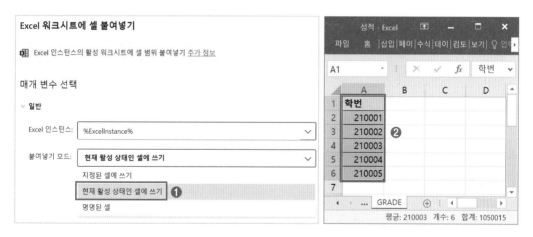

엑셀 고급 기능

작업	기능
Excel 매크로 실행	엑셀에 저장된 매크로 실행
활성 Excel 워크시트 가져오기	엑셀의 현재 활성화된 워크시트 이름 가져오기
모든 Excel 워크시트 가져오기	엑셀의 모든 워크시트를 가져와서 목록 변수에 저장
Excel 워크시트 삭제	이름 또는 색인으로 삭제
Excel 워크시트 이름 변경	이름 또는 색인으로 이름 변경
Excel 워크시트 셀 활성화	엑셀의 특정 셀을 활성화 1) 절댓값으로 지정된 셀: 범위 값을 직접 입력 2) 상대값으로 지정된 셀: 현재 활성화 셀을 기준으로 왼쪽, 오른쪽, 위, 아래를 이동하여 활성화할 수 있음
Excel 워크시트에서 셀 선택	엑셀의 워크시트에서 셀의 범위 선택(활성 셀을 기준으로 한 셀 범위를 선택하면 현재 셀 기준으로 상대값으로 셀 선택 가능)
Excel 워크시트에서 선택한 셀 범위 가져오기	엑셀 파일에서 선택한 셀의 범위 값을 가져옴
Excel 워크시트에서 셀 복사	엑셀에서 현재 선택한 셀 값을 복사해서 클립보드로 저장함
Excel 워크시트에 셀 붙여넣기	클립보드에 저장된 값을 엑셀에 붙여 넣음
Excel 워크시트에서 삭제	엑셀 워크시트 내의 값을 삭제
Excel 워크시트에 행 삽입	엑셀 워크시트에 행 삽입
Excel 워크시트에서 행 삭제	엑셀 워크시트에서 행 삭제
Excel 워크시트에 열 삽입	엑셀 워크시트에 열 삽입
Excel 워크시트에서 열 삭제	엑셀 워크시트에서 열 삭제
Excel 워크시트에서 열의 첫 번째 빈 행 가져오기	엑셀의 열에서 첫 번째 빈 행을 가져옴

엑셀 매크로 작업
사용하기

RPA를 도입하기 이전부터 엑셀 매크로를 이용한 업무 자동화는 많은 사무직원이 활용하던 것이었다. 엑셀의 기능은 보물 창고의 보석처럼 하나하나 버릴 것이 없다. 대학 시절 수강했던 강의 중 하나는 엑셀 수식 및 VBA 관련된 내용이 많은 부분을 차지했다. 당시에는 왜 이러한 내용을 배워야 하는지에 대한 의문이 들었다. 그러나 취업을 하고 직장 생활을 하면서 엑셀이 얼마나 중요한 오피스 도구인지 깨닫게 되었다.

다음은 재무팀에서 실행하는 엑셀 파일의 하나이다. VBA(Visual Basic Script) 매크로 소스를 직접 작성하여 하루에도 여러 번 실행해야 하는 반복 작업을 효율적으로 개선하였다.

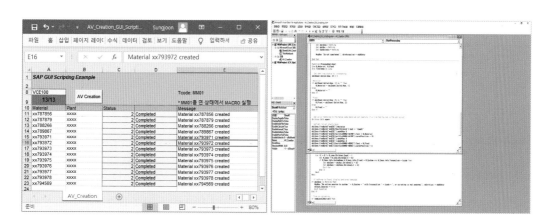

| 엑셀 파일 | VBA 매크로 소스 코드 |

PAD를 재무팀에 공식적으로 소개하기도 전에, 한 직원이 타 부서의 자동화 개선 사례를 전해 듣고 매크로 작업을 RPA로 개선하고 싶다는 의견을 전달해 왔다. 전문 영역이 아닌 매크로를 VBA 스크립트로 작성하는 것에 부담을 느낀 것이다. 매크로에 사용한 소스 코드를 전부 제거하는 것이 1차

목표라는 것은 서로 말을 하지 않아도 알 수 있었다.

다음 그림은 그 직원의 의견을 바탕으로 진행한 자동화 사례이다. SAP에서 데이터를 내려받고 엑셀로 데이터를 정리한 후 다시 SAP 마스터 데이터를 변경하는 작업이 여러 번 반복되는 작업 유형이었다. 14단계의 과정을 업무 유형별로 그룹화해서 5개의 데스크톱 흐름을 생성했다. 모든 데스크톱 흐름은 서로 호출 가능하도록 [데스크톱 흐름 실행] 작업으로 연결했다. 즉, 자동화 실행 버튼만 누르면 14단계의 작업이 한 번에 수행된다. 해당 자동화를 구현하는 과정에서 PAD의 엑셀 고급 작업들을 활용했다. 또한, SAP 자동화는 SAP Script Recording으로 구현하였기 때문에 자동화를 실행하는 동안에도 다른 작업을 병행할 수 있었다. 업무와 관련된 중요 정보가 있어, 일부 정보를 숨김 처리한 점을 양해 바란다.

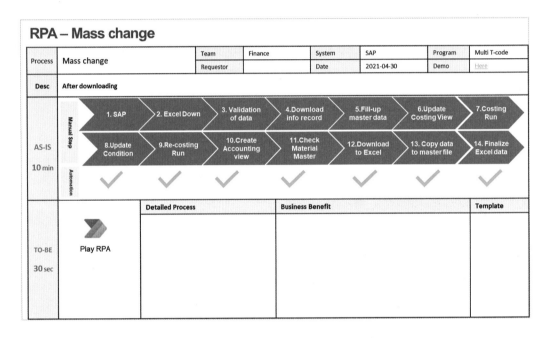

이번 절에서는 엑셀에서 매크로를 호출하는 방법에 대해서 알아보자. 그리고 PAD의 데스크톱 레코더 기능처럼 엑셀의 작업을 녹화해서 매크로를 작성하는 것도 포함한다. 해당 **매크로는 VBA 스크립트를 한 줄도 직접 입력하지 않는다**는 점을 강조하고 싶다.

실무에는 데이터를 편집하는 엑셀 파일과 실제 시스템에 올리는 템플릿 파일의 양식이 다를 때가 흔하다. 학생의 중간고사와 기말고사 성적을 관리하는 파일과 실제로 성적 관리 시스템에 올리는 엑셀 파일도 그 양식이 다르다. 왜냐하면 시스템에 엑셀을 올리는 작업은 오류를 예방하고자 추가 정보를 파일 상단에 설명해야 할 필요가 있기 때문이다. 다음 업로드용 엑셀 템플릿은 실습을 위해서 간단하게 수정한 것이다.

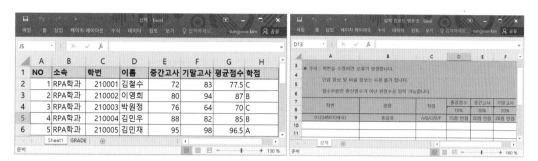

학생 성적 관리용 엑셀 파일　　　　　　시스템 업로드용 엑셀 템플릿

먼저 성적은 학점순으로 정렬해야 한다. 평균점수를 제외한 중간고사와 기말고사 성적은 템플릿 파일에 붙여 넣어야 한다. RPA로도 구현할 수는 있지만 꽤 복잡한 작업이 필요하다. 그러므로 이러한 엑셀 작업은 매크로 기능으로 녹화하고 PAD에서 엑셀 매크로를 호출하는 것이 더 효율적일 수 있다.

<u>01</u>　먼저, 현재 엑셀 문서에 매크로를 포함하여 저장하려면 엑셀 파일을 매크로 사용 통합 엑셀 문서인 xlsm 타입으로 변경해야 한다. 엑셀에서 [다른 이름으로 저장] 메뉴를 눌러서, [Excel 매크로 사용 통합 문서]로 저장한다.

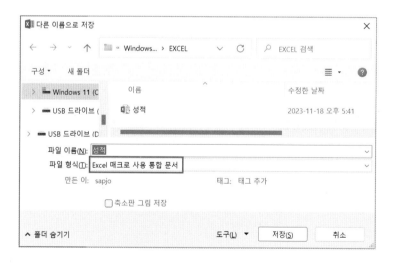

<u>02</u>　엑셀의 [보기] 탭의 [매크로] → [매크로 기록] 메뉴를 클릭한다. 매크로 이름을 입력하고, 매크로 저장 위치는 [현재 통합 문서]를 선택한다. [확인] 버튼을 누르면, 이제부터 엑셀에서 작업하는 모든 액션이 녹화된다.

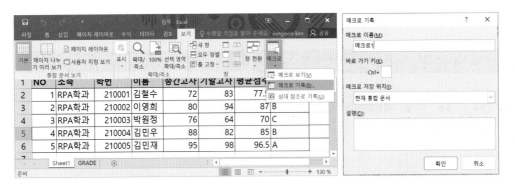

<u>03</u>　전체 셀을 선택한 후에 (작업) [데이터] → [정렬]을 선택해서 학점 기준으로 정렬한다. 그리고 성적 업로드 템플릿 엑셀 파일을 여는 것까지 매크로에 포함한다. 첫 번째 엑셀 파일에서 학번과 이름을 복사해서 템플릿 파일에 붙여 넣는다. 학점, 중간고사, 기말고사도 반복해서 템플릿 파일로 붙여 넣는다. 엑셀 작업이 완료되었으면 [보기] 탭 → [매크로] → [기록 중지] 버튼을 눌러 기록을 저장한다.

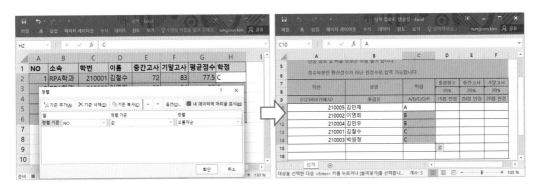

<u>04</u>　엑셀 매크로를 실행해서 녹화한 작업이 잘 동작하는지 확인해 보자. [매크로] → [매크로 보기] 메뉴를 클릭한 다음 방금 녹화한 매크로를 선택하고 [실행] 버튼을 누른다. 소스 코드 한 줄 입력하지 않았는데 엑셀이 녹화한 작업을 자동으로 실행한다. 그것도 아주 순식간에 완료해 버린다.

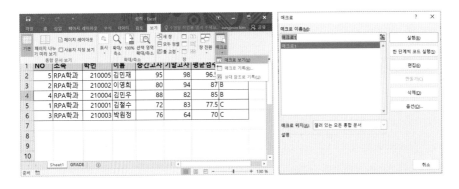

<u>05</u>　이제 PAD에서 엑셀 파일을 열어서 엑셀 매크로를 호출하면 자동화 작업이 완료된다. 새로운 흐름을 생성한 후에 ❶[Excel 시작] 작업으로 "C:\EXCEL\성적.xlsm" 파일을 연다. ❷ (작업) [Excel] → [고급]

→ [Excel 매크로 실행] 메뉴를 끌어 놓는다. 매크로에는 녹화했던 매크로 이름을 입력한다. 흐름을 실행해서 매크로가 실행되는지 확인해 보자.

 챗GPT 활용하기

평균 점수를 구하는 VBA 코드 작성하기

엑셀 자동화를 위해서, VBA 코드를 이용하면 매크로를 작성하여 특정 작업을 자동화하거나 반복적인 작업을 수행할 수 있다. 챗GPT에게 엑셀의 평균 점수를 구하는 VBA 코드 작성을 요청해 보자.

👤 현재 열려 있는 엑셀 파일의 E열과 F열 2번째 행부터 평균을 구해서 G열에 쓰는 VBA 코드를 작성해 줘.

🔵 ___ 5-7 평균값 구하기

```
Sub CalculateAndWriteAverageInActiveSheet( )
    Dim ws As Worksheet
    Dim lastRow As Long
    Dim i As Long

    ' 활성 시트 선택
    Set ws = ActiveSheet

    ' 마지막 행 찾기
    lastRow = ws.Cells(ws.Rows.Count, "E").End(xlUp).Row

    ' 평균 계산 및 G열에 입력
    For i = 2 To lastRow
        ws.Cells(i, "G").Value = (ws.Cells(i, "E").Value + ws.Cells(i, "F").Value) / 2
    Next i

    ' 메시지 표시 (선택적)
    MsgBox "평균이 계산되어 G열에 입력되었습니다.", vbInformation
End Sub
```

엑셀 프로그램에서 [개발 도구] 메뉴를 설정하기 위해서 메뉴 [파일] → [옵션]을 선택하고 ❶ [리본 사용자 지정] 메뉴에서 ❷ [개발 도구]를 선택하면 된다.

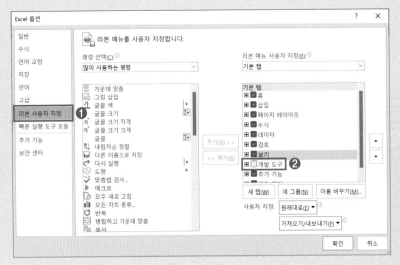

엑셀 파일의 ❶ 메뉴 [개발 도구] → [Visual Basic]를 선택한다. 상단의 [VBAProject]를 클릭하고 ❷ 마우스 우클릭하여 팝업된 메뉴에서 [삽입] → [모듈] 메뉴를 누른다. 그리고 ❸ 챗GPT가 작성한 스크립트를 붙여 넣은 후, ❹ ▶ 아이콘을 눌러서 실행하면, 평균값이 계산된다.

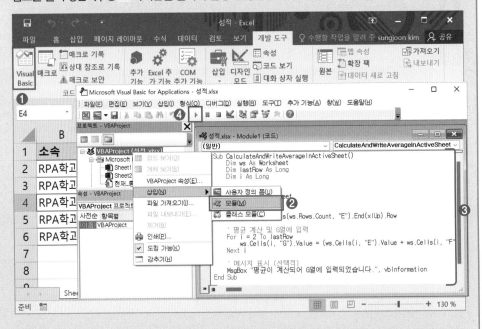

엑셀 파일을 xlsm 타입으로 저장한 후에 PAD에서 매크로를 호출하면, VBA가 실행되어 평균 점수가 계산된다.

엑셀 업무 자동화 응용하기

8.1 학생별 성적표 파일 만들기

학생 개인별 학점을 성적표 엑셀 파일로 저장하고 메일로 전송하는 자동화를 만들어 보자. 이러한 업무 자동화는 인사부서에서 매년 개인별 급여명세서를 메일로 송부하는 것과 같은 유사한 업무에 적용할 수 있다.

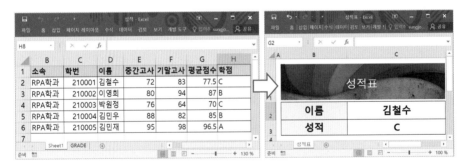

01 신규 흐름을 생성한 후, "성적.xlsx"파일을 열어서 데이터를 읽고 반복하는 작업을 구성한다. 그리고 개별 학생의 성적을 "학생이름.xlsx" 파일에 저장해야 하기 때문에 [Excel 시작] 작업을 반복문 안에 추가한다.

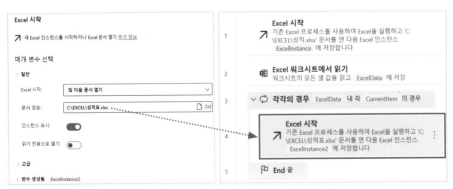

02 성적표 파일에 입력할 이름 셀은 ❶ [C2]이다. [Excel 워크시트에 쓰기] 작업을 추가해서 ❷ 열은 C, ❸ 행은 2를 입력한다. '쓸 값'은 성적 파일의 현재 데이터 행 학생 이름을 저장하고 있는 변수 ❹ %CurrentItem['이름']%이다.

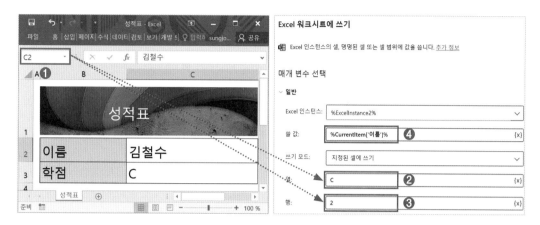

03 학점을 입력할 셀은 ❶ [C3]이다. [Excel 워크시트에 쓰기]를 추가해서 ❷ 열은 C, ❸ 행은 3을 입력한다. ❹ '쓸 값'은 성적 파일의 현재 데이터 행 ❹ %CurrentItem['학점']%이다.

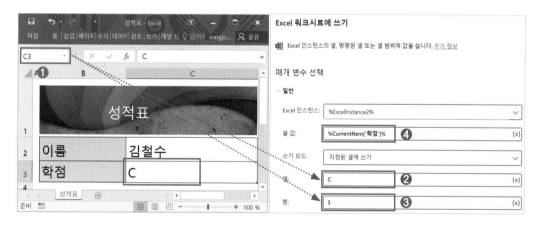

04 성적표 파일을 개인 학생 이름으로 저장하기 위해서 작업 [Excel] → [Excel 닫기]를 추가한다. ❶ '저장 모드'는 [다음 형식으로 문서 저장], ❷ '문서 형식'은 [기본(확장명 사용: xlsx)]을 선택한다. ❸ 문서 경로는 다음과 같이 입력한다.

C:₩EXCEL₩%m_item['이름']%

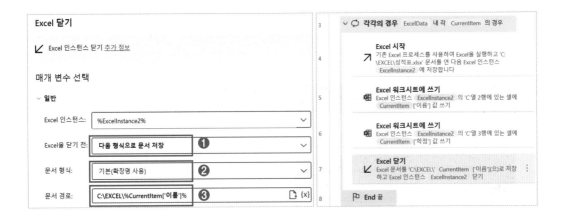

05 개인별로 성적표 파일이 저장되는지 중간 점검을 해보자. 학생별 엑셀 파일이 5개 생성되었고, 성적표 파일에는 이름과 학점이 저장되어 있음을 확인할 수 있다. 이후 실습 단계 진행을 위해서 엑셀 파일은 모두 삭제한다

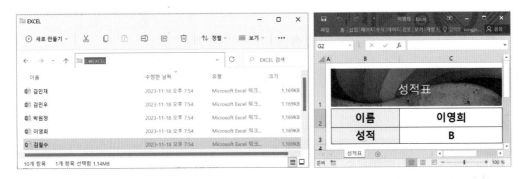

06 PAD는 엑셀 파일을 PDF로 변환하는 기능을 제공하지 않는다. 학생별 엑셀 파일을 PDF로 변환하기 위해 챗GPT에게 엑셀 파일을 PDF 파일로 변환하는 PowerShell을 요청해 보자.

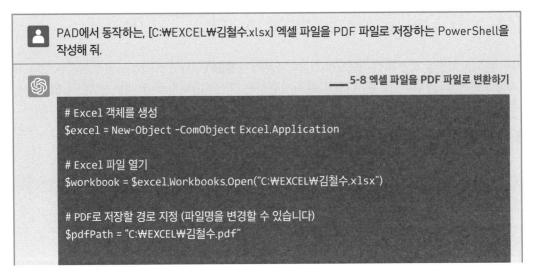

> PAD에서 동작하는, [C:₩EXCEL₩김철수.xlsx] 엑셀 파일을 PDF 파일로 저장하는 PowerShell을 작성해 줘.

5-8 엑셀 파일을 PDF 파일로 변환하기

```
# Excel 객체를 생성
$excel = New-Object -ComObject Excel.Application

# Excel 파일 열기
$workbook = $excel.Workbooks.Open("C:₩EXCEL₩김철수.xlsx")

# PDF로 저장할 경로 지정 (파일명을 변경할 수 있습니다)
$pdfPath = "C:₩EXCEL₩김철수.pdf"
```

```
# PDF로 저장
$workbook.ExportAsFixedFormat([Microsoft.Office.Interop.Excel.
XlFixedFormatType]::xlTypePDF, $pdfPath)

# Excel 파일과 Excel 객체 닫기
$workbook.Close()
$excel.Quit()
```

07 챗GPT가 제안한 소스 코드에서 "김철수.xlsx"와 "김철수.pdf" 이름을 수정해서 PAD에 적용해 보자.
작업 [스크립팅] → [PowerShell 스크립트 실행]을 추가해서, 스크립트를 붙여 넣는다. 작업의 코드를
다음과 같이 변수를 활용해서 수정하면, 파일 이름을 동적으로 변환할 수 있다.

❶ 변환할 대상 엑셀 파일 이름: **"C:₩EXCEL₩%CurrentItem['이름']%.xlsx"**
❷ PDF 파일로 변환된 파일 이름: **"C:₩EXCEL₩%CurrentItem['이름']%.pdf"**

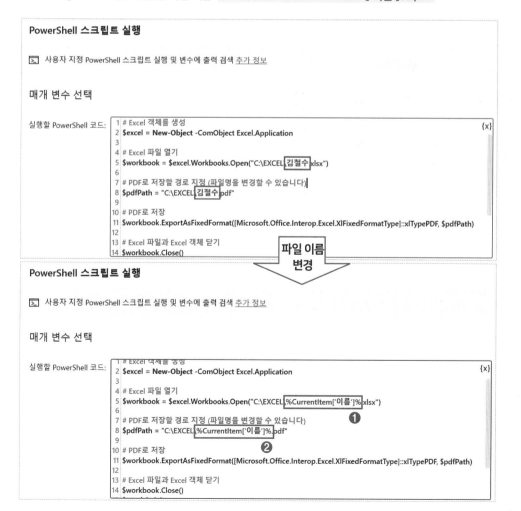

08 흐름을 실행하면, 학생별로 PDF 파일이 생성된다.

8.2 메일 발송 자동화하기

01 이제 개인별로 메일을 보내는 작업을 추가해 보자. 조직 또는 학교 계정은 Outlook(아웃룩)으로 쉽게 메일을 보낼 수 있다. 개인 계정을 사용 중이면, 4장 [04 웹 검색 결과 메일 전송하기] 절을 참고하여 네이버 계정으로 메일을 보내면 된다. 먼저 ❶성적 엑셀 파일에 '메일주소' 열을 추가하고, 테스트용 이메일 주소를 입력한다. 그리고 ❷ [작업] [Outlook] → [Outlook 시작]을 추가한다.

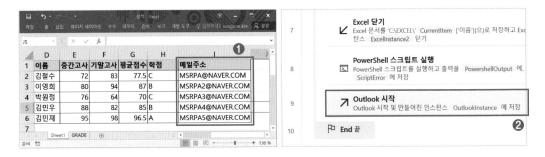

02 [Outlook으로 이메일 메시지 보내기] 작업을 삽입하고, 다음과 같이 설정한다.

❶ 계정: 발신자의 이메일 주소를 입력한다.

❷ 받는 사람: 메일 받을 사람(수신자) 주소를 입력한다. **%CurrentItem['메일주소']%**

❸ 제목: 메일 제목 입력(예: **%CurrentItem['이름']%**님의 성적표 입니다.)

❹ 본문: 메일 내용을 입력한다.

❺ 첨부 파일의 이름과 위치를 입력한다. C:₩EXCEL₩**%CurrentItem['이름']%**.pdf

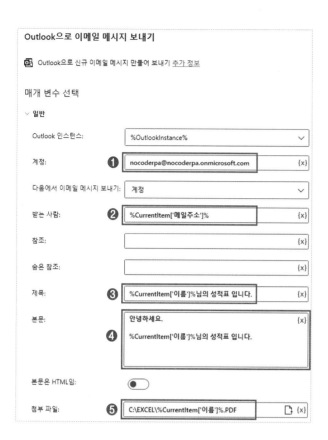

03 흐름을 실행해서 메일이 정상적으로 전송되는지 확인해 보자.

엑셀을 데이터베이스처럼 활용하기(ODBC 활용)

엑셀 파일을 데이터베이스 테이블처럼 활용해서, SQL 쿼리로 데이터를 빠르게 검색하거나 업데이트할 수 있다. 참고로 SQL(Structured Query Language, 구조화 질의)은 데이터베이스를 다룰 때 사용하는 언어이다. SQL의 WHERE 조건을 이용해 엑셀 파일의 데이터를 읽으면 효율적으로 데이터에 접근할 수 있다. 엑셀 데이터를 처리하는 과정에서 **성능 관련 문제가 발생할 때 해결책**이 될 수 있기에 간단히 소개해 보려고 한다. 천천히 따라 하면서 엑셀 파일을 SQL 구문으로 쿼리하는 방법을 알아보자.

<u>01</u> 새로운 흐름을 생성한 후 ❶ 작업 [데이터베이스] → [SQL 연결 활성화] 메뉴를 끌어 놓는다. 연결 문자열 작성 아이콘(🔟)을 눌러서 [데이터 연결 속성] 창으로 이동한다. ❷ OLE DB 공급자 목록에서 [Microsoft Office 12.0 Access Database~]를 선택하고 다음 화면으로 이동한다.

<u>02</u> ❶ [연결] 탭의 '데이터 원본'에 ❷ "C:\EXCEL\성적.xlsx" 파일 이름을 입력한다.

03 ❶ [모두] 탭으로 이동한 후에 ❷ [Extended Proper-ties] 항목을 더블클릭한다. ❸ 속성 값 항목에 "Excel 12.0 Xml;HDR=YES"을 입력한다.

04 [연결] 탭으로 이동하여 [연결 테스트] 버튼을 누르면 "연결 테스트를 성공했습니다." 라는 성공 메시지가 조회된다. [확인] 버튼을 눌러 설정을 마친다.

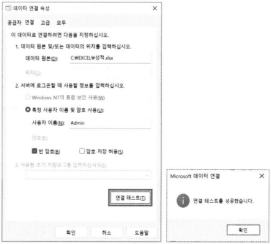

05 [SQL 연결 활성화] 작업의 연결 문자열이 완성된다. 해당 코드를 복사해서 파일 이름만 변경해서 다른 엑셀 파일에도 적용할 수 있다.

06 작업 [데이터베이스] → [SQL 문 실행] 메뉴를 추가한다. 엑셀 데이터에서 만들어진 테이블 데이터를 읽는 SQL은 SELECT 명령어를 이용한다. FROM 구문 다음에 테이블 이름을 입력하는데, 엑셀 파일에 사용할 때는 대괄호 [] 안에 워크시트+$를 입력한다. 흐름을 실행하면 SQL 결과가 데이터 테이블 변수 %QueryResult%로 저장되는 것을 확인할 수 있다.

SELECT * FROM [SHEET1$]

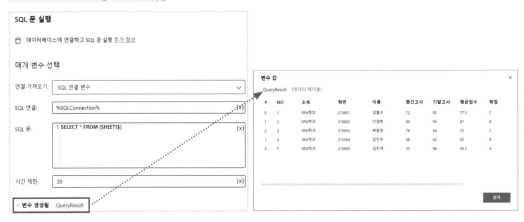

07 예제에서 SELECT 다음 별표 기호(*)는 모든 칼럼의 값을 가져오라는 뜻이다. 학번과 이름 열 2개만 추출하고 싶으면 다음과 같이 대괄호 [] 안에 열 이름을 사용해서 SQL 구문을 작성하면 된다.

SELECT [학번], [이름] FROM [Sheet1$]

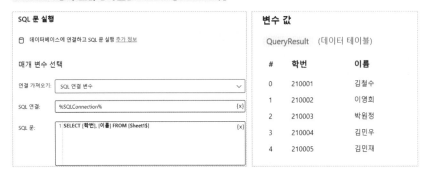

08 데이터베이스 테이블을 이용하는 장점 중 하나는 데이터를 검색할 때 조건을 사용할 수 있다는 것이다. 학생 데이터 중에 '김철수' 직원의 데이터만 가져오는 SQL 문을 완성해 보자. 조건 구문으로는 WHERE 구문을 사용한다.

SELECT [학번], [이름] FROM [Sheet1$] WHERE [이름] = '김철수'

실행 결과 WHERE 조건에 해당하는 데이터 1건만 조회된다. 이외 여러 조건을 이용해서 각자 실습해 보자.

09 이번에는 엑셀 파일 2개 시트에서 데이터를 서로 연결해서 하나의 결과를 가져오는 SQL 문을 작성해보려 한다. 엑셀 파일에 다음과 같이 '연락처' 워크시트를 만들어서 메일 주소를 업데이트하자.

	A	B
1	학번	메일주소
2	210001	msrpa@naver.com
3	210002	lyhee@naver.com
4	210003	parkwj@naver.com
5	210004	mjkim@naver.com
6	210005	mwkim@naver.com
7		

Sheet1 | 연락처 | GRADE

10 Sheet1 학생 성적 정보와 연락처 시트의 메일주소를 한 번에 가져오려면 두 테이블을 서로 연결(INNER JOIN)하는 SQL 구문을 작성한다. 이때 두 개 워크시트에서 유일한 값을 가지는 키 값인 "학번"으로 연결한다.

SELECT * FROM [Sheet1$] INNER JOIN [연락처$]

ON [Sheet1$].[학번]=[연락처$].[학번]

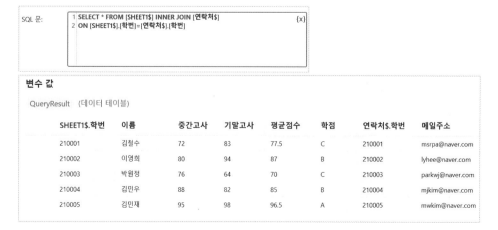

11 이름과 메일주소 2개 열만 추출하려면 다음과 같이 워크시트 이름과 열을 기술해서 SQL을 작성한다. WHERE 조건을 추가해서, 추출하려는 학번과 같은 데이터 조건을 설정할 수 있다.

SELECT [Sheet1$].[이름], [연락처$].[메일주소] FROM [Sheet1$]

INNER JOIN [연락처$] ON [Sheet1$].[학번]=[연락처$].[학번]

WHERE [Sheet1$].[학번]=20001

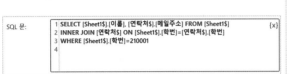

변수 값

QueryResult (데이터 테이블)

#	이름	메일주소
0	김철수	msrpa@naver.com

조 금 더
알아보기

데이터를 변경하는 SQL 알아보기

테이블에 데이터를 입력하거나 변경할 때는 다음과 같은 명령어를 사용한다.

명령어	기능
UPDATE	데이터 변경
INSERT	데이터 생성
DELETE	데이터 삭제

각각의 SQL 기능에 대해서 간략하게 실습한다. 자세한 사항은 시중의 SQL 서적을 참고하도록 하자.

명령어	**UPDATE 구문** 해당 학번의 메일주소를 변경한다. 숫자 타입은 작은 따옴표를 기술하지 않는다. UPDATE [연락처$] SET [메일주소] = 'nocode@outlook.com' WHERE [학번] = 210001

SQL 예제	SQL 문:
	```1 UPDATE [연락처$]``` `{x}`
	```2 SET [메일주소] = 'nocode@outlook.com'```
	```3 WHERE [학번] = 210001```
	```4```

명령어	**INSERT 구문** 새로운 행을 삽입한다. INSERT INTO [연락처$] ([학번], [메일주소]) VALUES (210006, 'MSRPA@naver.com')
SQL 예제	SQL 문: ``` 1 INSERT INTO [연락처$] {x} 2 ([학번], [메일주소]) 3 VALUES 4 (210006, 'MSRPA@naver.com') 5 ```
명령어	**DELETE 구문** 데이터베이스 테이블은 DELETE 구문으로 데이터를 삭제하지만, 엑셀을 대상으로 하는 SQL은 DELETE가 동작하지 않는다. UPDATE 구문으로 모든 칼럼을 NULL값으로 업데이트하는 대체 방식을 사용해야 한다. 또는 PAD의 **작업** [Excel] → [고급] → [Excel 워크시트에서 삭제] 또는 [Excel 워크시트에서 행 삭제] 메뉴를 활용한다. UPDATE [연락처$] SET [학번]=NULL, [메일주소]=NULL WHERE [학번]=210006
SQL 예제	SQL 문: ``` 1 UPDATE [연락처$] {x} 2 SET [학번]=NULL, [메일주소]=NULL 3 WHERE [학번]=210006 4 ```

데이터베이스 연결하기

PAD에서 MS Access 또는 MS SQL Express 데이터베이스에 연결할 수 있다. MS Access는 유료 버전이지만 MS SQL Express 서버는 누구나 무료로 사용할 수 있다는 장점이 있다. 단, MS SQL Express 사용법은 MS Access보다는 조금 더 까다롭다. 그리고 무료 버전이기 때문에 데이터베이스 용량을 10G로 제한하는 등의 제약 사항이 있다. 2개 데이터베이스 시스템에 대한 접근 방법은 네이버 카페의 [교재 보강 자료] 게시판을 참고하자.

URL https://cafe.naver.com/msrpa/30997

MICROSOFT
POWER
AUTOMATE

이번 장에서는 이미지나 PDF 파일에서 필요한 데이터를 텍스트로 추출하는 자동화 방법을 알아본다. 그리고, 후속 작업으로 추출한 문자열에서 일정한 패턴을 찾는 방법으로 정규표현식을 소개한다. 이와 함께 API를 이용한 시스템 간의 연결을 학습한다. 더불어, 자동화 실행 오류 처리 기능을 이용하여 더욱 안정화된 자동화를 구현하는 과정을 실습하고, 자동화 로봇을 다른 사람과 공유하고 예약한 시간에 자동으로 실행하는 방법을 소개한다.

# 6 장

PAD의 유용한 기능 알아보기

실행 영상 파일
https://cafe.naver.com/msrpa/31012

자동화에 OCR 활용하기

OCR(Optical Character Recognition, 광학문자인식)은 이미지에 저장된 텍스트를 컴퓨터가 인식할 수 있는 텍스트로 변환하는 기술이다. 사람이 직접 눈으로 확인해서 데이터를 입력하는 것보다 훨씬 빠르고 정확하기 때문에 오래전부터 실생활에 활용해왔다. 예를 들면, 우체국은 봉투에 적힌 주소를 판독하는 용도로 OCR 기술을 사용한다.

이미지 또는 화면에 포함된 글자를 빠르게 인식하여 문자열로 변환하므로 업무 자동화에서도 빼놓을 수 없는 중요한 기술이다. OCR은 AI와 연계해서 송장 문자 자동 인식과 같은 사무업무뿐 아니라 스마트 팩토리 구현에서도 중요한 역할을 하고 있다. AI OCR의 사용 영역은 점점 더 확장하는 중이다.

이번 절에서는 OCR 기능으로 이미지에서 텍스트를 추출하는 실습을 진행한다.

<u>01</u> 흐름을 생성하고 작업 [OCR] → [OCR을 포함한 텍스트 추출] 메뉴를 끌어 놓는다.

❶ OCR 엔진 유형: [Windows OCR 엔진] 또는 [Tesseract 엔진]을 선택한다.
❷ OCR 원본: [디스크의 이미지]를 선택한다. 이외에도 다음과 같은 옵션이 있다.
- [화면]: 윈도우 화면의 텍스트를 추출한다.
- [전경창]: 윈도우 전경창에서 텍스트를 추출한다.
❸ 이미지 파일 경로: 텍스트가 있는 이미지 파일을 경로에 입력한다.
❹ Window OCR 언어: [한국어]를 선택한다.

실습에 사용한 이미지는 다음 그림 중 오른쪽 그림이다.

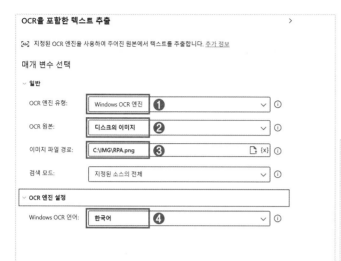

02 흐름을 실행하면 1단계에서 생성한 변수에 추출된 텍스트 값이 저장된다

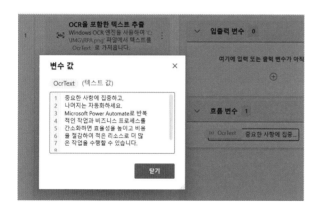

OCR 관련 PAD 작업 살펴보기

PAD에서 제공하는 기타 OCR 관련 작업을 살펴보자.

1. [화면에서 텍스트 대기(OCR)]

작업 [OCR] → [화면에서 텍스트 대기(OCR)] 메뉴를 이용하면 화면에 설정한 텍스트가 조회될 때까지 자동화 흐름을 대기한다. 다음과 같이 작업을 추가하면 화면에 '중요한 사항'이라는 텍스트가 나타날 때까지 대기한다.

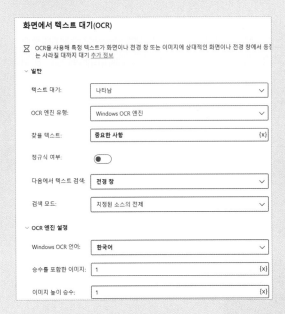

2. [화면의 텍스트인 경우(OCR)]

작업 [OCR] → [화면의 텍스트인 경우(OCR)] 메뉴는 화면에 해당 텍스트가 있는지 체크해서 IF 구문과 같이 로직을 분기하는 역할을 한다. OCR 작업에서 설정한 텍스트가 화면에 인식되면 조건문 내의 후속 작업이 처리된다.

PDF 자동화: PDF 파일에서 텍스트 추출하기

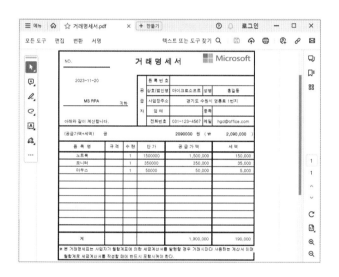

텍스트와 이미지로 구성된 거래명세서와 같은 PDF 파일에서 텍스트나 이미지를 추출할 수 있다.

PDF 파일을 자동화할 때 가장 먼저 확인해야 하는 점은 파일의 해상도이다. 종이 문서를 스캔한 PDF 파일은 해상도가 좋지 않기 때문에, 대부분의 RPA 도구는 파일 내 문자를 인식하지 못한다. 더군다나 현장에서 사용한 종이 문서는 현장 작업자가 손으로 쓴 글자까지 포함된 경우가 있다.

거래하는 업체가 많을 수록 PDF 양식은 제 각각이다. 심지어는 26개 거래처의 다양한 PDF 문서를 자동화해야 하는 경우도 있었다. 업체에서 메일로 보내는 송장 문서에서 송장 번호, 일자, 수량, 가격 정보를 추출해서 ERP 시스템에 입력하는 수작업을 자동으로 처리하는 업무 유형이다. PDF 문서를 눈으로 확인하고 ERP에 입력하는 반복 작업에 많은 시간을 빼앗길 뿐만 아니라 사용자 실수(휴먼 에러)로 잘못된 데이터를 입력하기도 한다.

다음 문서는 현업의 요구사항이 접수되면 자동화가 가능한지 분석하는 장표의 일부이다. 현업 담당자가 본인의 업무를 자동화할 때는 굳이 개발 요구사항 분석이나 개발 사양서 같은 문서를 작성할 필요는 없다. 흐름의 순서를 도식화하는 수준이면 충분하다. PAD를 이용한 자동화는 엑셀처럼 업무 속으로 내재화되어야 하기 때문이다. 엑셀에서 수식을 작성하거나 VBA 코드를 현업에서 작성할 때 개발 사양서를 요구하지 않는 것과 같은 이치이다. 다만, IT 부서에서 개발하는 업무 자동화는 관련 산출물을 작성하는 것이 필요하다. 이 책은 시민 개발자가 엑셀 자동화를 스스로 구현하는 것을 목적으로 하기 때문에, 딱딱하고 어려운 내용은 최대한 배제하고 있다.

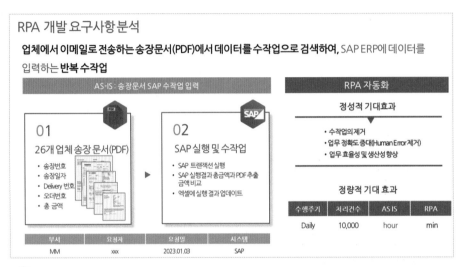

> **TIP**
> PDF 또는 이미지 파일에서 데이터를 추출하는 것은 파워 오토메이트 클라우드의 AI Builder를 활용하는 것이 효율적이다. AI Builder는 유사한 양식의 문서들을 학습해서 동적으로 데이터를 추출해낼 수 있다. 예를 들면, 구매한 품목 리스트의 개수는 매번 다르지만 AI Builder는 테이블 형태로 데이터를 정확하게 인식해 낸다. 파워 오토메이트 클라우드의 AI Builder 기능에 대한 자세한 내용은《노코드, 자동화에 날개를 다는 MS 파워 오토메이트 클라우드》(2023년 출간, 프리렉) 서적을 참고하자.

01 새로운 흐름을 생성한 후 [작업] [PDF] → [PDF에서 텍스트 추출] 메뉴를 끌어 놓는다. 거래명세서와 같은 PDF 파일을 선택하고 흐름을 실행하면 파일에 있는 영문이나 한글 텍스트가 모두 추출된다.

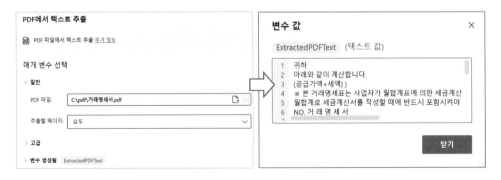

실습에 사용되는 "거래명세서.pdf" 파일은 다음 게시글에서 내려받을 수 있다.

URL https://cafe.naver.com/MSRPA/5

02 이번에는 작업 [PDF] → [PDF에서 이미지 추출] 메뉴를 추가해서 확인해 보자.

❶ 이미지 이름: 추출한 이미지를 저장할 파일 이름을 입력한다.

❷ 이미지 저장 위치: 추출한 이미지를 저장할 폴더를 지정한다.

흐름을 실행하면 해당 폴더에 이미지가 추출되어 저장된다.

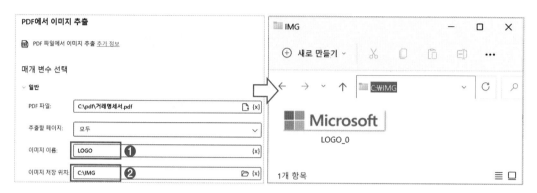

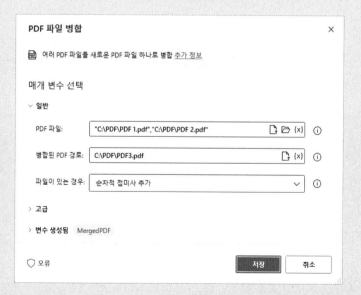

조금 더 알아보기

PDF 파일 병합하기

작업 [PDF] → [PDF 파일 병합] 메뉴를 이용하면 여러 개의 PDF 파일을 하나로 합칠 수 있다. 여러 개의 PDF 파일을 병합할 때는 개별 파일은 큰따옴표 기호("") 안에 포함하고 쉼표(,)로 구분한 파일의 전체 경로를 입력해서 병합한다.

병합할 PDF 파일을 목록 변수에 추가해서
사용할 수도 있다.

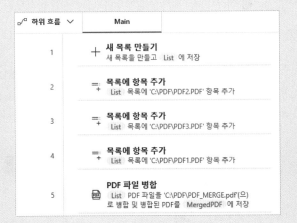

PDF 파일을 병합할 때는 가장 뒤에 있는
문서가 병합된 파일의 첫 번째 파일로 설정
된다. 즉, 다음 목록 변수에서 맨 밑에 있는
'PDF1' 파일이 병합한 파일의 첫 페이지가
된다.

그리고 PDF 파일을 대상으로 작업 [PDF] → [새 PDF 파일로 PDF 파일 추출] 메뉴를 이용하면 원하는
페이지만 추출하여 새로운 PDF 파일을 만들 수 있다.

MS 워드 자동화: MS 워드 파일에서 텍스트 추출하기

MS 워드 파일을 열어서 값을 읽거나 입력한 후에 저장할 수 있다. 작업 [Word] 아래 작업들을 이용해서 워드 자동화를 구현한다. 각 작업의 명칭만으로도 해당 기능을 짐작할 수 있기 때문에 자세한 설명은 생략하고, 워드 파일에 텍스트를 입력한 후 저장하는 간단한 실습을 진행한다.

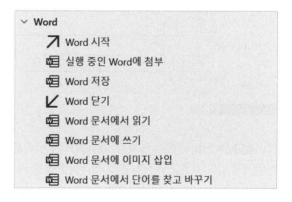

01 새로운 흐름을 생성한 후 작업 [Word] → [Word 시작] 메뉴를 끌어 놓는다. Word 시작 옵션에서 [빈 문서]를 선택하고 저장한다. [및 다음 문서 열기]를 선택하면 경로를 지정하여 워드 파일을 선택하여 열 수 있다.

<u>02</u> [작업] [Word] → [Word 문서에 쓰기] 메뉴를 끌어와서 ❶쓸 텍스트 매개 변수에 워드에 쓸 텍스트를 입력한다. ❷[줄 바꿈 추가]를 활성화하면 새 줄이 포함된다. ❸텍스트를 쓸 대상은 [Word 파일 시작]을 선택하고 저장한다.

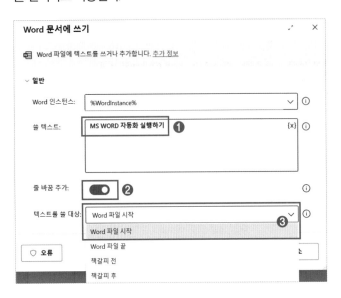

<u>03</u> [작업] [Word] → [Word 저장] 메뉴를 추가한다. ❶문서 형식은 [기본(확장명 사용)]을 선택하고, ❷문서 경로에 워드 파일을 저장할 경로와 파일 이름을 저장한다. 그리고 흐름을 실행하면 워드 파일이 생성된다.

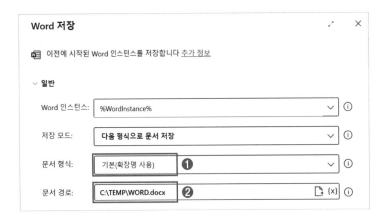

[작업] [Word] → [Word 문서에서 읽기] 작업을 이용하면 워드 파일에서 텍스트를 읽어 올 수 있다. 또한, VBScript를 사용하여 MS 워드 파일에서 텍스트를 추출할 수도 있다. PAD 도움말 사이트에서 설명과 함께 스크립트를 제공한다. 도움말 사이트로 이동해서 우측 '제목으로 필터링' 검색란에 'VBScript'라고 입력하면 아래에 해당 단어를 포함한 메뉴를 표시한다. 해당 페이지로 이동한 다음, [복사] 버튼을 눌러 스크립트를 클립보드로 복사하자.

URL https://learn.microsoft.com/ko-kr/power-automate/desktop-flows/how-to-ex-tract-text-word-document

다음과 같은 워드 파일에서 텍스트를 추출하는 작업을 실습해 보고자 한다.

01 새로운 흐름을 생성한 후 작업 [스크립팅] → [VBScript 실행] 메뉴를 추가한다. 그리고 도움말 사이트에서 복사한 스크립트를 붙여 넣는다. 스크립트 안에 정의하지 않은 변수가 있으므로 작업을 저장하면 변수가 없다는 오류가 발생한다.

Word.Documents.open("%FilePath%")

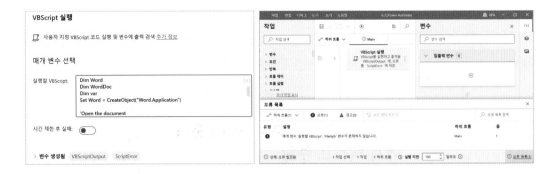

02 작업 [메시지 상자] → [파일 선택 대화 표시] 작업을 [VBScript 실행] 작업 앞으로 끌어 놓고 선택한 파일 이름에 1단계의 변수 %FilePath%를 지정한다. 또는 직접 %FilePath% 변수를 생성해서 파일의 전체 경로를 넣어도 된다.

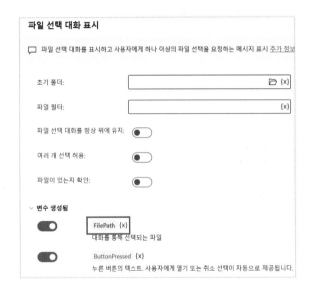

03 흐름을 실행해서 결과를 확인해 보자. 한글과 영문 모두 인식률이 좋음을 알 수 있다.

VBScript

VBScript(VB스크립트, Visual Basic Scripting Edition)는 마이크로소프트에서 개발한 스크립트 언어로서, 주로 윈도우 환경에서 사용된다. 엑셀 프로그램에서는 VBA를 이용해 매크로를 작성하여 특정 작업을 자동화하거나 반복적인 작업을 수행할 수 있다. VBScript는 엑셀 VBA(Visual Basic for Applications)와 유사한 문법을 사용한다. VBScript는 엑셀, 워드 등의 MS 오피스 프로그램 자동화에 유용하게 활용할 수 있다. 챗GPT에게 자동화에 필요한 VBScript 코드 작성을 요청하고, 해당 코드를 [VBScript 실행] 작업에 적용하면 더욱 정교하고 다양한 자동화 구현이 가능하다.

 [C:₩EXCEL₩성적.xlsx] 엑셀 파일의 2번째 행부터 [G]열의 순위를 구해서, [H]열에 쓰는 VBScript를 작성해 줘.

 ___ Copy

```
Set objWorkbook = objExcel.Workbooks.Open("C:₩EXCEL₩성적.xlsx")
Set rngData = objWorksheet.Range("G2:G" & objWorksheet.
Cells(objWorksheet.Rows.Count, "G").End(-4162).Row)
Set rngRank = objWorksheet.Range("H2")
For Each cell in rngData
    rankValue = objWorksheet.Application.WorksheetFunction.Rank(cell.
Value, rngData)
    rngRank.Value = rankValue
    Set rngRank = rngRank.Offset(1, 0)
Next
--이하 생략--
```

 [C:₩EXCEL₩교육수료증.docx] WORD 파일의 첫 번째 표의 1행 2열에 [김철수]라고 입력하고, [C:₩EXCEL₩김철수.docx] 파일로 저장하는 VBScript 작성해줘.

 ___ Copy

```
Set objDoc = objWord.Documents.Open("C:₩EXCEL₩교육수료증.docx")
' 1행 2열에 [김철수] 입력
objDoc.Tables(1).Cell(1, 2).Range.Text = "김철수"
' 저장 및 종료
objDoc.SaveAs "C:₩EXCEL₩김철수.docx"
--이하 생략--
```

정규식 활용 자동화

정규식(정규표현식, Regular Expression)은 일정한 규칙으로 문자열을 검색하고 치환할 목적으로 사용하는 공통 표현식이다. 미국의 수학자 스티븐 클린(Stephen Kleene)이 개발하였으며 많은 프로그래밍 언어에서 문자에서 규칙을 찾을 때 사용하는 공용 코딩 기법이다. 사용자가 입력한 비밀번호가 특정한 패턴(문자+숫자+특수문자 조합)에 들어맞는지 유효성을 검사할 때도 사용한다.

앞서 실습한 이미지, PDF 문서 그리고 워드 문서 등에서 문자열을 추출한 것은 해당 텍스트에 어떠한 유용한 정보가 있는지 검색하기 위한 목적이 있다. 전화번호나 이메일 주소 같은 정보가 대표적인 예라고 할 수 있다. 이러한 **패턴이 있는 문자열을 검색하려면 정규식을 사용하는 것이 가장 효율적**이다. 그리고 정규식을 사용해야 정확한 결과를 얻을 수 있다.

> **조금 더 알아보기**
>
> ### 자연어 처리
>
> 자연어 처리(NPL, Natural Language Processing)는 컴퓨터를 이용해 사람이 일상적으로 사용하는 자연어를 분석하고 처리하는 기술이다. 정규식은 문자열에서 일정한 규칙(패턴)을 찾아서 필요한 데이터를 추출하는 것이 주목적이다. 반면에 자연어 처리는 사람의 언어를 정밀하게 분석하여 여러 가지 의미 있는 결과를 도출해낼 수 있다. 예를 들면 특정 제품의 사용자 후기를 분석해서 긍정적 표현과 부정적 표현을 구분하거나 중요한 단어군이 몇 번 사용되었는지 등을 분석할 수 있다. "빅스비, 오늘 날씨 어때?", "시리, 지금 몇 시야?" 등과 같은 음성 인식도 자연어 처리의 대표적인 사례이다.
>
> MS Azure Cognitive Services의 Text Analytics와 Google Cloud Platform의 자연어 처리 기능 등을 활용해도 된다. PAD에서는 `작업` [Microsoft Cognitive] → [Text Analytics] 또는 `작업` [Google 인지] → [자연어] 메뉴를 사용하면 된다. 또는 PAD에서 챗GPT를 API로 연결해서 자연어에 대한 자동화를 구현할 수 있다. 예를 들어, 쿠팡과 같은 쇼핑몰에서 구매 후기를 추출해서 엑셀로 저장하고, 상품평이 "긍정"인지 "부정"인지 평가하는 작업을 챗GPT에게 요청하여 집계할 수 있다.

이 책에서 정규식의 모든 문법을 설명하지는 않는다. 텍스트에서 전화번호와 이메일 패턴을 찾는 정규식을 실습하는 정도로 정리한다. 정규식을 어떻게 사용하는지 기본 내용을 이해한 후에 웹 검색 등을 통해서 스스로 학습하자. 추가로, 작업 [텍스트] → [텍스트의 엔터티 인식] 메뉴를 이용하면 텍스트에서 전화번호/이메일 등과 같은 패턴이 정해진 정보를 추출할 수 있다. 예를 들어, 앞서 실습한 [02 PDF 자동화: PDF 파일에서 텍스트 추출하기] 과정에서 추출한 텍스트로부터 이메일 주소를 가져올 수 있다.

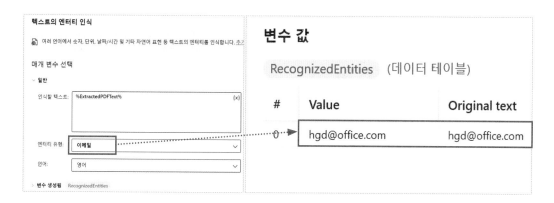

01 새로운 흐름을 생성한 후 작업 [변수] → [변수 설정] 메뉴를 끌어 놓고 나서 %RegText% 변수를 생성하고 종료 필드에 다음 내용을 입력한다. 텍스트에서 찾으려는 패턴은 전화번호이다. 실습 예제에는 다른 형태의 전화번호 3개가 있다.

- **전화번호 1: 010-1234-5678**
- **전화번호 2: 010-321-7654**
- **전화번호 3: 01033335555**

02 작업 [텍스트] → [텍스트 구문 분석] 메뉴를 추가한다.

❶ 구문 분석할 텍스트: 1단계에서 입력한 텍스트 변수 **%RegText%**를 선택한다.

❷ 찾을 텍스트: 찾을 텍스트 또는 정규식을 입력한다. 여기서는 전화번호를 나타내는 정규식 ₩d{3}-?₩d{3,4}-?₩d{4}를 입력한다.

❸ 정규식 여부: 정규식을 사용할 것이므로 활성화한다.

❹ 위치에서 구분 분석 시작하기: 시작할 위치 **0**을 입력한다.

❺ 첫 번째 항목만: 여러 개의 전화번호를 찾을 것이므로 비활성화한다.

❻ 대/소문자 무시: 전화번호에 대/소문자는 의미가 없으므로 비활성화한다.

❼ 변수 생성됨: 위치 **%Positions%**와 값 **%Matches%**를 반환한다.

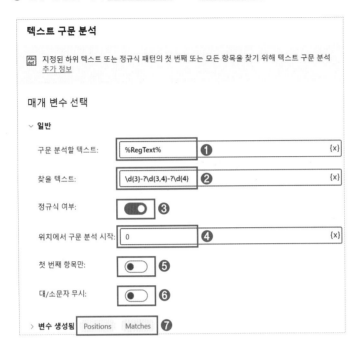

03 흐름을 실행해서 2단계의 결과로 생성된 두 개의 변수를 확인해 보자. 텍스트에 적힌 3개의 전화번호와 시작 위치가 각각 목록 변수로 반환된다.

이제 2단계에서 사용한 정규식을 해석해 보자.

₩d{3}-?₩d{3,4}-?₩d{4}

- ₩d: 숫자를 뜻함
- {3}: 3자리
- -: 기호

- **?: 앞 자리의 - 기호가 0개 또는 1개**
- **{3,4}: 3자리 또는 4자리**
- **{4}: 4자리**

TIP

\와 ₩는 동일한 기호이다.

04 이번에는 텍스트에서 이메일 주소 패턴이 있는 문자열을 검색하는 정규식을 구현해 보자.
문자열에서 다음 2개의 메일 주소를 추출하려 한다. 이메일 주소는 문자 또는 숫자로 시작할 수 있다. 이메일 중간에는 @와 .(온점)기호로 구성된다. 그리고 마지막 문자열은 영문자이어야 한다.

- **이메일 1: msrpa@naver.com**
- **이메일 2: 01012345976@daum.co.kr**

05 전화번호를 찾을 때와 마찬가지로 [텍스트 구문 분석] 작업을 추가하자. 찾을 텍스트에는 다음 정규식을 입력한다.

[0-9a-zA-Z]₩w{1,}@₩w{1,}.₩D{1,}.?[A-Za-z]

06 흐름을 실행하고 결과를 확인하면 다음과 같다.

변수 값

Matches (목록 텍스트 값)

#	항목
0	msrpA@naver.com
1	01012345976@daum.co.kr

변수 값

Positions (목록 숫자 값)

#	항목
0	97
1	121

정규식은 수학식과 같아서 사람마다 다른 로직으로 구현할 수 있다. 5단계에서 사용한 정규식을 해석해 보자.

[0-9a-zA-Z]\w{1,}@\w{1,}.\D{1,}.?[A-Za-z]

- [0-9a-zA-Z]: 숫자 또는 영문 대소문자 1자리
- \w{1,}: 영문자 + 숫자 + 기호(_) 1자리 이상
- @: 기호 @
- \D{1,}: 숫자가 아닌 문자 1자리 이상
- .?: .이 나오지 않거나 1회 나오거나 (.com 또는 .co.kr을 구분하기 위함)
- [A-Za-z]: 영문 대소문자

정규식을 활용하여 데이터 추출 자동화하기

정규식 패턴은 수학식과 유사하여 그 규칙을 습득하기 위해서는 상당한 연습이 필요하다. 더군다나, 가끔 사용하는 정규식 패턴을 적용하기 위해, 이전에 기억했던 문법을 다시 상기하는 것도 쉬운 일이 아니다. 이럴 때, 챗GPT에게 정규식을 요청하면 쉽게 정규식 코드를 작성할 수 있다.

다음과 같은 문장에서
김철수의 이메일 주소는 msrpa@naver.com 입니다.
이영희의 이메일 주소는 ms_rpa@daum.co.kr 입니다.
조영수의 이메일 주소는 msrpa@abc_def.com 입니다.

다음 이메일 주소만 추출하는 정규식 패턴을 만들어 줘.
msrpa@naver.com
ms_rpa@daum.co.kr
msrpa@abc_def.com

___ Copy code

```
\b[A-Za-z0-9._%+-]+@[A-Za-z0-9.-]+(?:_[A-Za-z0-9.-]+)?\.[A-Za-z]{2,}\b
```

GPT가 작성한 정규식 패턴을 [텍스트 구문 분석] 작업에 붙여 넣으면 구문 오류가 발생한다. 왜냐하면, % 기호는 PAD에서 변수를 정의하는 특수문자이기 때문이다. % 기호를 문자로 인식하기 위해서 다시 한 번 % 기호를 앞에 써준다.

[A-Za-z0-9._%+-]   [A-Za-z0-9._%%+-]

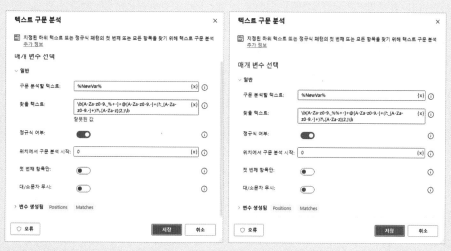

흐름을 실행하면, 다음과 같이 메일 주소만 추출해서 목록 변수에 반환한다.

정규식 문법

다음은 정규식의 일부를 위키백과에서 발췌한 것이다. 전체 정규식 문법은 위키백과 사전이나 웹 포털에 정리된 내용을 참고하도록 하자.

메타 문자	기능	설명
.	문자	1개의 문자와 일치한다. 단일 행 모드에서는 새 줄 문자를 제외한다.
[ ]	문자 클래스	"["과 "]" 사이의 문자 중 하나를 선택한다. "¦"를 여러 개 쓴 것과 같은 의미이다. 예를 들면 "[abc]d"는 "ad", "bd", "cd"를 뜻한다. 또한, "-" 기호와 함께 쓰면 범위를 지정할 수 있다. "[a-z]"는 "a"부터 "z"까지 중 하나, "[1-9]"는 1부터 9까지 중의 하나를 의미한다.
[^]	부정	문자 클래스 안의 문자를 제외한 나머지를 선택한다. 예를 들면 "[^abc]d"는 "ad", "bd", "cd"는 포함하지 않고 "ed", "fd" 등을 포함한다. "[^a-z]"는 알파벳 소문자로 시작하지 않는 모든 문자를 의미한다.
^	처음	문자열이나 행의 처음을 의미한다.
$	끝	문자열이나 행의 끝을 의미한다.
( )	하위식	여러 식을 하나로 묶을 수 있다. "abc¦adc"와 "a(b¦d)c"는 같은 의미를 가진다.
₩n	일치하는 n번째 패턴	일치하는 패턴 중 n번째를 선택하며, 여기에서 n은 1에서 9 중 하나가 올 수 있다.
*	0회 이상	0개 이상의 문자를 포함한다. "a*b"는 "b", "ab", "aab", "aaab"를 포함한다.
{m, n}	m회 이상 n회 이하	"a{1,3}b"는 "ab", "aab", "aaab"를 포함하지만, "b"나 "aaaab"는 포함하지 않는다.
?	0 또는 1회	"a?b"는 "b", "ab"를 포함한다.
+	1회 이상	"a+b"는 "ab", "aab", "aaab"를 포함하지만 "b"는 포함하지 않는다.
¦	선택	여러 식 중에서 하나를 선택한다. 예를 들어, "abc¦adc"는 "abc"와 "adc" 문자열을 모두 포함한다.
?	0 또는 1회	"a?b"는 "b", "ab"를 포함한다.
+	1회 이상	"a+b"는 "ab", "aab", "aaab"를 포함하지만 "b"는 포함하지 않는다.
¦	선택	여러 식 중에서 하나를 선택한다. 예를 들어, "abc¦adc"는 "abc"와 "adc" 문자열을 모두 포함한다.

(출처: 위키백과)

자동화 작업 오류 처리하기

업무 자동화를 구현하기 위해서는, 반복적인 작업을 처리하는 과정에서 발생할 수 있는 다양한 오류에 대한 대비는 필수이다. 이러한 오류 처리 기능은 업무의 원활한 진행을 보장하며, 시스템이나 소프트웨어에서 발생하는 다양한 이슈들에 대처할 수 있도록 도와준다. PAD는 업무 자동화를 위해 강력하고 다양한 오류 처리 기능을 제공한다. 이를 통해 신뢰성 있는 업무 자동화 환경을 조성할 수 있다. 즉, PAD의 오류 처리 기능은 업무 자동화의 핵심 부분으로써 중요한 역할을 수행한다.

오류 처리의 한 가지를 예로 들어 실습해 보겠다. 나라일터와 같은 검색 사이트에서 검색 결과가 존재하지 않을 때도 자동화 작업이 오류가 발생하지 않도록 자동화를 구현해 보자. 이는 실제 업무 자동화에 적용된 사례와 유사하다.

실습을 진행하기 전에 나라일터 사이트(https://www.gojobs.go.kr/)에 접속한 후에 상단 메뉴에서 [대체인력뱅크] → [모집공고]를 클릭한다.

01 새로운 흐름을 생성한 후 `작업` [브라우저 자동화] → [새 Microsoft Edge 시작] 메뉴를 선택한다. 실습의 편의를 위해서, 나라일터 사이트를 열어둔 상태에서 진행한다. 실제 자동화 작업을 개발할 때도 잦은 테스트에 이와 같은 방법을 적용하면, 개발 생산성을 증가시킬 수 있다.

❶ 시작 모드: [실행 중인 인스턴스를 첨부] 선택
❷ Microsoft Edge 탭에 첨부: [제목 사용] 선택
❸ 탭 제목: 열려 있는 리스트 중에서 '나라일터'를 선택한다.

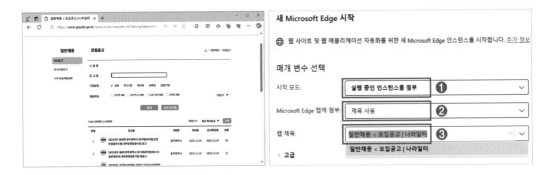

02 채용 리스트를 추출하기 위해서, [작업] [브라우저 자동화] → [웹 데이터 추출] → [웹 페이지에서 데이터 추출] 메뉴를 연 상태에서 나라일터 브라우저로 '공고명'과 '기관명' 등의 데이터를 추출한다.

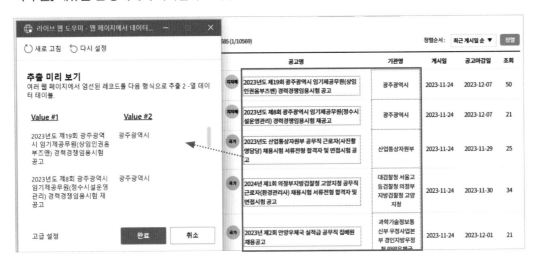

03 이번에는 오류 상황을 만들기 위해서, 공고명에 "RPA"를 입력하고 검색 결과가 없는 상태에서 흐름을 실행한다. 그러면, 검색 결과에서 데이터를 추출하지 못하기 때문에 [웹 페이지에서 데이터 추출] 작업에서 오류가 발생한다.

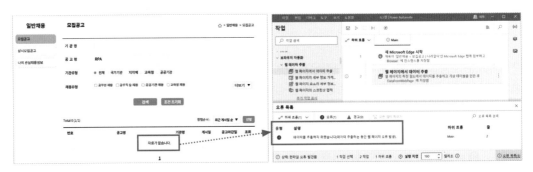

04 [웹 페이지에서 데이터 추출] 작업을 열어서 오류 처리를 설정해 보자. 앞서 설명했듯이, [재시도 정책]에서 횟수와 간격을 주면, 오류 발생 시 재시도를 실행한다.

오류 처리를 다음과 같이 설정하자.

❶ [새 규칙] → [변수 설정]을 선택한다. 하위 흐름 실행 기능은 오류 발생 시 하위 흐름을 실행한다. ❷ 변수 이름을 입력하고, ❸ 변수 값에 "Y"를 입력한다. ❹ 오류가 발생하더라도 흐름을 계속 진행하기 위해 [흐름 실행 계속 진행]을 활성화하고 ❺ '예외 처리 모드'는 [다음 작업으로 이동]을 선택한다.

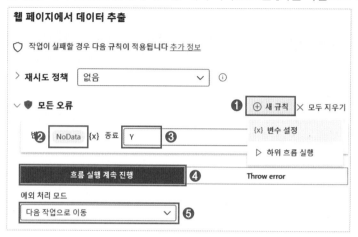

05 [만약] 작업을 추가해서, 변수 %No-Data%의 값이 "Y"인 조건을 추가한다. 그리고 데이터가 없을 경우에 해당하는 후속 프로세스를 적용하면 된다. 예를 들어, [메시지 표시] 작업으로 사용자에게 "데이터가 없습니다."라고 정보를 준 후에, 작업 [흐름 제어] → [흐름 중지] 작업을 추가해서 흐름을 성공적으로 종료할 수 있다.

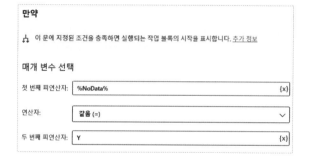

조금 더
알아보기

블록 오류 처리(Try/Catch)

여러 작업으로 구성된 복잡한 흐름은 하위 흐름을 구성한 후에 블록 오류 처리를 하는 것이 효율적이다. PAD에서 블록 오류 처리는 프로그래밍에서 예외 처리를 구현하는 Try/Catch 기능과 유사하다. 다양한 프로그래밍 언어에서는 Try/Catch 구조를 사용하여 예외가 발생했을 때 적절하게 대응할 수 있다. 다음은 일반적인 사용법에 대한 설명이다.

- **Try**: 예외가 발생할 수 있는 코드를 감싸는 부분이다. 프로그램이 이 부분을 실행할 때, 예외가 발생하면 예외가 감지되고 프로그램의 실행이 중단되지 않고 계속 진행된다.
- **Catch**: Catch 블록은 Try 블록에서 발생한 예외를 처리하는 부분이다. 예외가 발생하면 해당 **Catch** 블록이 실행되어 예외에 대한 처리를 수행한다.

Try/Catch 기능이 PAD 흐름에는 어떻게 적용되는지 알아보자. 먼저, Main 흐름은 하위 흐름을 호출하는 작업으로만 구성한다. 그리고 작업 [흐름 제어] → [블록 오류 시] 메뉴를 추가한다. 개별 하위 흐름을 호출하는 작업을 [블록 오류 시] 작업 안에 포함시킨다.

블록 오류 작업은 블록 안에 포함된 모든 작업의 오류를 통제한다. 예를 들어, 블록에 포함된 하위 흐름 중한 작업에서 오류가 발생했다고 하자. [블록 오류 시] 작업을 다음과 같이 설정하면 흐름 실행 도중에 오류가 발생하더라도 흐름을 중지하지 않고 Error_Catch 하위 흐름을 호출한다.

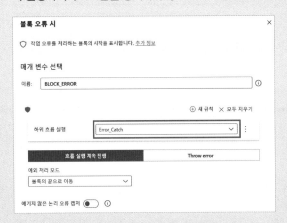

Error_Catch 하위 흐름에는 작업 [흐름 제어] → [마지막 오류 보기] 메뉴를 추가해서 마지막으로 발생한 오류 메시지를 추출한다.

그리고 흐름을 중지해야 하기 때문에 [작업] [흐름 제어] → [흐름 중지] 메뉴를 넣어서 오류 메시지와 함께 흐름을 중지한다.

오류 메시지를 저장하고 있는 %LastError% 변수를 담당자에게 전송하거나 후속 프로세스를 실행하도록 설계할 것을 권장한다.

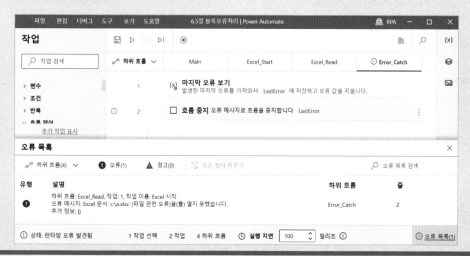

06

파이썬을 활용한 자동화: 자동화 작업에 파이썬 스크립트 추가하기

PAD는 VBScript, 파이썬, 자바스크립트, 파워 셸과 같은 다른 언어의 소스 코드를 쉽게 추가할 수 있다. 파이썬은 다양한 분야에서 널리 사용되는 인기있는 프로그래밍 언어이다. PAD는 오픈소스 IronPython을 사용한다. IronPython은 .Net 프로그래밍에 사용하기 위해 마이크로소프트에서 개발한 파이썬 프로그래밍의 한 종류이다. 노코드(No Code)를 지향하는 RPA에서 스크립트를 작성하는 것이 바람직하지는 않지만, 특별한 경우를 대비해 쓰임새 정도만 알아 두자. 프로그래밍에 익숙하지 않더라도, 챗GPT에 업무 자동화에 필요한 파이썬 코드를 요청하여 적용할 수 있다.

이번 실습에서는 아주 간단한 파이썬 코드를 작성해서 PAD 흐름에 추가한다.

<u>01</u> 새로운 흐름을 생성한 후 <mark>작업</mark> [스크립팅] → [Python 스크립트 실행] 메뉴를 더블클릭하고 스크립트에 출력 구문인 print 명령어를 기술한다. 흐름을 실행하면 변수 %PythonScriptOutput%에 "안녕 파이썬"이라는 문자열이 저장된다.

print("안녕 파이썬")

<u>02</u> [메시지 표시] 메뉴를 추가해서 변수 %PythonScriptOutput%을 '표시할 메시지'에 넣는다. 데스크톱 흐름을 다시 실행하면 1단계에서 입력한 문자열이 출력된다.

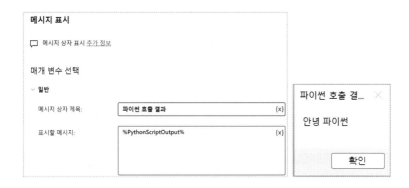

03 이번에는 사용자에게 문자열을 입력 받아 파이썬으로 출력해 보자. [입력 대화 표시] 메뉴를 흐름의 맨 앞으로 끌어 놓는다.

04 1단계의 스크립트에 입력한 문자열 "안녕 파이썬"에 연결해서 사용자가 입력한 값인 %UserInput% 변수를 입력한다. + 기호는 문자를 연결하는 기능을 한다. 그리고 공백을 하나 넣기 위해서 " "를 추가한다.
print("안녕 파이썬" + " " + "%UserInput%")

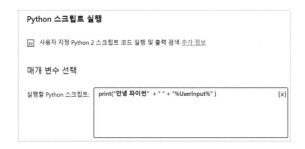

05 흐름을 실행하고 문자열을 입력한 후 출력되는 메시지를 확인해 보자.

PAD에서 제공하는 파이썬 스크립트 실행하기

PAD에서 제공하는 Python 예제를 실행하면 "디렉터리가 없습니다."라는 오류 메시지가 뜨며 오류가 발생한다.

이 오류를 해결하기 위해서 [Python 스크립트 실행] 작업을 열어서 모듈 폴더 경로의 위치를 개인 PC에 설치한 파이썬 경로로 변경해야 한다.

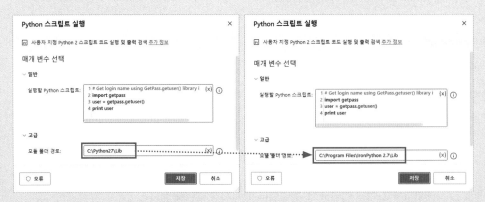

먼저, 파이썬 프로그램을 설치해 보자. 다음 URL로 접속하여 파이썬 프로그램을 내려받는다.

URL https://ironpython.net/

[2.7 정식 버전] 또는 [3.4 알파 버전] 중에서 현재(2024년 2월 기준) PAD가 지원하는 [2.7버전]을 선택해서 설치한다. 설치 폴더는 기본으로 설정된 "C:₩Program Files₩IronPython 2.7"를 사용하거나, 원하는 폴더로 변경한다. 참고로 2.7 버전은 Python 2 문법을 사용하고 3.4 버전은 Python 3 문법을 따른다.

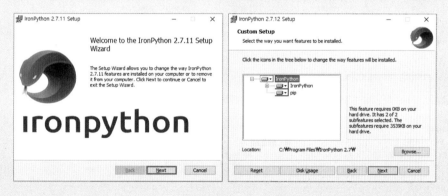

설치가 완료된 후에는 파이썬 라이브러리에서 정의한 함수를 사용할 수 있다.

이번에는 파일을 복사하는 파이썬 프로그램을 구현해 보자. 파이썬 프로그램은 윈도우에서 파일을 복사하는 기능 등을 함수로 제공한다. 이러한 함수가 제공되기 때문에 사용자는 필요한 함수를 호출해서 사용하기만 하면 된다. 즉, 파일 복사 기능을 스크립트로 만들어야 하는 수고를 덜 수 있다. 그리고 파일 복사 이외에도 파일 삭제, 파일 이동, 파일 이름 변경과 같은 기능을 담당하는 함수도 있다.

이러한 함수가 모인 집합을 라이브러리라 한다. 함수는 작은 모듈, 라이브러리는 큰 모듈이라고 할 수 있다. IT 개발자가 아니라면 PAD에서 파이썬 코드를 사용할 일은 거의 없겠지만, 간단한 소스 코드를 이용하여 모듈화를 설명하려 한다.

PAD는 파이썬 스크립트를 실행하는 기능을 내장했다. 예를 들어, 다음과 같이 PAD에서 파이썬의 copy-file 명령어를 불러와서 재사용할 수 있다. 파이썬에서 제공하는 shutil이라는 라이브러리 내에 copyfile 이라는 함수가 있기 때문에 가능한 것이다.

[작업] [스크립팅] → [Python 스크립트 실행] 메뉴를 선택하고 다음 소스 코드를 입력하면 파이썬의 copyfile 명령어를 이용할 수 있다.

from shutil import copyfile

copyfile(r'C:₩MSPAD₩1.txt', r'C:₩MSPAD₩2.txt')

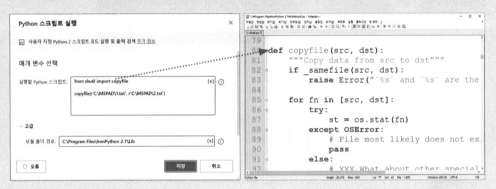

PAD의 파이썬 스크립트 호출   파이썬 라이브러리 내의 함수 정의

흐름을 실행하면 1.txt 파일을 복사해서 2.txt 파일을 생성한다.

PAD 흐름 실행 전   PAD 흐름 실행 후

파이썬으로 엑셀 자동화하기

챗GPT에게 엑셀의 평균값을 구하는 파이썬 코드 작성을 요청해서 적용할 수 있다.

 [C:₩EXCEL₩성적.XLSX] 파일의 [E]열과 [F]열의 2번째 행부터 평균값을 계산해서 [G]열에 쓰는 IronPython 코드를 작성해 줘.

6-6 파이썬으로 엑셀 자동화하기

```
' import clr
from System.Runtime.InteropServices import Marshal

# Load the necessary assemblies
clr.AddReference("Microsoft.Office.Interop.Excel")
from Microsoft.Office.Interop import Excel
from System.IO import File

# Excel file path
file_path = r"C:₩EXCEL₩성적.XLSX"

# Check if the file exists using .NET classes
if not File.Exists(file_path):
    raise IOError("The file '{}' does not exist.".format(file_path))

# Initialize Excel application
excel_app = Excel.ApplicationClass( )

try:
    # Open the workbook
    workbook = excel_app.Workbooks.Open(file_path)
    worksheet = workbook.ActiveSheet

    # Calculate data starting from the 2nd row
    last_row = worksheet.Cells.SpecialCells(Excel.XlCellType.xlCellTypeLastCell).Row
    range_e = worksheet.Range["E2:E" + str(last_row)]
    range_f = worksheet.Range["F2:F" + str(last_row)]
    range_g = worksheet.Range["G2:G" + str(last_row)]

    # Calculate average and write to column G
    for row in range(2, last_row + 2):
        e_value = range_e[row - 2].Value2
        f_value = range_f[row - 2].Value2
```

```
    # Check if both values are numeric
    if isinstance(e_value, (int, float)) and isinstance(f_value, (int, float)):
        # E열과 F열의 값이 모두 숫자인 경우에만 계산
        average_value = (float(e_value) + float(f_value)) / 2
        range_g[row - 2].Value = average_value

finally:
    # Save and close the workbook, then quit Excel
    workbook.Save( )
    workbook.Close(False)
    excel_app.Quit( )
```

챗GPT가 작성한 코드를 [Python 스크립트 실행] 작업에 붙여 넣고 실행하면, 엑셀 파일의 평균점수가 업데이트된다.

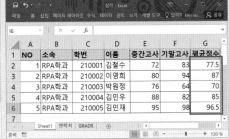

API 활용 (1):
파파고 번역하기

사용자가 번역할 문장을 입력하면, API를 이용하여 파파고에 요청을 보내고 답변을 받아와서 엑셀에 저장하는 자동화 흐름을 만들어 보자. 4장에서 학습한 브라우저 자동화 또는 마우스와 키보드 작업으로 개인 PC에서 웹 브라우저를 실행해서 파파고 사이트에 접속해서 자동화할 수 있다. 이번에는 API를 이용해서 백그라운드에서 통신하는 방식을 사용한다. API를 사용하면 브라우저와 상호 작용하지 않고도 시스템 내부적으로 요청과 응답을 처리할 수 있어 효율적이고 편리하다는 장점이 있다. 이를 통해 더욱 효과적으로 업무 자동화를 구현할 수 있다.

번역할 문장이 있는 엑셀 파일에서 데이터를 읽어 파파고 API 서비스를 호출한 후에 번역 결과를 엑셀에 쓰는 자동화를 구현해보자.

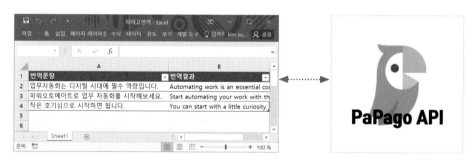

API란 프로토콜을 사용하여 두 소프트웨어가 서로 통신할 수 있게 하는 도구이다. 예를 들면, 기상청 시스템에 날씨 데이터가 저장되어 있다. 스마트폰의 날씨 앱은 API를 통해 기상청 시스템과 통신하여 날씨 데이터를 가져와 우리에게 제공한다. REST(Representational State Transfer) API는 HTTP 프로토콜을 기반으로 하는 통신 방식 중 하나이며, RESTful API라고도 한다. 요청을 전송하는 클라이언트는 HTTP 메소드(GET, POST, PUT 등)를 사용하여 서버에 데이터를 요청한다. 서버는 HTTP 상태 코드(200:OK, 404:Not Found)와 함께 요청한 클라이언트에 데이터를 제공한다. 이때 반환된 데이터는 주로 JSON 형식이 사용된다. JSON 형식은 속성(Key)과 값(Value)을 쌍으로 가지는 구조로 주로 데이터 통신에 사용된다. 값을 입력할 때는 JSON을 이용해 중괄호 { }를 이용한다. 자세한 내용은 이번 절의 마지막 [조금 더 알아보기]를 참고하자.

01 네이버 개발자(https://developers.naver.com/apps) 사이트에 접속해서 본인 계정으로 로그인하고 [Application 등록] 버튼을 누른다.

02 [애플리케이션 등록(API 이용신청)] 화면에서 다음과 같이 설정한다.

❶ 애플리케이션 이름: PAD 와 같이, 본인이 원하는 임의의 이름 입력

❷ 사용 API: [Papago번역]을 선택

❸ 환경 추가: [WEB 설정] 선택

❹ 비로그인 오픈API 서비스 환경: http://locahost 입력

❺ [등록하기] 버튼을 눌러서 완료

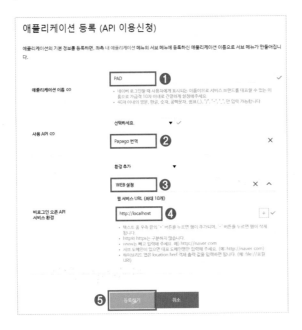

03 애플리케이션 정보 화면을 확인하고 PAD의 **작업** [HTTP] → [웹 서비스 호출] 메뉴를 추가한다. 애플리케이션 정보의 파파고 NMT API 가이드를 참고해서, [웹 서비스 호출] 작업의 매개 변수에 입력한다.

❶ **URL** https://openapi.naver.com/v1/papago/n2mt

❷ 메서드: [POST] 선택

❸ 허용/콘텐츠 형식: application/json

❹ 사용자 지정 헤더:

Content-Type: application/x-www-form-urlencoded; charset=UTF-8

X-Naver-Client-Id: Client ID

X-Naver-Client-Secret: Client Secret

❺ 요청 본문: source=ko&target=en&text=만나서 반갑습니다.

❻ 요청 본문 인코드: 비활성화한다.

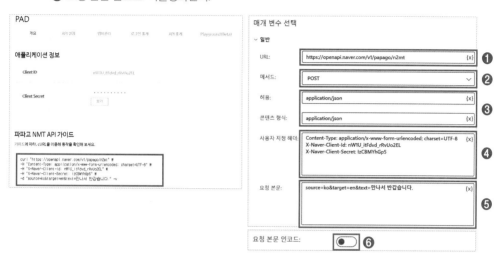

04 흐름을 실행하면 번역한 결과("Good to meet you.")를 JSON 구조의 변수 %WebServiceResponse%에 저장되는 것을 확인할 수 있다.

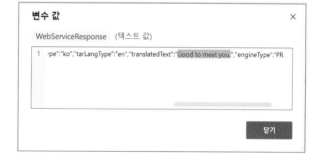

05 JSON 형태의 변수를 사용자 지정 개체 변수로 변환하기 위해서, `작업` [변수] → [JSON을 사용자 지정 개체로 변환] 메뉴를 끌어온다.

사용자 지정 개체 변수의 속성 출력하기

사용자 지정 개체 변수는 JSON 타입을
PAD에서 사용하기 쉽도록 변수로 전환한
것이다. [자세히] 버튼이 있는 행의 속성은
중첩 변수로 변수 안에 다른 변수가 포함
된 구조이다.

%JsonAsCustomObject% 변수에서message 속성 값을 가져오려면 %JsonAsCustomObject.
message%와 같이 입력하면 된다.

06 흐름을 다시 실행해서, 사용자 지정 개체 변수 %JsonAsCustomObject%에서 "Good to meet
you." 번역 결과 값이 나올 때까지 [자세히]를 클릭한다.

07 [변수 설정] 작업을 추가해서 사용자 지정 개체 변수에서 번역 결과를 저장하고 있는 이름을 다음과
같이 입력한다. 흐름을 실행하면, 해당 변수에 번역한 영어 문장이 저장된 것을 확인할 수 있다.

%JsonAsCustomObject.message.result.translatedText%

파워 오토메이트 클라우드는 JSON 속성 키로 속성 값을 쉽게 찾을 수 있는 기능을 제공하지만, PAD는 JSON 속성 키 경로를 직접 기술해 주어야 한다.

<u>08</u> 번역할 문장 리스트가 저장되어 있는 엑셀 파일에서 데이터를 읽어서, 3단계의 ❺번 항목의 문자열을 엑셀 데이터 변수로 대체한다.

요청 본문: **source=ko&target=en&text=만나서 반갑습니다.**

요청 본문: **source=ko&target=en&text=%CurrentItem['번역문장']%**

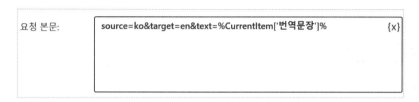

요청 본문:	source=ko&target=en&text=%CurrentItem['번역문장']%	{x}

<u>09</u> [Excel 워크시트에 쓰기] 작업을 추가해서, 파파고가 번역한 결과인 변수 %res%를 엑셀에 쓰는 작업을 완성한다. 흐름을 실행하면, 번역 결과가 엑셀 파일에 입력된다.

JSON 타입과 사용자 지정 개체 변수

JSON 타입은 모든 프로그래밍 언어에서 데이터를 교환하는 공통 양식으로 사용한다. 앞서 소개했듯이, 속성(Key)과 값(Value)을 쌍으로 가지는 구조이다. 값을 입력할 때는 중괄호 { }를 이용한다. PAD는 JSON 타입으로 사용자 지정 개체 변수로 전환해서 사용한다.

예를 들어, 다음 엑셀의 첫 번째 행을 사용자 지정 개체 변수를 생성하려면 다음과 같이 기술한다. 흐름을 실행해서 생성된 사용자 지정 개체 변수를 확인해 보자.

{'학번':'210001', '이름':'김철수'}

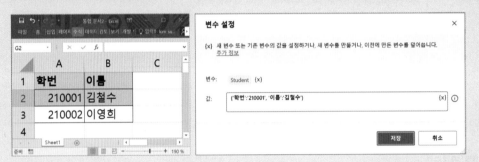

타 프로그래밍 언어에서는 사용자 지정 개체 변수를 오브젝트(Object)라고 한다. PAD의 영문 버전에서도 오브젝트라는 용어를 사용해서 Custom Object라고 정의한다. 이렇게 생성된 사용자 지정 개체를 작업 [변수] → [사용자 지정 개체를 JSON으로 변환] 작업을 이용하면 다시 JSON 타입으로 변환할 수 있다.

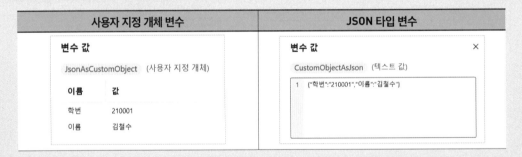

사용자 지정 개체 변수의 '학번' 속성만 출력하려면 다음과 같이 2가지 방법으로 기술할 수 있다.

- **1.** %Student['학번']%
- **2.** %Student.학번%

2개 행으로 이루어진 데이터를 JSON 타입의 목록 사용자 지정 개체로 만들려면 대괄호 [ ]를 사용하면 된다. 타 프로그래밍에서는 목록 사용자 지정 개체를 배열(Array)이라고 한다.

[{'학번': '210001', '이름': '김철수'}, {'학번': '210002', '이름': '이영희'}]

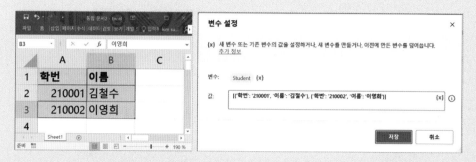

여러 줄의 사용자 지정 개체를 만들면 먼저 목록 사용자 지정 개체 변수가 만들어지고 각각의 데이터 행이 사용자 지정 개체로 저장된다. 목록 사용자 지정 개체 변수에서 [자세히] 버튼을 눌러보자.

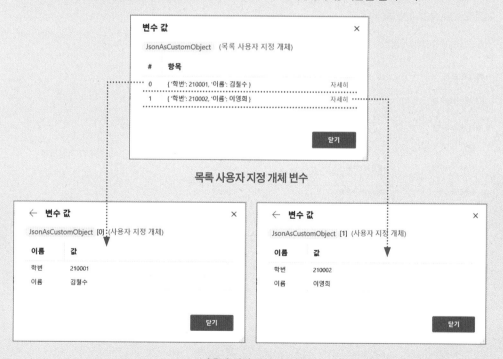

목록 사용자 지정 개체 변수

사용자 지정 개체 개별 행

목록 사용자 지정 개체에서 개별 사용자 지정 개체를 추출하려면 <kbd>작업</kbd> [반복] → [각각의 경우] 작업을 사용해야 한다.

앞서 설명했듯이, 사용자 지정 개체 변수에서 '이름' 속성만 출력하려면 다음과 같이 사용자 지정 개체 변수에 칼럼명을 기술해주면 된다.

%CurrentItem.이름%

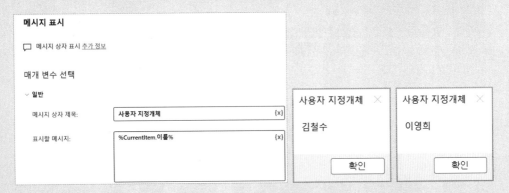

API 활용 (2): 챗GPT API 사용하여
업무 자동화하기

이번 절에서는 사용자가 질문을 입력하면, API를 이용하여 챗GPT에 요청을 보내 답변을 받아와서 엑셀에 저장하는 자동화 흐름을 만들어 본다. 물론, 브라우저 자동화를 통해서 챗GPT 자동화를 구현할 수도 있다. 그러나 API를 통해 백그라운드에서 직접 챗GPT와 통신하는 방식이 브라우저 자동화보다 훨씬 효율적이다. API를 사용하면 시스템 내부적으로 요청과 응답을 처리할 수 있어 빠르고 편리하기 때문이다. 단, 챗GPT API는 무료 사용 서비스 기간과 용량이 한정되어 있어서, 지속적으로 사용하려면 유료 계정으로 전환해야 한다는 점에 유의하길 바란다.

먼저, API Key를 생성하기 위해서 OpenAI 사이트에 접속해서 본인의 계정으로 ❶ 로그인한 후에 ❷ API 메뉴를 클릭한다.

URL https://openai.com/

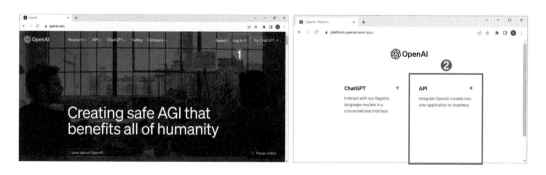

❸ 왼쪽의 [API keys] 메뉴를 선택하고 ❹ [Create new secret key] 버튼을 클릭한다.

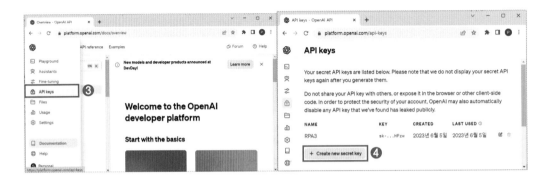

❺ API 이름을 입력하고 ❻ [Create secret key] 버튼을 누른다. 성공적으로 API key가 생성되었다. Key 코드는 처음 생성할 때만 확인이 가능하기 때문에 ❼ 복사 아이콘(⎘)을 눌러서 잘 기록해 둔다. 발급받은 키는 잘 보관해야 하며, 다른 사람에게 공유하거나 유출해서는 안 된다고 명시되어 있다.

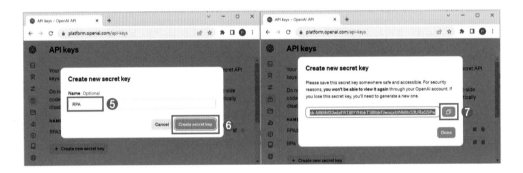

이제 PAD 흐름을 생성해서 챗GPT를 API로 연결하여 직접 호출해 보자.

<u>01</u> 챗GPT에게 요청한 프롬프트를 입력 받도록 (작업) [메시지 상자] → [입력 대화 표시]를 추가한다. ❶ '입력 대화 제목'에 적 절한 제목을 적고 ❷ '입력 유형'은 [여러 줄] 을 선택한다.

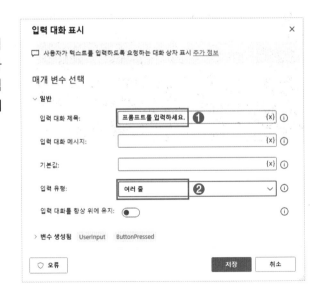

02 작업 [HTTP] → [웹 서비스 호출] 메뉴에 다음과 같이 입력한다. [웹 서비스 호출] 작업에 설정해야 하는 상세 정보는 다음 URL로 접속하여 확인할 수 있다. API 예제의 항목을 참고해서 [웹 서비스 호출] 작업에 입력한다. 추가 항목 2개는 다음과 같이 설정하자.

URL https://platform.openai.com/docs/api-reference/completions/create

❷ '메서드' 항목은 [POST]를 선택한다. ❺ '요청 본문' 항목을 입력한다. 이때 model은 "text-davinci-003" 또는 "gpt-3.5-turbo" 중에 선택할 수 있다. ❻ [고급] 항목을 열어서 [요청 본문 인코드]는 비활성화한다.

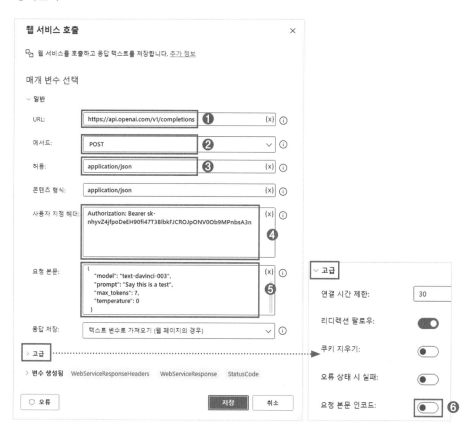

03 [웹 서비스 호출] 작업의 '요청 본문' 항목에 사용자가 입력한 변수 %UserInput%으로 변경한다. 해당 변수 값은 챗GPT에게 질의할 프롬프트 내용이다.

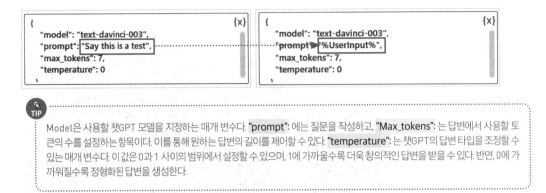

Model은 사용할 챗GPT 모델을 지정하는 매개 변수다. **"prompt":** 에는 질문을 작성하고, **"Max_tokens":** 는 답변에서 사용할 토큰의 수를 설정하는 항목이다. 이를 통해 원하는 답변의 길이를 제어할 수 있다. **"temperature":** 는 챗GPT의 답변 타입을 조정할 수 있는 매개 변수다. 이 값은 0과 1 사이의 범위에서 설정할 수 있으며, 1에 가까울수록 더욱 창의적인 답변을 받을 수 있다. 반면, 0에 가까워질수록 정형화된 답변을 생성한다.

04 흐름을 실행해서 챗GPT에게 문의할 프롬프트를 입력해 보자.

05 API 호출 결과, 오른쪽 변수 영역에서 %WebServiceResponse% 변수 값을 확인해 보면 "RPA(Robotic" 이라고 짧은 결과가 반환되었음을 확인할 수 있다.

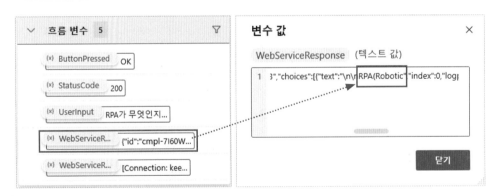

06 OpenAI의 API 참고 사이트를 확인해 보니, 대부분의 모델은 2048 토큰 길이를 사용할 수 있다고 가이드되어 있다. [웹 서비스 호출] 작업의 "max_tokens" 항목을 2048로 늘려준다.

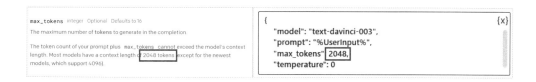

07 이제 흐름을 다시 실행하면 RPA에 대해서 장문으로 소개하는 글을 확인할 수 있다.

08 챗GPT가 답변한 내용만 가져오기 위해서 작업 [변수] → [JSON을 사용자 지정 개체로 변환] 메뉴를 추가한다. ❶ JSON에는 챗GPT가 반환한 결과 변수를 입력한다. ❷ JSON 형태로 변환되어 %JsonAsCustomObject% 변수에 저장된다.

09 흐름을 실행하면 %JsonAsCustomObject% 변수에 [이름]과 [값]으로 구성된 사용자 지정 개체 타입으로 변환된 결과를 확인할 수 있다. 'choices' 속성의 [자세히] 메뉴를 누르고, 답변이 나올 때까지 [자세히] 메뉴를 계속 누른다.

10 JSON 타입의 사용자 지정 개체에서 텍스트만 추출하기 위해서 변수를 생성하고, 다음과 같이 사용자 지정 개체의 속성을 입력한다. [0]은 배열의 첫 번째 값을 의미한다. 흐름을 실행하면, 변수 %res%에 챗GPT 답변이 저장된다.

%JsonAsCustomObject.choices[0].text%

11 [Excel 시작] 작업으로 빈 엑셀 문서를 열어서 1번째 열은 질문, 2번째 열은 답변을 쓰는 [Excel 워크시트에 쓰기] 작업을 2개 추가한다. 사용자가 질문을 여러 번 입력하는 경우, 모든 이력을 기록하려면 행 입력란에 변수를 입력해서 활용하면 된다. 해당 로직을 각각 추가해 보도록 하자.

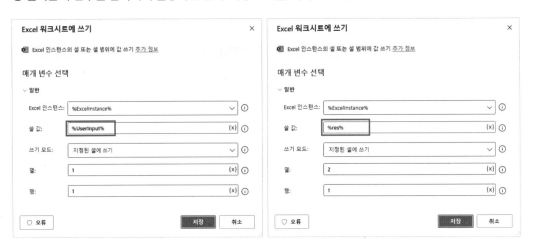

12 흐름을 실행하면 챗GPT에게 질문한 프롬프트와 응답한 결과가 빈 엑셀 파일에 저장된다. 엑셀 파일에 여러 가지 질문을 입력한 후에, 챗GPT의 응답을 차례대로 입력하는 것도 좋은 사례가 될 수 있다.

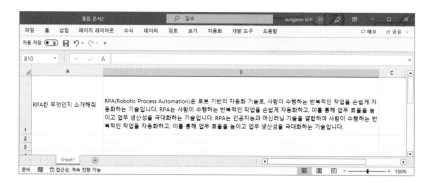

챗GPT 유료 서비스 구독하기

무료 API 사용 서비스는 기간과 용량이 한정되어 있다. 지속적으로 사용하려면 유료 계정으로 전환해야 한다. 다음 결제 사이트로 이동한 후에 ❶[Set up paid account] 메뉴를 선택한다. ❷개인 계정은 [I'm an individual]을 선택한 후에 개인정보와 신용 카드 정보를 등록하면 된다.

(URL) **https://platform.openai.com/account/billing/overview**

PAD 프리미엄 (1): 다른 사람과 자동화 공유하기

PAD에서 생성한 흐름은 클라우드 서버에 저장되므로 다른 사람과도 쉽게 공유할 수 있다. 또한, 다른 사람을 공동 소유주로 설정하면 나의 자동화 흐름을 다른 사람과 함께 편집할 수 있다.

흐름이 클라우드에 저장된다는 점에서 PAD는 인터넷이 가능한 환경이어야 사용할 수 있다는 것을 알 수 있다. 이와는 달리 다른 RPA 도구는 On-premise(온-프레미스: 자동화 흐름을 개인 PC 또는 로컬 서버에 저장) 기능도 있으므로 인터넷에 접속할 수 없는 환경에서도 자동화를 실행할 수 있다.

데스크톱 흐름 공유는 단순히 업무 자동화를 공유하는 것 이상의 의미가 있다. 담당자 부재 시 업무 공백을 최소화할 수 있고 담당자만 아는 업무 방식을 정형화하기 때문에 업무 프로세스의 표준화를 이룰 수 있다.

흐름을 공유하려면 Microsoft 365 사이트에 접속해야 한다. Power Automate 웹 페이지(https://make.

powerautomate.com/)로 이동한 후 ❶ [내 흐름] 메뉴를 선택하고, ❷ [데스크톱 흐름] 탭으로 이동하면
PAD 콘솔에서 생성한 흐름 리스트를 볼 수 있다.

이제 데스크톱 흐름을 다른 사람과 공유하는 방법을 실습해 보자.

__01__ Microsoft 365 웹 사이트에서 데스크톱 흐름을 조회한다. 공유하고자 하는 흐름에 커서를 놓으면
메뉴 아이콘 ⋮이 활성화된다. 여러 가지 메뉴 중에서 [공유]를 선택하면 다른 사용자와 흐름을 공유할 수
있다.

데스크톱 흐름 실행 로그 조회하기

PAD의 데스크톱 흐름 실행 로그는 파워 오토메이트 클라우드에서 확인할 수 있다. 작업 [내 흐름] → [데스크톱 흐름] 페이지에서 흐름을 선택한 후에 더 보기 아이콘(⋮)을 누른다. ❶ [세부 정보] 메뉴를 선택하면 데스크톱 흐름의 실행 내역 로그를 확인할 수 있다. 그리고, 왼쪽 메뉴에서 ❷ [데스크톱 흐름 활동]을 선택하면 데스크톱 흐름 실행 로그가 Power BI 시각화 형태로 조회된다.

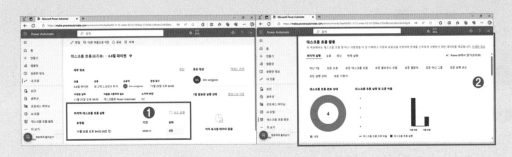

02 사용자 추가 입력란에는 소속된 그룹(기업이나 학교)의 사용자 이름 또는 메일 주소를 입력한다. 여러 사람을 추가할 수 있다. 그리고 나서 [액세스(접근) 권한 부여] 레벨을 선택한다. 공동 작업이 필요하면 [공동 담당자] 권한을 부여한다. 사용자 추가와 권한 설정이 끝났다면 [공유] 버튼을 눌러 추가한 사용자도 PAD에서 해당 흐름을 조회하고 편집할 수 있도록 한다.

03 PAD 콘솔에서 [공유한 항목] 탭으로 이동하면 다른 사용자가 나에게 공유한 흐름 리스트를 조회할 수 있다.

<hr/>

Q 프리미엄 라이선스 없이 PAD에서 생성한 흐름을 다른 사람과 공유할 수 있나요?

A 무료 버전으로 PAD를 사용하는 경우에 흐름을 공유하려면, 다음 순서로 진행하면 됩니다.
1. 흐름을 열어서 작업을 모두 선택하고 복사한다.
2. PAD 오른쪽 상단의 ❶ 이름을 클릭한 후에 ❷ [로그아웃] 메뉴로 본인 계정을 로그아웃한다.

3. 다른 사용자 ID로 PAD에 다시 로그인해서 복사한 내용을 붙여 넣으면 흐름이 생성된다.
그리고 흐름의 작업을 복사해서 메모장 프로그램에 붙여 넣어, 텍스트 파일로 공유할 수도 있습니다.

PAD 프리미엄 (2): 파워 오토메이트 클라우드와 PAD 연결하기

파워 오토메이트 클라우드에서 데스크톱 흐름을 호출할 수 있다. 이는, 파워 플랫폼에 탑재되고 연결된 모든 앱이 PAD 흐름과 통합될 수 있다는 뜻이다.

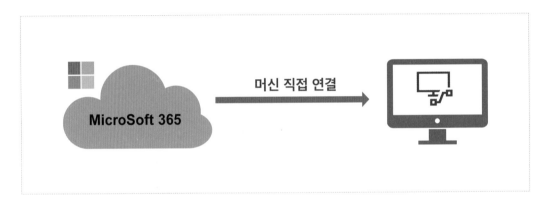

파워 오토메이트 또는 파워 앱스로 개발한 화면에 값을 입력하고 실행하면 PAD 흐름을 호출한 후에 ERP와 같은 시스템을 자동으로 실행한다. 조금 더 구체적으로 설명하면 파워 앱스, 챗봇, 승인프로세스, 팀즈, 셰어포인트, 원드라이브 등에서 새로운 요청이 발생(데이터가 생성)하면 자동으로 파워 오토메이트 흐름을 트리거(Trigger)한다. 그리고 후속 작업으로 내 PC의 데스크톱 흐름을 호출해서 사람이 반복적으로 수행하던 일을 완벽하게 처리하게 된다. 더군다나, PAD에 GPT 기반의 인공지능 텍스트 분석 서비스가 탑재될 예정이라고 한다. Microsoft 365의 기능을 하나씩 경험해보니 MS 디지털 기술의 진화에 소름이 돋을 정도이다. 이제 파워 플랫폼은 레고 블록을 조립하듯이 **디지털 세상의 빅데이터와 다양한 프로그램을 서로 연계**할 수 있게 되었다.

01 파워 오토메이트 웹 사이트에서 ❶ [머신(프리뷰)] 메뉴를 선택한다. [머신] 메뉴가 조회되지 않으면, [더 보기]를 누른다. 그런 후에 ❷ [새로 만들기] → [머신] 메뉴를 클릭해 보자.

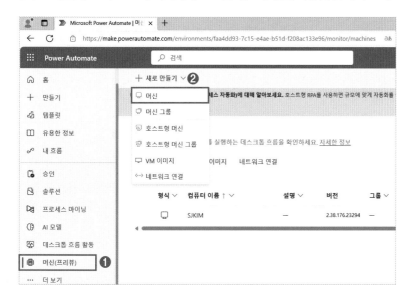

02 [새 머신 설정] 팝업 화면에서 ❶ [지금 시작] 메뉴를 누른다. PAD 가 설치되어 있지 않으면, ❷ [최신 버전 받기] 버튼을 눌러서 설치한다.

03 개인 PC에 설치된 'Power Automate 머신 런타임' 프로그램이 실행되고, 머신 정보가 자동으로 등록된다. 1, 2단계를 생략하고 직접 머신 런타임 프로그램을 실행해 도 된다.

04 파워 오토메이트 웹 사이트에 개인 컴퓨터 이름의 머신이 등록된 것을 확인할 수 있다.

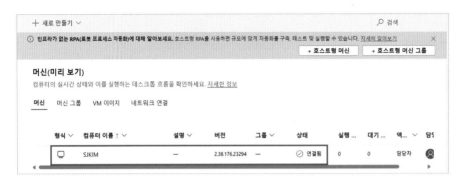

05 개인 컴퓨터에서 PAD를 실행해서 [새 흐름] 메뉴를 눌러서 'MSG_OUTPUT'이라는 이름으로 흐름을 생성한다. 파워 오토메이트 클라우드에서 입력 값을 전달받기 위해서 오른쪽 화면의 입출력 변수에서 ❶ 추가 아이콘을 눌러서 ❷ [입력] 파라미터를 생성해 보자.

06 ❶ 변수 이름, 데이터 형식 등을 설정하고 ❷ [저장] 버튼을 누른다. 이번 실습에서는 파워 오토메이트 클라우드와 PAD를 연결하는 목적이기 때문에 기본 값 그대로 저장하고 진행한다.

07 ❶ 검색 입력 창에서 "메시지"를 검색해서, ❷ [메시지 상자] → [메시지 표시] 작업을 더블클릭 또는 드래그 앤 드롭하여 흐름 디자이너에 추가한다.

08 ❶ 메시지 상자 제목을 입력하고 ❷ 표시할 메시지 변수 선택 아이콘을 누른다. ❸ 앞 단계에서 생성한 입력 변수 [NewInput]을 선택한다. ❹ [선택] 버튼을 누르고 ❺ [저장] 버튼을 눌러서 작업을 완료한다. [저장] 아이콘을 눌러서 흐름을 저장하고 [실행] 아이콘을 클릭해서 메시지가 출력되는지 확인해 보자. 입력 값은 설정하지 않았기 때문에 메시지 창에 제목만 표시된다.

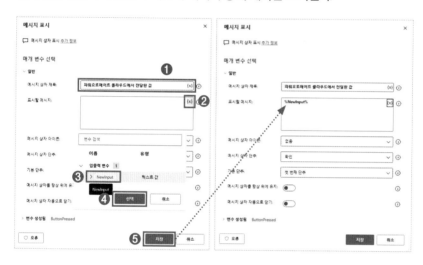

09 파워 오토메이트 클라우드에서 ❶ [인스턴트 클라우드 흐름]을 생성하고 ❷ [입력] 파라미터를 하나 추가한다. ❸ [예약된 클라우드 흐름]을 선택하면, 정해진 시간에 일정한 간격으로 반복적으로 PAD 흐름을 실행할 수 있다. ❹ 클래식 디자이너로 전환하려면, 우측 상단의 새 디자이너 ◉ 를 선택하거나 더 보기 메뉴를 눌러서 [클래식 디자이너]를 클릭한다.

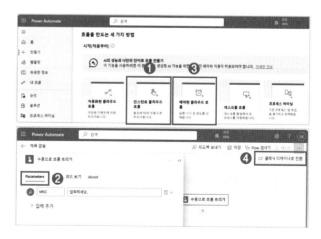

조금 더
알아보기

프런트엔드와 백엔드

프로그램을 실행하는 방법에는 포그라운드(Foreground)와 백그라운드(Background) 2가지 방법이 있다. 포그라운드는 사용자가 버튼을 클릭하는 것과 같은 상호작용을 하면서 프로그램을 실행하는 방법이고, 백그라운드는 사용자의 개입 없이 프로그램이 실행되는 것이다. 백그라운드의 대표적인 예는 정해진 시간에 프로그램이 자동으로 실행되는 경우이다. 즉, 파워 오토메이트 클라우드의 자동화된 클라우드 흐름이나 예약된 클라우드 흐름이 백그라운드 방식이다.

포그라운드, 백그라운드와 비슷한 개념으로 프런트엔드(front-end)와 백엔드(back-end)라는 용어도 자주 사용한다. 프런트엔드와 백엔드의 경계를 명확하게 구분 짓기가 모호하지만, 프런트엔드는 사용자와의 상호작용이 필요한 웹 화면과 같은 UI를 디자인(개발)하는 것이고, 백엔드는 전자에서 입력된 값을 기반으로 논리적인 로직을 처리하거나 데이터베이스에서 데이터를 입/출력하는 프로그램을 개발하는 것이다.

10 [새 단계] 메뉴를 눌러서 "Desktop"으로 검색해서 [데스크톱용 Power Automate로 빌드된 흐름 실행] 작업을 추가한다.

11 연결 이름을 입력하고, ❶ Connect 항목에 [Connect with username and password]를 선택하고 ❷ Machine or Machine group에는 머신 설정 프로그램에서 확인했던 machine을 입력한다. ❸ Domain And User Name은 다음 단계를 참고해서 입력하고, Password는 윈도우 암호를 입력한다.

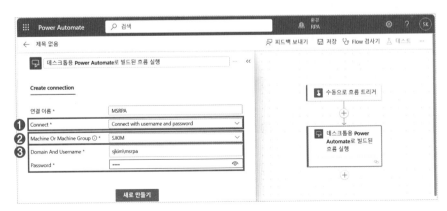

<u>12</u> Domain and username을 확인하기 위
해서 개인 컴퓨터에서 커맨드(cmd) 창을 실행
해서 WHOAMI 명령어를 입력한다.

<u>13</u> ❶데스크톱 흐름 항목에는 PAD에서 생성한 흐름을 선택한다. ❷ 실행 모드는 [유인(로그인했을 때 실
행)]을 선택하고 ❸ NewInput 파라미터에는 입력 파라미터 MSG를 설정한다.

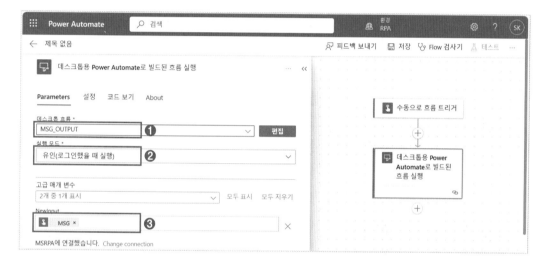

<u>14</u> 클라우드 흐름을 실행하고 "안녕 PAD"라고 입력하면, 개인 PC에 설치된 PAD 흐름이 실행되어 메
시지 창이 출력되는 것이 확인된다.

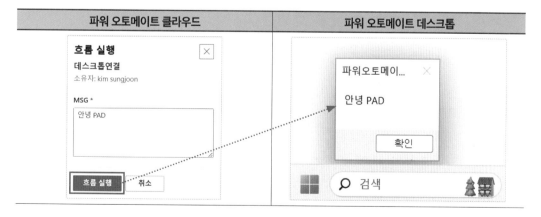

모바일 기기에서 자동화 흐름 호출하기

PAD에서 생성한 흐름은 파워 플랫폼 환경(파워 오토메이트 클라우드)에서 호출할 수 있다. 이것은 스마트폰
이나 태블릿 등 모바일 기기에서 PAD 흐름을 실행하고 원격에서 자동화 업무를 제어할 수 있다는 것을 뜻
한다. 모바일 기기(스마트폰 또는 태블릿)에서 Power Automate 앱을 설치하면 된다.

안드로이드는 플레이 스토어에서, 애플은 앱 스토어에서 'Power Automate'를 검색한다. Power Auto-
mate 앱을 실행하면, 파워 오토메이트 클라우드에서 생성한 클라우드 흐름이 조회된다. 데스크톱 흐름과
연결된 클라우드 흐름을 실행하면, 개인 PC에서 PAD 흐름이 실행된다.

글을 마무리하며

많은 기업이 업무 자동화의 드라마틱한 성과를 경험하고 있다. 이와 동시에, RPA 프로젝트에 들어가는 초기 비용과 운영 비용, 자동화 대상의 한계 그리고 운영 오류 등에 대한 문제점도 대두되고 있다. RPA 프로젝트를 빅뱅처럼 시작하는 기업들은 이와 같은 문제로부터 자유로울 수가 없다. 역할에 관계없이 누구라도 먼저 RPA를 가볍게 시작하는 것이 중요하다. 그리고 윈도우에 무료로 배포된 PAD를 엑셀을 사용하는 것처럼 자연스럽게 기업 문화로 스며들게 하는 것이 이상적이라고 생각한다. 그러기 위해서는 "어떻게 하면 RPA를 효율적으로 알리고, 자동화 업무를 체계적으로 관리할 수 있을까?"에 대해 고민해야 한다.

IT 프로젝트를 진행하는 방식에는 여러 가지 방법론이 있다. 전통적인 폭포수 모델, 위험 관리 위주의 나선형 모델, 민첩한 애자일과 각 회사 상황에 최적화된 방법론 등이 있다. 방법론은 정해져 있는 것이 아니다. 프로젝트 상황·목표·일정에 맞게 개발 항목이 누락되지 않고, 기능 테스트가 효율적으로 수행될 수 있도록 단계별 체크리스트가 정리되어 있으면 충분하다.

MS Project와 같은 도구를 이용해 프로젝트 일정을 관리하기도 한다. 요즘에는 MS DevOps, 플래너, Jira 등의 칸반 보드 형태의 가벼운 도구도 많이 활용한다. RPA 프로젝트 방법론은 각 회사의 IT 거버넌스에 맞게 검증된 개발방법론을 커스터마이징(Customizing, 고객 상황에 맞게 변경)하거나 기존 IT 개발 프로세스 방법을 그대로 사용할 수 있다. 일반적인 RPA 개발 방법론은 다음과 같이 정리할 수 있다.

| 요구사항 도출 | RPA 적용 가능성 검토 | 분석/설계 | 자동화 구현 | 테스트 | 배포 및 유지보수 |

여기에 민첩한 애자일 방식으로 업무 단위별로 단계적으로 자동화를 구현하는 것을 권장한다. 물론, 개인이 직접 RPA를 구현한 경우에는 방법론을 군이 적용할 필요는 없다. 그리고 자동화를 완료한 후에는 개선 리스트와 개선 성과 보고를 작성하는 것이 필수적이다. 업무 자동화가 배포된 이후, RPA는 지속적인 유지보수가 필요하다. 왜냐하면 웹 페이지나 응용 프로그램 화면은 언제든지 새롭게 배포될 수 있고, UI 화면이 포함된 자동화는 변경된 화면에 맞추어 수정이 필요하기 때문이다.

조직 단위의 RPA 프로젝트 진행에서 제일 중요한 단계는 'RPA 적용 가능성 검토'이다. 모든 프로세스를 RPA로 자동화하는 것이 최선이 아닐 수 있다. 기업의 업무 프로세스를 재정의(설계)하여 비효율을 개선하는 등 다른 방법을 채택할 수 있다. 또한, 이미 사용 중인 업무 시스템을 보완하거나 추가 개발하는 것도 검토되어야 한다. 사람의 판단이 개입되어야 하는 업무 자동화에는 자연어 처리가 가능한 챗GPT와 같은 인공 지능과의 협업도 고려해야 한다.

RPA 업무 대상으로 도출하기 위해서는 다음 3가지 기본 사항을 확인하는 것이 필요하다.

- **1. 수작업으로 하는 반복 작업인가?**
- **2. 규칙(Rule) 기반인가?**
- **3. 처리 건수가 많은가?**

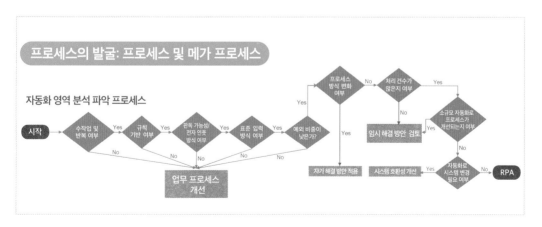

상당수의 업무 자동화 개선 대상이 개인 데스크톱에서 수행되는 작업이라는 것은 많은 점을 시사한다. 업무는 해당 업무의 담당자가 제일 잘 알고 있기 때문에 담당자 스스로 업무 자동화를 구현하는

것이 능률이 높을 수밖에 없다. IT 부서의 RPA 담당자는 기술적 난이도가 높은 업무 자동화에 집중하고, 시민 개발자를 교육하고 육성하는 데 힘을 쏟는 것이 필요하다. 그리고 이미 업무에는 디지털 환경에 익숙한 스마트한 직원의 노하우, 요령, 팁 등이 반영되어 있다. 여러 가지 시도로 이미 최적화된 수작업이기에 RPA 기능만으로 대체하기에는 한계에 봉착하는 때도 있다. 아는 만큼 보인다고 했다. RPA는 하나의 프로그래밍 언어에 종속된 것이 아니므로 PAD의 기본 기능에만 한정할 필요는 없다. Power Shell, VBScript, 파이썬, 자바스크립트와 같은 다른 언어의 소스 코드도 삽입할 수 있다. 이때는 챗GPT에게 자동화 코드를 작성해달라고 요청하여 도움을 받으면 된다. 그리고 Power Platform이나 다른 소프트웨어의 활용 등 여러 가지 대안을 함께 고려해야 한다.

업무 자동화를 RPA의 도구만으로 개선하려는 좁은 시각에서 벗어나서 더 넓은 스펙트럼을 가지고 바라봐야 한다. 넓고 깊은 지식과 안목을 가진 누구나 한 번쯤 들어봤을 T자형 RPA 전문가가 필요하다. 새로운 디지털 기술에 대한 열린 마음과 다양한 가능성에 적극적인 태도를 보이는 것이 중요하다.

SAP 자동화

SAP는 전 세계에서 가장 많이 사용하는 기업형 ERP 솔루션이다. 국내에서도 삼성, LG, 현대, SK를 포함한 여러 대기업뿐만 아니라, 공기업까지 나열하기 어려울 정도로 많은 기업에서 SAP를 도입했다. SAP에도 SAP Intelligent Robotic Process Automation라는 RPA 솔루션이 있다.

PAD를 이용한 SAP 자동화는 UI 자동화와 SAP의 Script Recording 두 가지 방법으로 구현할 수 있다. 물론, SAP ERP Connector를 활용해서 직접 연결하는 방식도 활용할 수 있다. PAD 2.38 버전부터 SAP 자동화를 위한 자동화 메뉴가 추가되었다.

PAD는 로코드 프로그램이지만 SAP는 UI 자동화보다는 **SAP Script Recording을 사용할 것을 적극적으로 추천**한다. 왜냐하면 버튼을 클릭하거나 값을 입력하는 자동화 기능이 SAP에는 기본으로 포함되어 있기 때문이다. PAD에서 UI 자동화를 이용해 화면을 녹화하는 것보다 SAP Script Recording 은 훨씬 간단하다. 엑셀 프로그램의 매크로 기록을 연상하면 된다. 또한 실행 결과도 훨씬 빠르고 정확하며, UI 자동화로 녹화할 수 없는 SAP 화면도 문제없이 자동화할 수 있다. 더군다나 백그라운드 모드로 실행되기 때문에 다중 작업도 가능하다. 즉, SAP Script가 실행되는 동안에 사용자가 다른 작업을 하더라도 자동화는 아무런 영향을 받지 않는다는 것이다. UI 자동화도 다중 작업은 가능하다. 단, 자동화 흐름이 버튼을 클릭할 때 사용자의 마우스 조작에 순간적으로 영향을 받을 수 있다. 이러한 이유 때문에 UI 자동화에는 입력 차단 기능과 오류 처리 기능을 넣어야 한다.

RPA 도구를 사용하기 이전에는 엑셀 매크로에서 SAP Script Recording을 호출하는 방법으로 업무 자동화를 구현했다. 앞서 설명했듯이, 엑셀에 버튼을 추가하고 매크로에 SAP VBScript 소스 코드를 복사해서 붙여 넣는 방식이다.

엑셀 파일의 SAP 호출 버튼 추가   엑셀의 VBA 매크로 소스

PAD에는 VBScript를 실행하는 작업이 내장되어 있다. 그러므로 SAP Script를 이용해 녹화한 VBScript를 PAD의 [VBScript 실행] 작업에 붙여 넣기만 하면 된다.

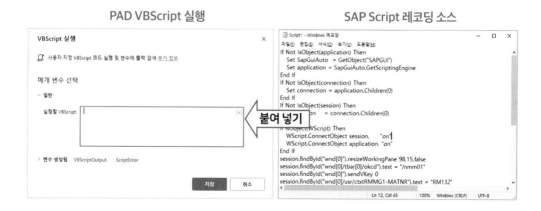

SAP Script Recording을 이용하는 방법을 알아보자.

01 SAP 화면에서 레이아웃 설정 아이콘(📋)을 누르고 [Script Recording and Playback] 메뉴를 누른다.

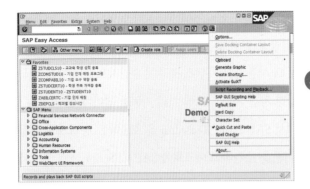

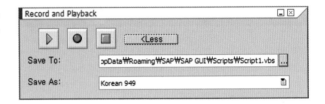

SAP Script를 사용하려면 SAP GUI 750은 패치 버전 11 이상이 설치되어 있어야 한다. 그리고 보안 정책에 따라서 SAP Script 기능을 비활성화한 기업도 있다. 이 경우에는 해당 권한을 사용자별로 할당할 수 있도록 롤(Role) 체계를 정립해야 한다.

02 [Record and Playback] 창이 열린다. 녹화하기 아이콘(◉)을 눌러서 녹화를 실행하자.

- ◉ 아이콘: SAP 화면 녹화 실행
- ▷ 아이콘: 녹화된 Script 실행

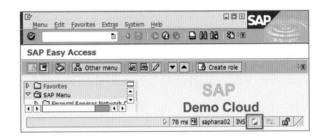

03 녹화가 실행되는 중에 SAP 상태 바에 녹화 중임을 표시하는 아이콘(▮)이 표시된다.

04 조회 조건을 입력하고 엑셀로 내려받는 등 실제 업무 과정과 동일하게 진행한다. 녹화하는 작업이 PAD의 데스크톱 레코더 또는 UI 자동화 작업을 이용하는 것보다 훨씬 효율적이다.

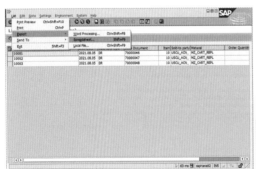

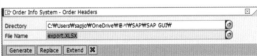

05 녹화 작업이 완료되었으면 중지 아이콘(■)을 눌러서 녹화를 종료한다. 실행 아이콘(▶)을 누르면 녹화된 작업이 실행된다.

06 ⋯ 버튼을 눌러 스크립트 파일이 저장된 폴더로 이동한다.

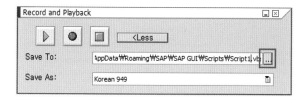

07 자동으로 생성된 스크립트 파일을 선택하고 마우스 우클릭하여 팝업된 메뉴에서 [편집] 메뉴를 클릭한다.

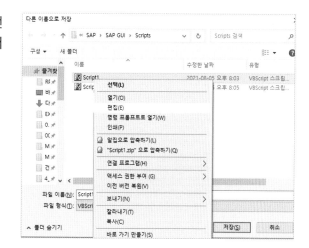

08 스크립트 소스 코드가 메모장으로 열린다. 모두 선택해서 복사하자.

09 흐름을 새로 생성하고 작업 [스크립팅] → [VBScript 실행] 메뉴를 추가한다. 8단계에서 복사한 소스 코드를 모두 붙여 넣고 저장한다.

10 SAP에서 녹화한 VBScript에 날짜를 입력하는 부분이 있다. 날짜를 저장하는 PAD 변수 %date%를 선언해서 '실행할 VBScript'에 넣으면 된다. 이와 같은 방법으로 SAP ERP 자동화를 구현한다.

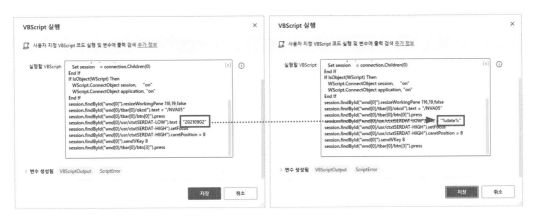

SAP Script Recording 오류 유형과 SAP 자동화 팁

1. 백분율 기호(%)와 VB스크립트 실행 오류

SAP 화면 유형에 따라서 VB-Script를 PAD에 저장할 때 오류가 발생할 수 있다. VBScript 소스를 확인해 보니 백분율 기호(%)가 포함되었는데, 해당 기호는 PAD에서 변수를 정의하는 특수 기호이기 때문에 구문 오류가 발생한 것이다.

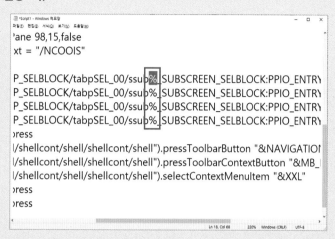

PAD에는 특수 기호의 특별 기능을 없애는 용도(이스케이프 문자)로도 백분율 기호(%)를 사용한다. % 기호 앞에 % 기호를 추가로 넣자. 그리고 저장하면 흐름이 정상적으로 실행된다.

2. SAP Script Recording 내려받기 시, 디렉터리 선택 불가

일반적으로 SAP 시스템에서 엑셀을 내려받을 때 왼쪽 화면과 같이 사용자가 폴더를 지정할 수 있는 창이 열린다. 그런데 SAP Script Recording을 이용해서 폴더 위치(Directory)를 변경하려면 폴더 경로를 직접 입력해야 한다. 즉, 키 입력 또는 폴더 경로를 복사해서 붙여 넣어야 한다.

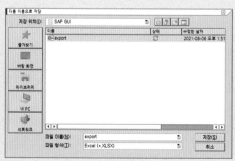

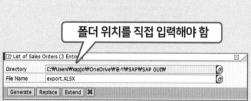

폴더 위치를 직접 입력해야 함

일반적인 SAP 다운로드 탐색 창   SAP Script 사용시 다운로드 탐색 창

3. SAP와 엑셀 내려받기 팁

SAP는 엑셀을 내려받은 후에 자동으로 파일까지 연다. 따라서 PAD에서는 해당 파일을 편집 모드로 다시 열 수 없다. 이때는 작업 [Excel] → [실행 중인 Excel에 첨부] 메뉴를 추가해서 SAP에서 내려받은 파일을 인스턴스에 포함한 후에 작업 [Excel] → [Excel 닫기] 메뉴로 닫으면 된다.

4. SAP 실행 결과 받아오기 팁

SAP 결과를 받아오는 방법에는 2가지가 있다.

첫째, 작업 [UI 자동화] → [데이터 추출] → [창에서 데이터 추출] 메뉴를 이용한다. SAP 스크린에서 데이터를 추출할 때 해당 방법을 사용하면 된다.

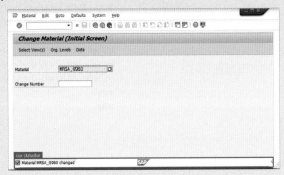

둘째, 다음 명령어를 VBScript 마지막 줄에 넣는다. 그러면 SAP 결과가 변수 %VBScriptOutput%에 저장된다.

WScript.Echo session.findbyid("wnd[0]/sbar").text